合唱的融情

刘洁 著

苏州大学出版社

图书在版编目（CIP）数据

合唱的邀请 / 刘洁著. -- 苏州：苏州大学出版社，2018.11
ISBN 978-7-5672-2652-4

Ⅰ.①合… Ⅱ.①刘… Ⅲ.①合唱—歌唱法—教学研究—中小学 Ⅳ.①G634.951.2

中国版本图书馆CIP数据核字（2018）第236770号

书　　名：	合唱的邀请
著　　者：	刘　洁
责任编辑：	孙腊梅
装帧设计：	刘振永　吴　钰

出 版 人：	盛惠良
出版发行：	苏州大学出版社（Soochow University Press）
社　　址：	苏州市十梓街1号　邮编：215006
网　　址：	www.sudapress.com
E - mail：	sunlamei125@163.com
印　　刷：	苏州工业园区美柯乐制版印务有限责任公司
邮购热线：	0512-67480030　　销售热线：0512-65225020
网店地址：	https://szdxcbs.tmall.com/（天猫旗舰店）

开　　本：	700mm×1000mm　1/16　印张：17.5　字数：268千
版　　次：	2018年11月第1版
印　　次：	2018年11月第1次印刷
书　　号：	ISBN 978-7-5672-2652-4
定　　价：	50.00元

凡购本社图书发现印装错误，请与本社联系调换。服务热线：0512-65225020

目 录

序一	攀登合唱的阶梯	001
序二	寻求中小学合唱教学的独特意义	003
〇一	参悟音乐新课标：合唱教学的新解读	001
〇二	倡导合唱文化：我国中小学合唱教学的新概念	008
〇三	追寻教育真义：我国中小学合唱教学的新本质	016
〇四	冷观国外合唱：对美、日中小学合唱教学的新定位	042
〇五	践行"课堂合唱"："接地气"式试验的新尝试	063
〇六	呼唤"班级合唱"：开启"整体推进"新征程	101
〇七	超越"音准"认知：我国中小学合唱教学评价的新思维	136
〇八	永远跳动的音符：费承铿合唱教学新进阶	159
附录	费承铿《中小学合唱教学进阶》文本	168
后记	凝聚文化力量　奏响合唱品牌	269

序一
攀登合唱的阶梯

合唱,一个美妙的名字;合唱,一种美丽的声音;

合唱,一个和谐的整体;合唱,一种美好的享受。

合唱也是一种教育,关系到人的内在本质的培养;合唱教学是通过合唱的方式来培养人的审美能力,促进人的全面发展的审美教育。

合唱艺术隶属于声乐艺术领域,是声乐艺术的最高表现形式。合唱艺术容纳了人声全部的歌唱音域和所有的声乐技巧,声乐艺术通过合唱形式可以得到最完美的表现。

在中小学的音乐课堂里和课外音乐活动中,合唱具有举足轻重的地位。在2011年公布的义务教育《音乐课程标准》中多次提到要加强合唱教学,尤其是在"关于教学内容的几点提示"中更是大声呼吁:"要更加重视并着力加强合唱教学,使学生感受多声部音乐的丰富表现力,尽早积累与他人合作演唱的经验,培养集体意识及协调、合作能力。"

我曾从事群众合唱和中小学合唱50余年,欣喜地看到如今的群众合唱水平得到了大幅度的提高,如雨后春笋般成长的群众合唱团体所演唱的合唱曲目有的已跨入"准专业"的水平,尤其是一大批老年合唱团正朝气蓬勃地活跃于各地的合唱舞台上,群众合唱事业已呈一派郁郁葱葱之势。

相比之下,当前中小学的合唱教学似乎尚未达到繁荣的高度,虽然各地都有一些童声合唱团,有些还在合唱比赛或文艺会演中表现不俗,但那大多是课余合唱团或是青少年宫的合唱团,真正在音乐课堂中进行的合唱教学状况仍有些令人担忧,在各地进行的中小学音乐公开课上鲜见敢于、善于进

合唱的邀请

行合唱教学的教师,这其中的原因值得我们认真思索。

2008—2011年,我多次参与义务教育《音乐课程标准》的修订工作,其间听到来自基层教师的反映:现在各地童声合唱的水平都有较大的提高,但在音乐课上的班级合唱呈逐年衰退之势。所以,他们大声呼吁一定要加强音乐课堂中的合唱教学,让全体学生都能从小就受到合唱的熏陶。这一意见理所当然地被课标研制组采纳了,在新修订的课标中多次提到了要"更加重视并着力加强合唱教学"。会后,课标组组长王安国教授与我商谈,建议我编写一本适合从小学到初中、高中进行课堂合唱教学的练习册,这一建议与我的看法一拍即合,我欣然接受。

中小学课堂上的合唱教学与童声合唱团的训练是不同的,后者是精心培养少数学生的,而前者是针对全体学生的,这就决定了课堂合唱教学从要求、方法、选材诸方面都有别于课余童声合唱团。虽然各个版本的中小学音乐课本中都有若干合唱曲目,但由于受到种种因素的制约,这些曲目很难形成贯通于小学到初中、高中的,具有合理"坡度"的合唱"线条",往往会形成"深一脚、浅一脚"的状况,这也是"以单元设课"编写教材时遇到的一个很棘手的问题。我编写的《中小学合唱教学进阶》之所以称为"进阶练习",就是突出班级合唱教学的步骤,一步一个脚印地攀登合唱阶梯。

我有志参与"全体学生参与的合唱教学艺术"的建设工作,千方百计地想让学生"零障碍""少障碍"地进入合唱学习,相信经过九年义务教育的不懈努力与积累,学生定会奠定终生热爱合唱艺术的基础。当我国的城乡中小学音乐课堂上屡屡传来优美的合唱音响时,那该是一个何等动人的景象啊!

费承铿

2012年6月

(作者注:《攀登合唱的阶梯》一文是2012年6月费承铿先生的文章。因费先生已于2013年离世,所以特选其生前的这篇文章代为序言。一来作为本书的引子,二来为其仙逝五周年作纪念!)

序二
寻求中小学合唱教学的独特意义

收到刘洁老师《合唱的邀请》一书的清样,她邀我作序。虽然初次阅读,却被字里行间洋溢着的热情、执着和淳厚所感染,并对作者在学校合唱教育中辛勤的耕耘与付出而生发由衷的赞叹。

认识刘洁老师许久,她给我的印象是灵动而执着,时尚而典雅。作为一名音乐教研员,她带领铜山区多所学校进行音乐教学改革与实践,一直走在音乐教育改革的前沿。其人也是多才多艺,不仅带领自己的团队对教学进行研究和探索,还亲自上课与示范。她曾两次荣获江苏省中小学音乐优秀课评比一等奖;主持的规划课题获省重点项目资助。功夫不负有心人,刘洁多年来的艺术教学实践和探索,成就了她,她被评为江苏省优秀教育工作者、徐州市名教师,担任铜山区音乐家协会主席、铜山区慈善大使……而所有这一切,真可谓:天道酬勤。

虽然对刘洁有所了解,但拿到书稿,还是颇为惊讶。一个基层教研员对合唱功能、意义的思考,其观点之鲜明,试验之扎实,多少有点出乎意料。她说,为了合唱的研究,她翻阅了大量的资料。仅凭这点就让人禁不住点赞。本书作为继承费先生合唱教育思想与实践的研究成果,重点就费先生编写的《中小学合唱教学进阶》进行实验研究。费承铿先生是江苏师范大学音乐学院教授、全国知名音乐教育家,多年参与国家中小学音乐教学大纲以及课程标准的研制及教科书的编写。21世纪以来,他担任人教版义务教育小学音乐教材特约主编和初中音乐教材副主编。除了针对音乐新课标修订版的要求增加合唱教学内容外,费先生还应音乐新课标负责人王安国先生之邀,特意为中小学音乐教师编写了如何系统地教学合唱的教材《中小学合唱教

合唱的邀请

学进阶》。该教材选编的合唱曲都是在音乐课本里已有的曲目上编配的二声部作品,其中有的虽是别人编好的合唱曲,但大多经过费先生根据中小学生的身心特点做了调整,或把多声部简化为二声部,或修改局部的个别音,或仅改动了一些歌词。还有的是费先生自己创编的曲目。总之,大多曲目带有费先生编创的因素。

我们认为,费先生利用现有课堂教学来推进中小学整体合唱教学的思想和实践,对于合唱教学的发展具有重要的影响。以往一提到合唱教学就想到课外合唱团、兴趣小组之类的合唱活动。这些形式无疑对推动合唱教学水平的提高很有价值,但无法做到面向全体学生整体推进,也就是无法落实新课程要求的针对学生的三个"一切"。为此,刘洁老师根据费先生编写的合唱教材思想,结合费先生专著《群众合唱九讲》以及相关论文,提出"人人爱合唱、合唱爱人人"的理念。她着眼于让每个学生都能积极参与,体验、享受到合唱的协作和愉悦,即"人人爱合唱";着力于改善每个中小学音乐教师面对合唱教学的状态,让每个教师都能亲近合唱,让合唱艺术感染到每个老师,并愿意付出,即"合唱爱人人";进而真正做到合唱教学的整体推进。她在试验《中小学合唱教学进阶》的基础上,根据费先生编写的新教材思路,提出对中小学课堂合唱教学自身特殊性的新思考。她为摆脱"学院派"专业化合唱思维束缚,寻求中小学自身合唱教学独特的教育意义,为共筑和谐的教育之旅做出了有益的探索。

刘洁老师不停地忙碌着,校园、讲台有她教研辅导的身影;田间乡道有她非遗调研的镜头;铜山大小舞台、晚会有她策划和导演的身影。虽然行进之路充满挑战,但她内心燃着一盏明亮而温暖的灯,目光始终投向"诗和远方"……

合唱艺术,如四季,如人生,是心灵的港湾,是精神的迸发!愿它属于所有人。来吧,让我们与其同行,在学校教育教学的征途上燃烧激情,勤奋耕耘,创造合唱艺术更美的风景。

是为序!

戴海云

2018 年 7 月 22 日

〇一 参悟音乐新课标：
合唱教学的新解读

《基础教育课程改革纲要（试行）》明确指出，"课程标准是教材编写、教学、评估和考试命题的依据，是国家管理和评价课程的基础。它体现国家对不同阶段的学生在知识与技能、过程与方法、情感态度与价值观等方面的基本要求，规定各门课程的性质、目标、内容框架，提出教学和评价建议"。可见，"音乐课程标准"是国家对基础音乐教育课程的规范文件，也可以说是教学"法规"。

因此，作为普通音乐教师群体，我们有责任在实践中把握好课标的要求，按照课标要求努力实现之。但课程标准只是规定了学生在音乐素养方面的普遍性要求，不同地区在实施时应该有一些特殊性，具体到个人可能就变成千姿百态了。为了更好地贯彻这一要求的精神并提升本地区整体的教育水平，促进每个教师的教学，我们有必要对此加以研究。总之，如何更好地实施音乐新课标，提高其在本地区育人方面的效率，既是我们研究的出发点，也是我们研究的归宿。所以，在正式展开我们的研究主题即中小学合唱教学之前，先来回顾一下新课标修订版对我们所要研究主题的相关规定及变化，目的是为下一步展开的研究指明方向，并明确我们所要研究的具体问题。

一、2011版音乐课程标准对合唱教学的要求

在"3—6年级"学段目标中明确提到"合唱"两字的地方是这样表述的："随着生活范围和认知领域进一步扩展，学生的体验感受与探索创造的活动

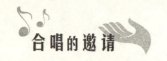

能力增强。注意引导学生对音乐的整体感受,丰富教学曲目的体裁、形式,增加合唱、乐器演奏及音乐创造活动的分置,以生动活泼的教学形式和艺术魅力吸引学生。"在"3—6年级"课程内容之"演唱"要求的阐述中明确提到"合唱"两字的地方是这样表述的:"能够用自然的声音、准确的节奏和音调,有表情地独唱或参与齐唱、轮唱、合唱,并能对指挥动作做出恰当的反应。"

在"7—9年级"课程内容的阐述中明确提到"合唱"两字的地方是:①在"感受与欣赏"内容之"音乐体裁与形式"中提道:"聆听大合唱……能够随着乐声哼唱音乐主题,并能运用适当的形式对所听音乐做出反应。"②在"表现"内容之"演唱"部分要求:"在合唱中积累演唱经验,进一步感受合唱的艺术魅力。学习基本的指挥图示,能对指挥的起、止、表情等做出正确的反应。"③在"关于教学内容的几点提示"之"演唱"中要求:"要更加重视并着力加强合唱教学,使学生感受多声部音乐的丰富表现力,尽早积累与他人合作演唱的经验,培养集体意识及协调、合作能力。合唱教学可从轮唱开始,逐步过渡到其他多声部合唱形式。"

二、2011版音乐课程标准对合唱教学要求的变化及解读

与2001版音乐课程标准文本相比,2011版音乐课程标准对合唱教学做出的变化和调整如下:

1.在2001版的"3—6年级"学段目标中,没有"增加合唱"字样,但"丰富教学曲目的体裁、形式"这句话也应该暗含"合唱",也就是说,2011版新课标对合唱的要求只是表述得更明确一点,还不能说是在原有基础上新增加的要求。

2.在2001版的"3—6年级"课程内容之"演唱"要求的阐述中是这样说的:"能够用自然的声音、准确的节奏和音调有表情地独唱或参与齐唱、合唱。"也就是说,2011版增加了"轮唱"字样,但"轮唱"也只是合唱中的一种,并非新增内容,在此只是起到提醒的作用。

3.在2001版的"7—9年级"课程内容之"感受与欣赏"中的"音乐体裁

与形式"中要求:"聆听大合唱……及其他体裁的歌曲和乐曲,并运用各种形式对所听音乐做出反应。"表面上看新增的内容是"能够随着乐声哼唱音乐主题",其实并无新的内容。

4.在2001版的"7—9年级""表现"内容之"演唱"部分的表述是:"积极参与齐唱、轮唱及合唱,并对指挥的起、止、表情等做出正确的反应。"这个地方不仅新增了"学习基本的指挥图"要求,还改变了此前的表述方式,把"轮唱"提到小学部分表述。其实,只要稍微有点经验的教师就应该知道,让学生学习合唱应该先从轮唱开始才易于展开。这与其说是"内容标准"不如说是"教学建议",放在"内容标准"里表述看似"明确"了、"提醒"了,但犯了概念使用上的逻辑错误,"合唱"概念不能与"轮唱"、齐唱等并列描述,因为前者包括后者。当然,从独唱、齐唱到轮唱、合唱这样的描述似乎是从表演形式越来越丰富的角度来叙述的,但这样的"合唱"语词内涵与通常的"合唱"概念不一致。作为权威的音乐课程标准文本应该使用最规范的概念,特别之处可在"实施建议"中说明即可。为了突出"提醒"功能而忽视概念的规范是得不偿失的。

此外,2011版的表述:"在合唱中积累演唱经验,进一步感受合唱的艺术魅力"没有2001版表述得好。这样的语句表述结构很容易给人的感觉是,"在合唱中积累演唱经验"的目的是为了"进一步感受合唱的艺术魅力"。语句强调的重心成了"感受与欣赏"的内容。其实,"感受与欣赏"中要求"聆听大合唱"的目的就是为了"感受合唱的艺术魅力"。演唱当然也有这作用,但没必要在此强调,应避免语言表述可能会产生的歧义。事实上,对于自然课堂来说,大部分合唱课堂根本感受不到这一"艺术魅力",许多学生能把音唱准、节奏唱好就不错了,要感受这一"魅力"只能到"聆听大合唱"的要求中去。在此,笔者认为,恰当的表述应该是"进一步体验参与合唱的乐趣"。如此,即使音没唱准但不代表学生在"努力唱准"过程中体验不到合唱的乐趣,更不代表参与这样的活动没有意义。

当然,这样表述并不是说"音准"不重要,而是要考虑到绝大多数学生达标的"可能性",这也是对"努力唱准"过程的教育意义的肯定。事实上,即使专业合唱训练,唱准音也不是易事。正如上海歌剧院院长张国勇针对中国音乐金钟奖首届合唱比赛时所说的:"说得上唱得特别准的也就2到3个队伍,尤其是混声合唱音准方面的问题相对突出。"① "合唱教学"与"合唱舞台表演"有本质区别,看一个"合唱舞台表演",如果音和节奏不准,那是要绝对否定的,尽管演唱者可能下了很大的功夫;但"合唱教学"不能这样评价,这除了"艺术"意义外,还应该注意到它的"教育"意义,尤其要注意用"动态"的观点进行评价。比如,学生原有水平连演唱基本的单旋律歌曲都差的话,经过老师的教学,尽管合唱还不理想,但明显能看出来这样的"教学"是有成效的,就应该肯定其"教育"意义,而不能一味用"艺术魅力"这样的标准来衡量。

5.2001版在"关于教学内容的几点提示"之"演唱"中要求:"要重视和加强合唱教学,使学生感受多声部音乐的丰富表现力,尽早建立与他人合作演唱的经验,培养群体意识及协调、合作能力。合唱教学可从轮唱开始,逐步过渡到多声部合唱。"可见,新版课标对此只是用"更加"来强调,没有新增内容。

补充一些解释:以上只是就课标文本中提到的"合唱"二字的表述和梳理,其实,跟"合唱"相关的描述还有一些。比如,在1—2年级的演唱要求中,有"能够对指挥动作做出反应"的内容。"指挥"跟"合唱"的相关性很高。这样的基础培养是有利于后面的"合唱"教学的。但笔者在此提出需要进一步讨论的是,中小学的"合唱教学"究竟应该从什么时间开始?现有标准是从小学三年级开始的。其依据是什么?笔者认为,合唱教学时间还可再提前,事实上,有些幼儿园就开始了合唱教学。对中小学的"演唱"要求是"自然、有表情地",后还增加了"自信"的要求。其实这些演唱要求也是对"合唱教学"的要求。

---

① 裴诺.专业大奖走入民间[N].音乐周报,2007-08-08(001).

三、2011版音乐课程标准对合唱教学的新期待

总之,通过以上梳理,2011版课标在"合唱教学"方面并没有多少新增的内容要求,但之所以文本中多个地方意在强调"合唱教学",其原因正如新课标研制组组长王安国先生在2011版新课标修订内容的解释中所说的:"在'教学建议'中特意加写和改写了一段关于合唱教学的内容:'要更加重视并着力加强合唱教学,使学生感受多声部音乐的丰富表现力,尽早积累与他人合作演唱的经验,培养集体意识及协调、合作能力。合唱教学可从轮唱开始,逐步过渡到其他多声部合唱形式。'这段文字不同寻常地使用了国家教学指导文件中少见的强调实施力度的用语('更加重视''着力加强'),表明对以往音乐教育薄弱环节之一的合唱教学非同一般的重视程度。要求唱歌教学中着力加强合唱教学,以'尽早积累与他人合作演唱的经验',特别提示'合唱教学可从轮唱开始'。期望这些内容对合唱教学在中小学的大面积开展能起到积极的引导和推进作用。"[①]

王先生在"修订后义务教育音乐课程标准的变化及有关问题"中答《中国教育报》记者问时再次强调说:"重视唱歌(及合唱)教学。人声歌唱对青少年学生身心健康发展、情感体验与表达、音乐兴趣培养及音乐素养形成等能起到多方面的重要作用。但遗憾的是,在部分地区和学校的音乐课程中,唱歌教学远未得到应有的重视,唱歌中的合唱教学,更是音乐教育的薄弱环节。应特别注意修订后的课标对唱歌及合唱教学的重要建议和提示,这对加强唱歌教学,尽早进入合唱实践,提高唱歌教学实效,都十分有益。"[②]不仅如此,王先生在近年来的有关课标的培训中还在强调这个"薄弱环节"。

另有如下相关报道:王安国教授指出,"唱和奏"的实践活动是最重要的,学生只有乐于演唱、积极参与演奏,才能真正地用心聆听,从而更好地参

---

① 王安国.基础音乐教育改革与发展的新起点——义务教育音乐课程标准修订[J].人民音乐,2012(06):64-68.
② 赵小雅.应把握以美育人的音乐教育理念[N].中国教育报,2012-04-10(010).

与表演和创作。王教授认为,在我国基础教育课程改革日益深化的进程中,音乐课还存在需要加强、改进、突破的薄弱点。他提出了当下主要存在的三个薄弱环节以及解决办法。作为中小学音乐教学常规的学生全员参与的合唱,主要问题有:缺乏低难度进入、适于学生全员参与、能朗朗上口且优美动听的短小合唱曲;缺乏从随堂练声曲循序渐进到完整三声部、四声部,九年一贯成体系的合唱教材,教师缺少利用当地课程资源和现成教材改编及排练、指挥合唱的能力;缺乏使合唱成为中小学音乐教学常规的氛围和交流、推广的渠道。针对这些问题,他提出要多参阅相关素材书籍,并在中小学全员合唱练习中遵守"先横后纵、以横引纵、化横为纵"的原则,循序渐进地组织学生学习,提高学生的合唱表演能力和感悟能力。①

一言以蔽之:目前我国的中小学合唱教学非常薄弱,亟待加强。需要说明的是,我们需要解决的不全是纯理论问题,而主要是实践中遇到的问题。怎么去解决呢?本书选择音乐教育家费承铿先生的有关合唱教学的实践与思想作为我们提高合唱教学行动的理论与实践依据。之所以做出这样的选择是因为:①费先生是人民教育出版社小学音乐教材的主编,中学音乐教材的副主编。此外,他还是江苏省中小学音乐教材的编写者之一。这些教材正是我区许多学校需要使用的教材。②费先生是我区许多音乐教师的老师,他的教学思想与风格至今仍留存在许多教师的脑海里。更重要的是,作为音乐教育家,费先生的教育思想确实有利于"每一个儿童",他是真正的接地气的专家。无论是从理性角度还是情感角度,选择这样的音乐教育家的思想与实践作为研究的依托都对本书有积极的意义。③费先生所在单位即江苏师范大学音乐学院,正好位于我区重点小学即铜山区实验小学的对门。铜山区实验小学已决定成立费承铿先生纪念馆,用费先生的音乐教育思想指导学校的音乐教育,用乐教唤醒儿童的心灵。④费先生本人长期致力于群众合唱,其丰富的经验也值得传承。

---

① 浦云峰.从"涵养美感,陶冶德行"到"立德树人"——听王安国教授谈"音乐教育的'原点'问题"有感[J].中国音乐教育,2015(3):51-53.

○一 参悟音乐新课标：
合唱教学的新解读

　　本书所谓的"行动研究"，从宏观上说，是指针对中小学合唱教学广泛薄弱的问题，先采取"自上而下"的推进措施。针对所采取的措施的实施过程与结果进行反思后发现，这种方式更适合课外教学，有利于运用比赛、活动来推动合唱教学，容易出成绩（中国的合唱比赛很多，多到泛滥①）。但一个根深蒂固的问题仍然很难解决，即很难保证从整体到"每一个学生"都能享受合唱。尽管这种方式的弊端是有的，但彻底放弃也是不合适的。对一些有合唱兴趣和特长的教师也不利于发挥其优势。同时，这也是我国传统的一项合唱教学活动，彻底抛弃，不利于对传统经验的学习与继承。因此，我们在继承传统的基础上进一步针对新问题或这个根深蒂固的问题，再设计出"自下而上"的推进策略，即重点解决如何让每一个教师都能亲近合唱，挖掘合唱教学的广泛教育意义，寻找中小学合唱教学的特殊性。这里涉及本书的微观结构，即在倡导教师写反思课堂教学的教后记中运用音乐教育叙事的写作方法，即用课堂教学"故事"来展示实验过程，以体现个人的行动研究过程。但这与一般的"行动研究"强调的四个步骤稍有不同。因为，我们没有对每一个老师就如何严格按照行动研究的要求进行操作进行指导。当然，笔者认为严谨的行动研究也不一定是非常合适的。因此，我们倡导的是行动教育叙事研究。这里重在操作，暂不展开概念的讨论。特此说明！

　　还需要说明的是，我们认为，现在大多数的合唱教学都或多或少偏离了新课改的主题。新课改要求当代教育要"为了每一个孩子"，但目前的合唱教学大多面向特长生或兴趣小组式的学生。许多合唱教学更是以比赛为中心，着眼于"磨课"后的展示而不是常态课堂教学，忽视了更为广泛的合唱文化活动的意义。因此，笔者提出"人人爱合唱、合唱爱人人"的口号，希望通过研究，达到真正促进每一个孩子参与合唱体验的目的，在寻求教育意义中为教师松绑，让合唱能轻松地走近教师、走近学生。

---

　　① 尼克.中国合唱之危机[N].音乐周报,1999-07-09(2).

○二 倡导合唱文化：
我国中小学合唱教学的新概念

笔者认为，合唱教学的目的是"育人"，"合唱"只是"育人"的"工具"。著名德国音乐教育家奥尔夫曾经说过："在音乐教育中，音乐只是手段，教育人才是目的。"2011年11月"第六届全国音乐课现场评选"活动的总结大会上，王安国先生也如是说，"今后要把合唱作为中小学音乐教育的重要教学工具"，但这不是为了将来从事表演。合唱的主旨是"和谐"，首先是人心的"和谐"。要想人心获得"和谐"，仅仅盯着"音准"是不可能的，只有充分开发人的内心或心灵，即"知、情、意"范畴包含的一切内容，承认关于这些范畴覆盖的所有内容的价值，人才会获得广泛的自由，人心才会真正"和谐"起来。个体人心的和谐是构筑和谐社会的基础。当今世界的主题仍然是邓小平概括的"和平与发展"，因此，当前我国正在大力推进社会主义和谐社会的建设，正被国际社会所认可，国家领导人甚至提出"和谐世界"的主张。但作为"合唱教学"的研究，更为关键的词是"合唱"。什么是合唱呢？在中小学合唱教学课堂上，也常见到一些老师这样向学生提问。一般学生很可能想当然地认为，"合唱就是大家在一起唱"。其实，这是个很难回答的问题。孙从音在其主编的《合唱艺术手册》中认为，这是"一部有关合唱艺术的'百科全书'，是指导合唱队活动、提高合唱艺术水平的最佳顾问。……此书填补了我国无合唱工具书这一空白"。但对什么是"合唱"这一问题也并没有给出回答。我们首先来梳理一下当前权威词典、专家学术著述中是怎么回答的。

1.《简明不列颠百科全书》认为，由合唱（唱诗班）演唱的音乐，每一声部有两个或更多歌声。合唱音乐必然是复调的,即由两个或更多独立的声乐线条构成。

2.《中国大百科全书》认为,合唱曲是供几组人一起作多声部演唱的歌曲,其中每个声部至少由3个以上的人演唱。

3.《牛津简明音乐辞典》认为,chorus 有三种意思:(1)合唱队、唱诗班,(2)风笛,(3)一种古老的弦乐器;choir 表示合唱队、唱诗班。在教堂建筑中,设有主教座位的大教堂里面的唱诗班席称作 choir,而在普通教堂中的唱诗班席则称作 chorus。

4.缪天瑞主编的《音乐百科词典》认为,合唱(chorus)是集体演唱多声部音乐的演唱组织。其作品称为"合唱曲"。演唱者分成几个声部,各声部所唱的曲调互不相同,但融合成为一个整体。

5.王沛纶编的《音乐辞典》认为,chorus 有两层意思:(1)合唱。高低各声部之音同时歌唱者,谓之合唱;有二部合唱、三部合唱、四部合唱等。(2)合唱队,歌咏队。

6.《辞海》认为,两组以上的歌唱者,各按本组所担任的声部,演唱同一乐曲。分同声(纯粹是男声、女声或童声)、混声(男女声混合)两类;又根据声部的多寡再分为女声二部合唱、男声三部合唱等。常见者为女高音、女低音、男高音、男低音的混声四部合唱。一般有乐器伴奏,纯粹由人声演唱者,称无伴奏合唱。

7.缪裴言、章连启、汪洋主编的《中小学音乐教育词典》认为,由多人分成若干个声部同时演唱多声部歌曲的歌唱形式,有丰富的艺术表现力,讲究整体印象的和谐与均衡,要求各声部的音高要准确,音色要融合、统一,各声部的音量要均衡、有层次。

8.[美]霍默·乌尔里奇所著的《西方合唱音乐概论》认为,合唱音乐的定义是:为每个声部都有数位演唱者的表演团体而写的音乐。

9.陈家海所著的《合唱名曲指挥设计》认为,一首多声部歌曲,由多人在各自不同的声部,按本声部的旋律同时歌唱的表演形式叫合唱。

合唱的邀请

10.《现代汉语词典》认为,由若干人分几个声部共同演唱一首多声部的歌曲的音乐表现形式。常有指挥,可有伴奏或无伴奏。可分同声与混声两种:同声的由男声或女声单独组成;混声的由男声和女声混合组成。按声部的多少,可分二部合唱、三部合唱、四部合唱等。

如果再仔细收集,关于"合唱"的定义还有很多。从中,我们也能看出一些相互矛盾的地方。比如:从人数角度看,有的规定声部人数的起点是2人,有的规定是3人,有的直接采用"多人"这种模糊的说法。可见,这些定义的主观性、随意性很大。又如:从声部多少及其性质来看,大多数定义都强调是"多声部",实际上,西方"言必称希腊"的古希腊的合唱就是单声部,我国民众理解的"合唱"也包含单声部,即使当下的教堂中唱的单声部赞美诗也被认为是合唱。

从声部性质来说,有的强调声部的独立性,必须是"复调",但即使是作为"合唱"形态的西方音乐史上的"奥尔加农"等复调音乐的声部也不全是独立的,早期的复调就是在主要声部基础上平行叠加另一声部,两者是平行五度关系,另一声部并不具有独立性。后来的复调发展抛弃了这种手法,甚至认为出现平行五度是个错误,我们的和声教科书都是这样认为的。不过,在20世纪的一些复古的音乐创作中,为了追求"古风",专门用这一手法创作的现象并不鲜见。尤其是一些以演唱古代西方音乐为宗旨的表演团体,更加复古。这些艺术形式难道不是"合唱"吗?

主调音乐中主旋律之外不具有独立性的声部是必需的。这是由主调音乐的性质决定的。难道主调音乐也不是"合唱"?如果扩大视野的话,多声部合唱作品的声部关系远比上述复杂。如格鲁吉亚民歌中的多声部合唱,最常见的是男声和女声的三声部合唱。与西方多声部音乐的主旋律常出现在高声部不同,这里的三声部合唱的主旋律在中声部,格鲁吉亚人称其为"第一声部",又因为这个声部主要负责歌词的演唱,又叫"说词者"的声部。尤其应注意的是,这三声部合唱是圣父、圣子和圣灵三位一体的艺术象征,因为格鲁吉亚人信仰基督教比许多欧洲民族要早许多世纪。① 最近陈一新编配的流行合唱作品彻底颠覆了合唱的传统概念,以深厚的古典传统作曲技术、现代时尚的音乐语言对年轻人喜闻乐见的流行歌曲进行合唱改编,给合唱注入了新的生命力。这是完全不同的合唱风格——作品并不严格按照传统合唱规定女高音所演唱的旋律(或音高)一定比女低音要高,并不严格区分女高音与女低音,这样就让很多不清楚自己到底适合演唱哪个声部的读者轻松参与到合唱中来,只要喜欢,唱哪个声部都可以。

一般教师理解的"合唱"定义,只是西方古典音乐的特征,比如,合唱追求"协调"。事实上,20世纪的一些合唱作品专门表现出不协调的一面,以反映20世纪那个极其动荡的时代。就连"合唱"之要"唱"这个最为基本的要素现在也有被突破的现象,如曾获得1997年美国巴洛国标大奖赛的获奖作品《世界边缘》(马雅·恩菲尔德作曲)。该作品起初好似喇嘛诵经,仅用力度和音高将一个动机加以发展变化,随后由唱转入似唱似念的段落,其间还加入了鸟鸣声,演员们充分利用人声的多变性,产生了类似瓦列兹《电离》的音响效果,可以说这是一首以音色和音响结构为内核的作品,突破了人们对合唱的传统概念。②

当前的合唱已经表现出多元化的态势。③ 美国电影《修女也疯狂》里,修女把传统的唱诗与摇滚乐结合起来,增强了合唱的生命力。最后,连教堂里最保守的老嬷嬷也接受了新的唱法。可以说,合唱不仅仅是"艺术"(这里的"艺术"是指西方古典时期追求自律论的观点下的"艺术"),还是一种文化。人们对合唱的认识是随着历史不断发展的,且世界各国、各民族都有自己的合唱。据说,西方文艺复兴时期曾出现过80多个声部的作品,有史实记载的60多个声部的作品已失传,但有40多个声部的作品现仍有乐谱存在,如英国作曲家塔里斯的《寄希望于他人》。即便是20世纪作曲家的合唱作品中

---

① 杜亚雄.格鲁吉亚的传统音乐[N].音乐周报,2007-08-29(007).
② 艺工.突破传统合唱的概念[N].音乐周报,2004-08-13(005).
③ 田晓宝,邓畅.当下中国合唱概念的边界突破[J].人民音乐,2012(08):36-38、95-96.

合唱的邀请

也有出现40多个声部的作品,如安东尼·皮兹的40个声部的合唱作品《四十》;英国当代作曲家加布里埃尔·杰克逊为纪念塔里斯而创作的40个声部的合唱作品《神圣的双眼》。追求声部的"多"、复杂,是西方人的品味。但不能仅用这一品味来衡量所有合唱。这是西方人自己都反思的观点。

遗憾的是,我国当前的合唱界仍抱着"西方古典音乐中心论"的思想不放,抱着"西方"200年前的观念作为"大棒"在"敲打"国内合唱界。把我们的历史说成是没有合唱,"合唱"仅是近百年来由西方传入的论调仍然充斥在各处。传说夏桀有女乐三万,每天早晨在宫门奏唱,歌声远传至大街小巷。我们很难想象这歌声中就一点"多声"都没有。阎宝林老师发表于《艺术交流》2003年第1期上的《合唱风格在不同历史时期的反映》一文中提到,"从合唱雏形的原始大混唱里,到西汉时期刘安《淮南子·道应训》中记载的抬木号子;从《周礼·地官》中所记的'媒氏'活动到唐宋群歌集会在南方各地的盛行不衰……"可见,我国历史中存在着多种合唱形式。我国许多少数民族中,多声音乐的现象广泛存在。早在1959年中国音乐学院黎英海先生就曾指出,我国传统音乐中"绝非所有的都是单音音乐。特别是民间合唱(劳动号子)、戏曲音乐及民间乐曲中,存在着明显的多声部因素,这是肯定的。只可惜这方面我们了解得很少,从前收集整理民间音乐也没有对这方面予以应有的注意"[①]。黎英海先生此后不断地对此进行系统、深入的挖掘,如今,即使老百姓也知道侗族大歌是"合唱"。田晓宝甚至认为,中国合唱一定要注重从少数民族合唱中总结、提炼具有中国合唱风格的规律,丰富提高中国合唱艺术。[②]然而有些所谓的"专业人士"至今仍"羞答答"地认为,"我们的合唱离世界差距还很远"。自己贬低自己也就罢了,但不能代替我们广大人民来发声。中国的现实应由中国的历史来塑造。音乐史学家汪毓和认为,我国的合唱有自己的特点,中国的合唱是应中国的"社会"需要而产生

---

① 黎英海.汉族调式及其和声[M].上海:上海音乐出版社,2001:49.
② 陈文革.提高合唱教学水平创新师资培训方式——"2015年全国高师合唱指挥教学研讨会暨首届合唱指挥教师培训班"综述[J].中国音乐教育,2016(6):4-8.

的。20世纪20年代产生的群众合唱,不是我们那时没有认识到"合唱"可以有很多的声部,而是我国人民自主选择了一些"简洁"的合唱。这种选择正如田青总结的,中国人的音乐思维是"线性思维"。中国人按照自己的思维习惯做出自己的选择没有错,更不是低级。我们不反对赞美、认同西方,但不能指责"群众合唱"低级。有学者也认为:"这种看法深隐着一种艺术'以雅为最''以西为最'的庸俗观念。请注意,'群众合唱'是群众式表达,'群众合唱'应以群众参与合唱、丰富群众生活为目的,而非是为了塑造更多的专业合唱团。我们不必也不应总以所谓'专业与否'去衡量一个'群众合唱'表演的优劣,更何况这个'专业与否'的艺术标准尚值得讨论。……当一些艺术家在表达对群众合唱的看法时,称呼群众合唱往往表露出俯视的态度,与一些专业院团的演奏(唱)家谈论民间艺术时的表现,如出一辙。在这种语境下,'群众'之于'合唱'有一种强烈的'攀附'意味,似乎这种'联姻'提升了'群众'的审美与境界。'学院派'作为贴在当代中国音乐界专业人士身上的一种标签,不管是褒是讽,也不管被贴签者受不受用,此称却是最常见的。合唱界也不例外。举目众多的报道,专业音乐院团总以标准、权威、正统、核心的地位出现,但回顾合唱发展历史,这些'学院派'合唱及其团体,从来都不是合唱的主力军,而从承载层面讲,没有'群众'就没有'合唱'。当一些艺术家一边为合唱普及鼓吹,一边又提醒合唱艺术不应庸俗化的时候,往往忽略'合唱是作为一种怎样的艺术存在'这个基本问题。其实,群体性是合唱艺术的固有属性,这意味着'孤芳自赏'式的个体、'曲高和寡'式的小众都无法成就合唱艺术的所谓'繁盛'。群体即是'复数''多数',合唱追求的'和谐'是建立在这一基础上的整体表达,这同时符合人的社会性。"[①]还有一些所谓的"专业人士"动辄用我国"群众合唱"的实用性,即历史上多为政治服务来否定其"艺术价值",事实上,即便是今天,西方为基督教服务的"合唱"仍然广泛存在。

需要指出的是,著名合唱指挥家杨鸿年先生也认为"合唱是一种文化"。

---

① 郭威."群众合唱"几多问(下)[J].歌唱艺术,2012(12):40-43.

合唱的邀请

他在参加世界合唱比赛的现场接受记者的采访时说:"合唱解决'谐和'和'平衡',唱合唱的人不单是听自己,还要听前后左右各个声部,从中也可以培养参与者的修养。所以,合唱最后唱的是文化,唱的是哲学,唱的是信仰,不管任何社会都是如此。"可以看出,他所说的"文化"是指人的"修养"。他还说:"我参加了多次,不管是在中国举办还是在国外举办。参加的目的有两个:一个是了解世界的合唱文化,另一个是让世界了解中国的合唱文化,找到互相的差距,吸取新的营养,规划中国的合唱事业。"[1]显然,杨先生尽管承认合唱是"文化",但目的是找"差距",而不是像著名社会学家费孝通所说的"各美其美、美美与共"。但我们强调的"文化"是管建华先生一直强调的"多元文化",是一种以平等视角来看待世界上的一切"合唱"现象的文化。田晓宝的文章对此有专门而深入的阐述,他认为那些把"群众歌咏"排除在"合唱"之外的做法是"'画地为牢'的褊狭心态",是"无视当下世界合唱和中国合唱丰富多彩的、多元发展的现状"。2000年的世界奥林匹克合唱比赛,特地设立 Vocal Ensemble 的男声、女声和混声三个项目,把以往被排除在"合唱"概念外的"组合"也算成合唱,认为当下"合唱"概念应该包括"既有西方合唱范式的欧洲古典合唱,又有现代与先锋音乐合唱;既有欧洲传统的歌剧合唱和交响合唱,又有大量民族、民间的音乐改编的合唱;既有政治性鲜明的革命歌咏,又有纯娱乐性的流行音乐的合唱;既有世界各民族的合唱歌曲,又有少数民族的'原生态'的乡土歌唱;既有音乐厅的合唱艺术表演,又有大量的广场群众合唱;既有多声部的复调性的合唱,又有大众化的齐唱。不能局限于西方古典合唱范式那种单一的形式。歌与舞结合;歌唱与戏曲表演结合;歌曲演唱与话剧的情景动作的结合已成为新的时尚"。

"合唱"概念只具有"家族相似性"[2]。许多教师对新课标强调的"合唱"概念理解太狭隘,直接提问学生"什么是合唱"更不可取。我们对"合唱"的

---

[1] 赖嘉静.合唱唱的是文化、哲学与信仰——访指挥家杨鸿年[J].中国文艺评论,2016(10):117-127.

[2] 田晓宝,邓畅.当下中国合唱概念的边界突破[J].人民音乐,2012(08):36-38、95-96.

理解一定要用多元的、平等的观念。这是从"文化"角度来理解"合唱"所必需的,因为科学不可能告诉我们应该喜欢多少声部演唱的合唱作品。与其告诉学生一个定义,不如向学生指认"这首曲子就是合唱",这并不妨碍学生对"合唱"的认识。对中国来说,我们的祖先造的字很有意思,"合唱"的"合"即"一人一口","唱"即"多个口",许多人用"口"在一起唱。"合唱"即使望文生义也是这个意思,许多人"和"在一起"唱",或就是一种合作的演唱形式。如果非要告诉学生上述词典中的定义,那必须得告诉学生,那是西方的"合唱文化"概念,而且主要是18、19世纪的音乐形态。其他民族的合唱观念并非如此,非常多元。

作为文化的"合唱",是需要演唱者走进彼此心灵的一种合作。音乐原本就是心灵的艺术。贝多芬曾说,"从心灵出发,必将到达彼心深处",这或许是对于合唱艺术的最精练的概括。文化的合唱具有包容性、开放性。翻开中国的现代史,从19世纪的洪秀全到义和团运动,从20世纪的学堂乐歌、五四运动到抗日救亡歌咏运动,从新中国建立初期的群众歌咏运动到当下的唱红歌,这些群众合唱一直是占主流的。为此,费承铿先生在晚年退休后,为了推动群众合唱,他不仅到处开讲座,亲自教习,还编写了一本普及教材《群众合唱九讲》。作为继承费先生思想与实践的研究,笔者认为,中小学合唱教学应用"文化"的视野来使用"合唱"概念,就我国的国情而言,中小学合唱教学属于"群众合唱"范畴,它有别于西方的"艺术合唱"。尽管中小学的合唱教学内容应包含"艺术合唱",但绝不能仅仅用西方的"艺术合唱"概念来教学,更不能仅用西方的"艺术合唱"标准来衡量我国中小学合唱教学。如此,我们的中小学合唱教学才会获得更广泛的发展。

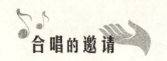

〇三　追寻教育真义：
我国中小学合唱教学的新本质

一、中小学合唱教学的专业化要求偏离教育真义

中央音乐学院副院长周海宏教授曾写过一篇文章《业余学琴何必太专业》，认为我国"业余学琴过于专业化"。他自己也有这样重专业教学的经历，他曾教过一个奥地利来北京过暑假的女孩，第一次的上课获得女孩的大赞："您是我所见到的最好的老师！"第二次上课时，该女孩第一次被指出的问题依然存在，于是周老师跟她说："我们这个星期再把这个曲子练好一点好不好？"女孩有点不情愿了，她说："周老师我们能不能有首新曲子？"周老师没同意，进一步强调第一次上课时就给她强调的东西。然而，第三次上课时，该女孩弹得跟第一次仍然一模一样，没有任何进步和变化。于是周老师不高兴地说："难道我所说的要求你没有听懂吗？你听懂了！难道我要求错了吗？没有错！难道你做不到吗？能做到！那为什么就不做呢？"这时候孩子说了一句让周老师刻骨铭心的话。她说："Who Cares？"谁在乎呢？这个孩子后来不再跟他学琴。于是，周老师反思道："是呀，她是一个业余学琴的孩子，一辈子也不可能有机会坐在音乐厅的舞台上演奏，她自娱自乐弹给自己听，弹琴的时候，她觉得高兴、有成就感、很享受，对她而言这就够了，这就是她弹琴的全部目的。她不需要那么高的规格，没必要让音乐厅中最后一排听众听到她演奏的声音，她在自己弹出来的声音中感到快乐，我们为什么非要用那么高的专业规格去要求一个业余弹琴的孩子呢？学琴的孩子中，

95%根本就没有成为专业音乐工作者的可能性。实际上我后来做的调查也表明,想让孩子从事音乐专业的家长不足5%。那么,我们为什么还要对他们进行那么专业化的训练呢?当我们打着要专业化、规范化旗号学琴时,当我们在要求孩子要学好,就要学得专业,练得规范时,其实我们就已经偏离了业余学琴所要达到的根本目的。"[1]

事实上,即使谈专业,我们是教育专业,音乐只是用来教育的工具。其实,关于我国音乐教育太专业化的问题早就被批评过,郭声健20世纪90年代的博士论文《艺术教育论》对此有专门的批评。他认为,中小学音乐教育普遍存在"专业化倾向"。新课程标准早期提出要"淡化音乐知识技能",但又"淡化"过了头,一些教师甚至不敢谈"音乐知识技能",这也是不对的。但相较"淡化音乐知识技能"的弊端来说,"专业化倾向"仍然很严重。有个老师也意识到这样的问题,他说:"第五届中国少年儿童合唱节从学生的答卷中发现,大部分同学在表述了正面看法的同时,认为训练过于紧张,有时感觉枯燥乏味;并认为老师在谈发声技巧时深奥难懂,而且在合唱团心理压力大,有时觉得比上课还累。希望合唱团能把快乐放在第一位。阅读并整理了学生的调查反馈后,我进行了认真的思考:我的教学理念始终把让学生学有所获放在第一位,我要学生在这每周仅有的两课时里学到尽量多的知识,让每个学生都能自信地站在舞台上,唱出天籁般的歌声,以得到专家的肯定和同行的赞誉。殊不知,多数学生参加合唱团主要是为了得到心情放松的机会,忘却烦恼,并与同学相互交流,收获更多的友谊。由此可见,学生把获得快乐放在第一位,而教师把获得知识放在第一位。"[2]当然,仅顾及"快乐"也是不合适的,正如亨德尔所说:"假如我的音乐只能使人愉快,那我很遗憾,我的目的是使人们高尚起来。"杨鸿年先生坦言:"学习合唱,首先要学做人。……我有机会就会定期带领他们去养老院、孤儿院、少管所演出,合唱

---

[1] 周海宏.业余学琴何必太专业——不要学了一门技术恨了一门艺术[J].音乐生活,2014(10):33-35.
[2] 王钰静.初中合唱社团也要"以学定教"[J].中国音乐教育,2013(2):28-31.

合唱的邀请

团每年都会给智障儿童演出……家长们纷纷加入合唱团当义工……我们就是一个大家庭,我对孩子们的期望就是充满爱心、构筑和谐,对社会做出贡献。"①广州小海燕合唱团团长张旭嵘认为,比起培养声乐人才,更重要的是培养孩子融入整个团队之中的谦让、和谐精神。"合唱是集体的艺术,想学合唱要先学会做人,我们的小团员通过合唱艺术变得自信、大方,素质也得到了提升。"②综上所述,笔者主张,中小学合唱教学可以"不专业"一点,"寻求"合唱教学的"教育意义"是第一位的。

二、中小学合唱教学的"教育真义"

什么是"教育真义"?先来看一段实录《合唱比赛》:

……早上,同学们兴高采烈地来到音乐学院化妆。女生们装扮得像公主一样美丽动人,男生们打扮得像绅士一般风度翩翩。这之后,我们乘坐大客车来到九中候场。紧张的是我生怕做错一个动作。按顺序,我们是第19个出场的。时间到了,大家迈着整齐的步伐,像阅兵式接受检阅的士兵一样庄严地走上舞台。同学们互相都没说什么,可心里却都有着同一个目标:不能丢人。人人都那么认真卖力,我们出色地完成了整个演出。下场后同学们围着老师问结果,这时我紧张极了,生怕我们排个老末。兴奋的是我们得了第一名,在同学们的一再追问下,老师终于开口了:"第一。""耶!"女生们三五成群地抱在一起,男生们互相使劲地碰了碰拳头,眼睛感觉有些湿润,一种无比的自豪感涌上了我的心头……

这是刊载在《新少年》(2016年5月)杂志上被用来展示学校合唱教学优秀成果的沈河区文艺二校四年级七班陈冠伊小学生的文章。像这样的文章很多,大家已经习惯了用这种方式来夸赞自己了。但这在笔者看来,文章中"不能丢人"一句话就暴露出了严重的教育问题。整个文章围绕拿名次叙

---

① 孟绮.30年叙写中国"放牛班"[N].音乐周报,2013-02-27(024).
② 王立元.重要的是培养合作精神[N].中国文化报,2013-08-15(001).

○三　追寻教育真义：
我国中小学合唱教学的新本质

说,说明在这个学生心里拿名次是最重要的。正如美国专家艾伯利斯所说："这种竞争往往使人们把大量的心思放在如何击败对手上,而忽略了创造和了解音乐所带来的持久的快乐。一旦竞争的情景不再存在,人们参与音乐的主要动机也将不复存在。"①然而,我们的合唱教学对此乐此不疲。合唱教学基本上沦为比赛、追求功利的工具。

其实,上述有关音准、合唱文化的分析都是为了追寻合唱教学的教育真义。对音准一维评价的批判就是意在打破过于专业化的狭隘思维,不能把普通合唱教学当成只是技能性训练。其实,就是"知识、技能"训练也只有在学生理解的基础上才能真正成为自己的。日本学者说："若使音乐脱离于孩子们的生活,那么,不管你教授了多少表现技术,只要不是孩子们自身所追求的,那也是毫无意义的。"②爱因斯坦的教育概念就是这个意思,什么是教育？就是多年后仍存在人头脑中的,那才是教育。我们中小学的识谱教学、视唱教学一直都受到批判,其实并非我们没有去教,也并非我们全是不用心的教,但一贯的专业化倾向的训练很少使学生理解基础的学习内容。所以,"前学后忘"很正常,建立在这样的基础上的教学是不可能获得真正的音乐知识技能的。除了需要在学生主动理解的基础上去学习音乐知识技能外,更重要的是,学生能真正从音乐体验中获得情感共鸣,进而树立一种态度、价值观,在音乐学习过程中获得经验。这些体验和经验都不是用简单的知识技能可以代替的,超越音准评价就是在寻求更多的教育真义,不过,关于音准的讨论还仅是指向学生的整个精神世界。至于学生的外部世界就涉及关于合唱文化的讨论,这个讨论意在打破西方艺术合唱概念,是从更大的范围讨论教育意义,它已不仅仅指向个体的精神世界,而是指向整个社会和世界。只有超越西方单维世界,我们才能看到更多,也就会获得更为广泛的教育意义。如果说关于合唱文化的讨论还只是指向合唱,关于美国、日本的合

---

① 哈罗德·艾伯利斯,查理斯·霍弗,罗伯特·克劳特曼.音乐教育原理[M].北京:中央音乐学院出版社,2008:186.
② 野村幸治,严华生.教育和合唱[J].中国音乐教育,1993(6):32-33.

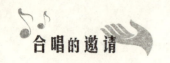

合唱的邀请

唱教学的讨论便指向音乐教育视野的合唱教学。与用西方中心论来看待合唱概念一样,我们对世界合唱教学的认识也是单维的,基本上以"抬高"国外来促进国内的思维方式。其实,美国、日本中小学合唱教学并非像有些专家说得那么好。对以上内容进行厘清,目的是为中小学音乐教师松绑,别总是让一些虚假的事实来指责中小学教师,让中小学教师背负那么多的责任是不可能获得音乐教学的健康发展的。其实,合唱教学也是一种文化,我们有我们国家的合唱教学传统和优势,也不必过分妄自菲薄。倘若我们对此有一个客观而正确的认识,其教育意义就非常广泛,中小学音乐教师也将获得广阔的自由空间去开展教学。如此,中小学教师群体才能获得自信,走向职业发展的健康未来。

三、中小学合唱教学新本质追寻举要

合唱教学的教育真义,就是通过合唱教学使学生获得发展。它总体上指向人,指向人的精神世界、经验世界、生活世界。人的价值和尊严是第一位的,至少不能降低到比音准还低。艺术确实高雅,但这毕竟是人的创造物,它由人创造出来是为人服务的。当艺术凌驾于人之上,逼迫人就范时,学习艺术也就失去了最根本的教育意义。下面举例说明我们要追寻的中小学合唱教学的新本质到底是什么。

《在合唱团的日子》:

三年前的一个暑假,我参加了清河县青少年校外活动中心的公益性少儿合唱团,开始学习合唱……

合唱团让我懂得协作。记得刚开始学习合唱时,我们正在排练一首歌,演唱时只听见女生的声音,几乎听不见男生的声音。老师让我们停下来,对男生的演唱给予指导。我颇有些得意,心想:男生真笨,我的声音一定要压住他们。当我们再次演唱这首歌时,我就放开嗓子,企图压住男生的声音。我正唱得起劲时,突然老师让我们停下来,语重心长地说:"合唱团是一个整体,每个人都要有团队精神,不是说你的声音高过别人你就唱得好了。合唱

〇三　追寻教育真义：
我国中小学合唱教学的新本质

的两个声部讲究的是配合，高音不能压住低音，低音也不能太弱。同学们一定要注意!"听了老师的这番话,我的脸红了,把老师的话默默地记在心里。这件事使我懂得了一个道理,我们每个人都要有团队精神,个人要服从整体,才能在整体中发挥自己的作用。

合唱团使我收获了自信,收获了友谊。自从参加合唱团以后,我的性格变得越来越开朗了,自信心也增强了。在学校里,老师提问时,我总是踊跃举手回答,并且还在学校组织的演讲比赛中获得了二等奖呢!合唱团也使我获得了友谊,交了不少好朋友,我们一起交流学习体会,谈论彼此学校里发生的事,有时我们也会在一起捉迷藏、玩游戏。

在合唱团的日子,是不是很有趣呢?是的,有合唱的日子是我最开心的日子。合唱已成为我生活的一部分,伴随我成长,使我变得更加坚强,更加自信,也更加成熟。

…………

有人可能怀疑这是否被美化？我们相信,文章中这样懂教育的好老师是存在的。下面介绍一篇用旁观者的眼光书写的文章。《极致的风景》：

那年暑假,各学校都在忙着准备参加宜昌市黄鹤美育节,我和区教育局其他几名同事提前去学校看看各校的准备情况。在一所学校,看到一位年轻老师正在排练合唱,30多个孩子在一间不大的教室里,面带微笑地唱着。伴奏的琴声化成一个个小小的精灵在炎热的空气里氤氲着,变成一滴滴小汗珠在同学们和老师的额前嬉戏。那位年轻的老师是合唱的指挥,长发披肩,她的双臂在胸前有节奏地画着,时而如弱柳扶风,时而若行云流水,时而斩钉截铁,顿时就勾勒出了明朗的山川、秀美的丘陵、广袤的草原和满目的星空。她的表情是温柔、陶醉的,纵然汗水已经湿透了她的衣背。突然一个学生记错了歌词,因为唱的声音很大,所以影响了全队的同学继续往下唱,大家顿时陷入了一场巴比塔式的语言混杂。那位老师并没有停下指挥,只是面带微笑地看着大家,轻声说:"错了,再来一遍。"很快,曲调又愉悦地跳动起来……这样一个细小的插曲深深地感动了我,如一粒圆润的珍珠般美

合唱的邀请

丽、纯粹而完满。很多年过去了,那一幕却还清晰地印在我的脑海里。我经常想,究竟是一种什么力量,让我一想起它,心灵就有一种震撼的感觉。在那样一个炎热的夏天,在那间简陋的教室里,是一种怎样的美丽涤荡着我的情怀?记得读高中的时候我们学过一篇课文叫《黄鹂》,其中这样写道:"这里的湖光山色,密柳长堤;这里的茂林修竹,桑田苇泊;这里的乍雨乍晴的天气,使我看到了黄鹂的全部美丽,这是一种极致……"一位朋友说:"真正的美丽其实是一种状态。"湖光山色、密柳长堤、"黄鹂"的飞翔与啼叫呈现在我们面前的美丽是一种主体与自然环境的和谐;那一位排练合唱的年轻老师带给我们的是一种生命与外在环境的和谐,一种自我与情境氛围的融通。在这个空间不大的校园里,我每天都能捡拾到片片珠贝:课堂上……绿荫下……放学时刻……升旗仪式上……亲爱的老师们,就这样在不经意的瞬间缔造了世间极致的风景。融入千千万万的人群中,老师们是普通的,走在马路上,我们也许难以发现他们身上的光辉,因为他们的美丽是要伴着孩子们的琅琅书声、张张笑脸和深深敬意的,如《黄鹂》中所说的"各种事物都有它的极致。虎啸深山,鱼游潭底,驼走大漠,雁排长空,这就是它们的极致……典型环境中的典型性格……"[①]

该作者的体验正如爱因斯坦所说,真正的教育就是多年后什么都忘记了,仍留存在脑中的内容。其实,真正的"审美"也是这样,我们学过无数音乐作品,但留存在脑中的很少,真正的"审美"有如下面这段描述:"某个清晨醒来,或某个深夜将寐,一段旋律、一阵歌声总是萦绕盘桓在你的脑海,反反复复、绵绵长长,着魔中邪一般挥之不去排遣不开。有没有?我有!那日,我一直似在'幻听',一边忍不住哼唱,一边拼命地回想,这是什么曲子?什么时候、在哪儿听过?如此这般熟悉亲切,却怎么都想不起来了。突然一道亮光频闪脑海,哇!原来,这正是我最喜爱的《女奴合唱》。"[②]可惜,我们许多

[①] 王蔚.极致的风景[J].湖北教育(政务宣传),2011(1):49.
[②] 紫茵.合唱:歌剧里的奇妙"角色"——现场聆听个体审美体验及其他[J].歌唱艺术,2012(4):36-41.

老师正如歌中唱道："一路上的好景色,没空细琢磨。"我们整天习惯于替"学院派"背书。有些专家对合唱教学的要求甚至连作为教师的自己都很难做到,却要学生去学。真正的教师,是时刻为每个学生着想,这也是新课程最为核心的要求,即"为了一切学生、为了学生一切、一切为了学生"。教育部体卫艺司万丽君处长在题为《走向公平的艺术教育——中国学校艺术教育的发展及推进策略》的报告中说,未来的音乐教育是"走向公平的艺术教育"。如果我们在这方面进行研究,意义非凡。杨颂在《让每个班都成为一个合唱团》中提及这样一个教育事实:

区级中小学艺术节中有一项班级合唱比赛项目,每所学校会有一个班级作代表参加。鉴于班级内整体水平参差不齐,一些教师会悄悄地到其他班级替换几个学生来充数。笔者也想过这个办法,但是这种比赛不仅比的是技术,更重要的是通过比赛提升班级的凝聚力。作为教师,我们教育学生要讲诚信就应该以身作则,因此,我们参赛的班级是一个自然班。比赛前,笔者逐一检查学生的演唱作品,结果筛选出四个不熟练和一个音不准的学生,要求他们认真练习,第二天再回课。排练结束,笔者回到办公室,只见小宇怯生生地说:"杨老师,合唱比赛的时候,我能上场吗?我保证不出声,不影响比赛,行吗?"

作为教了小宇四年的音乐教师,笔者非常了解他的情况。小宇平时上课很认真,可音准问题经过长期训练却依然没有太大的进步。即便如此,每次上合唱课,站在队伍里的小宇依然积极性很高,歌唱时跟着同学们一起摆动身体,貌似很投入。在办公室里,小宇悄悄告诉笔者,为了不影响大家唱,他平时就特别小声地唱,或者只是做做嘴型。笔者摸摸小宇的脑袋,和蔼地对他说:"放心吧,班级合唱就是所有同学都参加,老师怎么会把你落下呢?"听到这话,吃了"定心丸"的小宇蹦蹦跳跳地离开了办公室。

其实,笔者早就发现了小宇的"秘密"。而小宇提出来的问题,对笔者而言并不是问题,即使是参加北京市比赛,笔者依然会带上小宇,因为真正的班级合唱,就是不能落下班级内任何一个学生。每次看到学生在合唱中获

合唱的邀请

得自信、愉悦感,笔者非常感触,班级合唱就应该面对每个学生,人人都参与,享受合唱。①

遵循教育真义要以学生为本。以学生为本,说起来现在音乐教师都知道,但要落实在行动上就难了。以学生为本,首先要理解学生,在理解的基础上进行教学。在此,可用我亲自听过的一节课的一个片段来说明。

有一次,我去听某中学音乐教师的音乐课,这节课主要是教唱莫扎特的《渴望春天》。上课开始问好后,在简单的对上一节课的学习内容的概述后,老师立即宣布本节课的课题:"这节课我们来学习一个八三拍子的歌曲。首先我想问一下:'什么是八分音符?'"我坐在最后一排,只见我前面的一个男生毫不犹豫地举手,在老师的示意下回答说:"八分音符就是八个音符……"该学生似乎还没等老师示意坐下就听见"扑哧"一声,原来老师忍不住笑出了声,并捂着自己的嘴。该学生一见这情形也许觉察出自己回答得不对,并立即起身再次回答说:"哦!不对!应该是四分音符的两倍……"这次就不仅仅老师笑啦!第一次回答时其他学生似乎还没反应过来,第二次显然其他同学听懂了,笑声已经代表了一切。尽管该老师接下来在语言上并没有做出伤害学生的事情,但她自己直接在黑板上示范:"八分音符就是四分音符的一半的样子……"我当时来听课主要是来学习的,所以也没有跟老师交流。其实,这个不起眼的环节却隐含着没有"以学生为本"的问题。老师在学生兴冲冲地做出错误的回答后的"扑哧"一笑,这行为其实也就否定了学生的回答。这个学生是个外向型的学生,如果是性格内向的学生,就这简单的"扑哧"很可能给他带来终身的伤害,有的甚至永远不敢贸然和主动回答问题了。该老师的"扑哧"也暴露了自己的不足:①学生的回答超出了她的预料,她感到非常意外才情不自禁地"扑哧",说明该老师在备课的时候几乎没有预案,想当然地认为学生能回答上来。其实,该老师在备课时就应该想到,万一学生回答不出来怎么办?回答错了怎么办?……如果多想想多种

---

① 杨颂.让每个班都成为一个合唱团[J].中国教育学刊,2016(S2):103-104.

可能的话,就不会发出"扑哧"之声。②不应该用很抽象的问题提问学生。"什么是八分音符?"即使是音乐教师也很难回答,不信我们老师试着回答看看。如果用具象的方式让学生辨别效果会更好。比如出示既含八分音符又含其他音符的已学过的音乐旋律,学生应该不难辨别。③缺乏"教学智慧"。教育知识是很容易学会的,但"教学智慧"只能在实践中锻炼。所谓教学智慧,这个定义不好下,但基本含义就是在具体情境下能够很好、很快地解决教育问题。如果该教师真正有"以学生为本"的意识,那就应该站在学生的角度上看,学生为什么会这样回答,并借机展开教学。其实,该学生的回答是运用自己日常的下意识思维来回答问题的,是一般常规的惯性思维的回答。该教师应该首先肯定该学生积极主动的回答问题,其次进一步肯定学生是在学着运用自己的经验去回答问题。在充分肯定学生的行为并告知学生回答的思维规律后,再告诉学生他第二次的回答比第一次高明的是,第一次是下意识的日常思维,见"八"就是八个什么,第二次的回答是在第一次下意识回答的基础上深入了一步,是该学生试图用自己所学的数学思维来回答。尽管不对,但积极地进行思维是好的。然后借此讲解,音乐的规律跟数学和日常思维是不一样的,回答不对没有关系,这正是我们今天这节音乐课需要学习的东西。如果音乐规律跟数学规律都一样的话,我们的音乐课也就没有意义了。那么音乐课的特殊性在哪里呢?如果老师能借此讲解四分音符和八分音符时值之间的关系,即从数学角度看,八分是四分的两倍,但到了音乐规则里,恰恰相反,四分音符的时值是八分音符的两倍,如此特殊性的对比教学,学生应该会更容易理解,这是借势展开教学的好机会。这种机会是连备课都备不来的教学资源。这种课堂突发事情实际上每节课都会发生,有经验的教师总能抓住课堂上这些灵动的信息展开教学。然而,我们看到,许多教师提问就是走走过程,因为他的教案中有提问这么一个环节,他需要提问,至于学生如何回答不影响他的教学,回答得好就借势下坡,回答得不好就避开按照自己的预案讲下去。有一次讲课比赛就出现一个教师无法面对的一个尴尬问题。这个教师在设计如何让学生明白配合唱"二声

合唱的邀请

部"时说:人要能"一心二用"。学生马上站起来反驳:"老师,人不能一心二用!"这位老师事后反思这个问题,显然是没有备足预案,自己心里只想着学生会赞同这个说法的,所以导致他自己非常尴尬。作为刚参加工作的教师出现这样的情况在所难免,关键是我们通过反思能促进今后的教学才是真正的目的,而不是借此来批评该老师。

具有教学智慧的教师应该是怎样的呢,下面来看一篇文章《宽容的力量》:

在一节音乐课上,我正教同学们唱歌曲《让我们荡起双桨》。突然,合唱中夹杂进了哄笑声。我回头一看,发现坐在前排的一名同学正面向大家顽皮地挥动着双手。

我的第一反应是这个同学在捣乱。我镇定了一下,走到他身边轻轻地说:"咦,你先别急着坐下。"然后,我让大家停止合唱,问道:"刚才这位同学在干什么?"大部分同学都很严肃,只有几个同学回答道:"在指挥。""是吗?我们合唱团正缺一个指挥呢!"我对那位同学说:"来呀,你来指挥,和大家一起把这首歌再合唱一遍,好吗?"歌声再次响起,刚才那位因调皮而有些脸红的同学这会儿变得越来越认真,也越来越富有节奏地挥动着他的双手。

从此,每次上音乐合唱课,这位同学便理所当然地成了指挥。在我的指导下,他的指挥水平日渐提高。后来在一次全校合唱比赛中,这个班荣获一等奖。"指挥"在学校竟变得小有名气。

10年后的教师节,一封来自北京的美丽贺卡飞到我的桌上:"李老师,您还记得10年前那个捣蛋鬼小林子吗?在那之前我根本不喜欢音乐,因一次故意捣乱竟被您选为指挥了。没想到的是,我竟然从此喜欢上了音乐。我觉得不能辜负您,经过多年努力,今年如愿考上了大学音乐系。入校一星期就是教师节,我第一个想问候的就是您。"

我放下贺卡,一仰头,感到这孩子就站在我的眼前。[1]

---

[1] 陈蓉.宽容的力量[J].黑龙江教育(小学),2012(9):39.

三　追寻教育真义：我国中小学合唱教学的新本质

……

真正"以学生为本"去尊重学生，要以"民主"的方式为前提。再请看下面这篇文章《我建议你选择，你面对我陪伴——班级议事中师生的任务分配》：

中午，年轻的华老师来找我："学校要举办合唱比赛。我为学生选了一首《怒放的生命》，让他们晚自习的时候把歌词抄下来。但是，两天过去了，还是有三四个学生死活不抄。我今天早读的时候说，午饭前必须把歌词抄下来，如果哪位同学没抄，老师就和他一起饿肚子，陪着他抄，直到他抄好。结果，今天上午放学后，有两个同学依然不抄。无论我怎么跟他们做工作，他们就是趴在桌子上不动。后来，在我的陪伴下，其中一个同学抄了，但另一个还是不抄，是他的好朋友替他抄的。我说他要谢谢好朋友，他就懒懒地说了声谢谢。"

听了他的叙述，我问："学生一直这样和你软抵抗吗？"

华老师说："不是的。学生虽然调皮，但他们讲道理，一般知错都能改。"

我问："在挑选合唱曲目之前，你有没有和学生商量？"

华老师说："当然商量过。上周我和学生们在一起商量唱什么歌曲时，同学们都很积极，一致要求唱周杰伦的歌儿。我觉得不好。但是，班里七八个男生非要唱他的歌，音乐委员还跑到讲台上给大家示范。后来我坚决反对，他们又要唱《小苹果》。《小苹果》叽叽歪歪的，根本不励志，最后我决定合唱《怒放的生命》……"

读者诸君，听到这里，您知道华老师和学生之间不愉快的症结所在了吗？

班级议事是培养学生民主素质的有效方式之一。议事的过程，也是一个相互妥协的过程。但是，华老师和学生议事的时候，却只有学生的妥协，没有老师的妥协。学生被否定的次数多了，忍不住就想："既然老师都想好唱哪首歌曲了，又何必来议事？"

现实里我们常常能遇到这样的情况：教师明明很想在班里营造一种民

合唱的邀请

主的氛围,内心深处也特别希望自己能民主带班,他们最大的愿望是能带出一批有思想的学生。但每每遇到竞赛、评奖等活动事宜,就特别紧张,不放心学生,要将自己的见解强加于学生。如此干涉过多,最终会导致班级议事沦为形式——这是班级议事容易出现的问题之一。

有人可能会说:那又能怎么办呢?周杰伦的歌曲吐字太快,确实不适合中学生合唱;《小苹果》又太绵软,哪里有《怒放的生命》那么激越啊!如果任由学生选择,肯定会一败涂地。学生年龄小,他们的审美观根本就不可信嘛。①

....

但是,如案例中所呈现,华老师这样固执地不肯妥协,学生就能唱好《怒放的生命》了吗?他们甚至连歌词都拒绝抄。他们觉得,否定的不是他们选择的歌曲,而是他们的审美能力。其实,教师在班级议事中的责任是给学生提出建议,让学生选择。或者说,老师在班级议事中应该做的是:我建议,你选择;你选择,你负责;你负责,你面对;你面对,我陪伴。学生一心一意要唱周杰伦的歌曲,将老师的建议置之不理。好吧!没关系,老师且妥协一下,就让他们唱这首歌(这就是"我建议,你选择"),规定好两天之内大致学会并唱整齐("你选择,你负责"),但估计两天下来,他们就知道那首歌曲不好唱(这是"你负责,你面对"),这时,老师和学生一起面对(这属于"你面对,我陪伴"),继续建议,继续让他们选择。如果他们"不听老人言",放下周杰伦的歌曲,又选择了《小苹果》,我们也不用着急!我们不但不反对,还可以继续陪伴他们面对:将《小苹果》这首歌曲稍微改编一下,用轻快甜美的声音唱出来,略微带点表演,效果应该不错。我是一个音乐教师,据我所知,真正有魅力的合唱曲目,不一定气势磅礴、铿锵有力。最能打动人心的学生合唱,向来不是那种大吼大叫的声音,而是轻快、柔美、阳光向上、层次丰满而和谐的曲目。比如,《赶圩归来啊哩哩》《含苞欲放的花》等,需要演唱者集中注意

---

① 李迪.我建议你选择,你面对我陪伴——班级议事中师生的任务分配[J].班主任之友(中学版),2015(Z2).

力,专注地倾听别人的声音,并控制自己的音量、调整自己的音色,与他人的歌声尽可能和谐。这也是议事的特点——让自己的声音与整体融为一体,呈现和谐而丰满的效果。而大吼大叫的歌声,容易导致学生只顾自己歌唱,不顾整体声音是否和谐。这不是合唱比赛的目的(合唱是培养学生倾听习惯以及与人合作的方式之一)。另外,教师在某些方面可能不如学生见解好,却并不自知。这时教师应该做的是和学生一起面对,是深信"弟子不必不如师",是看看有什么好办法更好地完善学生的选择。我们永远只是学生成长道路上的啦啦队,只能为他们加油,不能替学生跑步。

倘若学生选择的歌曲实在不适合合唱——比如《小苹果》也唱不好,没关系!我们继续给建议,让学生继续选择并负责。过两天学生唱不成了,会再次改变选择。这时,老师的建议就可能成为学生的首选了。当学生感受到了班级议事中的"事儿"就是自己的事儿,他们会发自内心地想做好这些"事儿",愿意唱好某首歌,便会用心练习。当所有学生都很用心的时候,短时间内练好一首难度不大的歌曲绝非难事。而我们任意干涉的结果,可能是学生根本就不好好练——连歌词都拒绝抄,你还能指望他们用心倾听别人的音色,并控制自己的音量吗?就算大部分学生愿意听从老师的安排,也不可能所有学生都那么"听话"。合唱一向是需要所有人用心配合,才能搞好的活动,哪怕有一个学生心不在焉,都会影响整体效果。

也许,有人认为班级活动中这样的议事容易导致费时费力,却不一定能获得好的成效;但学生在议事过程中成长了,成熟了,这本身就是一种收获。

....

遵循教育真义必须站在学生的角度,去关注整个的人,即学生的整体身心发展:健康主动的自我。教师要关注学生的发展意识和发展策略,在任何场合,都要找到有利于学生发展的东西。教师更应在音乐教育的每一个细节中呵护学生,关注学生的成长。

上学期,我们音乐组开展了"班班有歌声"的合唱活动,活动的宗旨就是要面向全体学生,体现人人参与……利用教师群体力量:"(与其他老师研

讨)怎样做到重心下移,体现学生的立场,关注学生的全面发展,大家都提出了合理的设想与方案。班主任在这次活动中表现非常积极,充分调动本班学生的积极性,与任课老师默契配合,让每个班的歌唱都富有本班的文化和特色,从中也培养了许多文艺精英和骨干教师。在课间和课外,他们训练挑选出来的学生做指挥,同时他们也关注学生之间的差异,给学生提供创造的空间和机会,让其敢于展示自己。每个学生都在活动中体现了自己的角色作用,这次活动对他们来说是一次难得的学习和锻炼。"对教师的看法是:"老师应该什么都会。"学生总是认为老师是万能的,这种期望往往成了老师们沉重的负担,深深影响了学生对接受式教学模式的构想,也影响了学生在学科活动过程中的主动参与性。而事实上老师又是不可能通晓一切的,任何掩盖自己无知的行为都非明智之举。……我们也关注教师之间的专业差异,资源互补,共同提高。"班班有歌声"的活动开展过程中,我们邀请其他学科组的老师来做评委。[①]

　　这位老师的做法跟笔者的思考类似,但这样的声音在整个中小学音乐教育界是微乎其微的。许多教师都习惯于去聆听那些合唱指挥专家的声音,专家对合唱的理解不可谓不高,但唯一遗憾的是,他们缺乏对我国中小学教育实际的了解。

　　真正的"以学生为本"一定要从"童心"出发。有个老师这样反思:

　　在一日活动计划中,教师总是对集体教学活动情有独钟,认为它能在较短时间内高效地完成教育任务。教师总希望通过自己步步为营的教学设计,让孩子学到更多知识,获得更多技能。可是,有时候我发现,我们真的不了解孩子的兴趣,我们的很多安排都是剃头担子一头热。我曾带大班孩子参加歌唱比赛,合唱三声部的《小乌鸦爱妈妈》,获得了一等奖。当时,我感到很骄傲。记得为了参加比赛,我们不时地加紧排练。随着合唱声音的日

---

① 陆荣兵.用音乐奏响生命成长的乐章"班班有歌声"合唱比赛案例分析[J].儿童音乐,2012(11):66-67.

趋和谐,我越来越兴奋和投入,体会到了成功的快乐。我以为孩子们会和我一样,沉醉于乐声中,感受到成功。但事实出乎我的意料。记得在这群孩子的毕业纪念活动中有一个自由吟唱环节,每个孩子要唱一段自己喜欢的歌,以表达对幼儿园生活的记忆和情感。活动气氛很热烈,很多孩子刚起了个头,其他孩子就跟着一起唱起来。令我纳闷的是,没有人唱《小乌鸦爱妈妈》。于是,当轮到最后一个孩子时,我提示:"就唱《小乌鸦爱妈妈》吧!"谁知,几乎所有孩子都摆手否定。这个孩子就唱起了《国旗国旗真美丽》。我火热的心如同被泼了一盆凉水。我还不甘心,拉一个孩子来问:"为什么你们不唱《小乌鸦爱妈妈》?"他说:"《小乌鸦爱妈妈》老是唱老是唱的,不好玩,没劲!""那《国旗国旗真美丽》又有啥好玩的?""很神气,像解放军!"原来,我们热衷的事物,孩子未必能燃起同样热情;我们感兴趣的事情,孩子未必也感兴趣。因此,如果教师只关注自己的教学任务而不在乎孩子的感受,那么教师的教就成了一厢情愿,孩子的学自然也会被动而机械。结果就是孩子感到无趣,教师则吃力不讨好。[①]

很有价值的文章,比许多高谈阔论高明多了。因为我们搞的是音乐教育,教育是第一位的,音乐只是第二位的。育人是目的,音乐只是工具。如果这样回避音乐,讲那么多知识,学那么多音乐技术干什么呢?

由于我们的合唱教学存在众多问题而教师不自知,甚至我们的学生都学到了一些不良现象。如有一个作者在介绍一位优秀教师的教学经验时说:"(师范毕业有文艺专长的)丁爱平老师有很多超乎常人的想法。比如她喜欢搞师生反串。让学生到讲台上上课,自己在下面做学生。我有一次无意中经过她的教室,发现她被罚站在学生的座位上,而她的学生正站在讲台上颐指气使地'训斥'她:'丁爱平同学,你难道不知道倾听很重要吗?你知道插嘴意味着什么吗?告诉你,你会影响人家的独立思考!'丁爱平真的就像一个小学生低着头向她的学生认错:'老师,我错了。'原来,当时有一名学

[①] 应彩云.教学,从关怀童心开始[J].幼儿教育,2011(25):12-13.

合唱的邀请

生回答不上来问题,她一时心急点拨了一下,就被她的'老师'当作'学习方式不当'批了一通。"①如果这是表演小品,确实很有意思;但作为教育,我们真正应该反思,学生学得真像!跟谁学的呢?

合唱教育的新本质凸显教师的智慧。

下面我们再来看一个案例《唱给我们自己听》:

学校按惯例举办合唱比赛,对此,每个班都很重视,都在积极准备。我们班也不例外,学生们每天放学后都留下来认真排练,还特别加上了情景剧和手语,电教委员也把视频做好了,一切都很顺利。大家对取得高名次分外有信心。但到了比赛时(却表现得一塌糊涂),下表演台入座后,整个班级弥漫着一种低迷的、沮丧的气氛,孩子们感觉很丢脸,于是互相指责。我很理解学生们此刻的心情,我又何尝不失落呢?但一味抱怨解决不了问题,于是,思考片刻后我严肃地说道:"比赛结束后我们留下来。"待其他班师生离开后,我站起来,对全班学生说:"今天我们准备的视频音乐虽然出了点问题,但是我相信这浇不灭我们班的热情,摧毁不了我们班的努力,更泯火不了我们班的价值,我们依然可以做得很好!就在此刻,让我们对着这没有观众的舞台把我们自己努力的成果展示出来,没有观众,我们唱给自己听,唱给周边的空气听,唱给静静的数百个座椅听,我相信它们一定会被我们感动,一定会被我们震撼,一定会默默地为我们鼓掌!全体起立!"列队前所未有的快、静、齐,仅十几秒队形就排好了。大家站直身体,精神亢奋地等待着音乐的响起。我感觉学生们和我一样都有一种力量要爆发出来,这是一种不甘心、不服输的力量,更是一种要证明自己价值的力量。此刻,没有人讲话,所有人都神情专注。歌声开始了,每个人都很认真很用心地表演着,就像自己是主角一样。唱着唱着,他们哭了,我也哭了。于是,他们边哭边唱,边唱边哭,从中透露出一种坚强、一种团结、一种奋进、一种为荣誉而战的坚定信念!他们感动了自己,感动了空气,感动了空荡荡的座椅,也感动了

---

① 王俊.童声合唱团的指挥家[J].江苏教育,2015(13):78—79.

我……此刻，无须我再说什么了，无尽的话语全部汇入歌声中。①

现在的合唱可以说是铺天盖地，只要你愿意，几乎每个月甚至每周都能找到合唱比赛的赛场。其功利性自不待言，除了教师、家长的功利心外，学生也都被功利化了。但我们从事的是教育，真正的教育不仅仅是要教师去追寻，对学生来说也很重要。尽管，功利化的学生大有人在，但富有教育意义的学生也存在。请看案例《合唱比赛上的亮点》：

学校准备举行大型的歌唱比赛。听说这一消息后，教室里欢呼声一片。唯独班长一言不发，她望了望坐在前排的苏桑，皱起了眉头。回想起刚进入这所学校的第一天，进入这个班，大家都高兴地上台做自我介绍。轮到苏桑时，她慢慢地站起来，张开嘴好像想要说什么，可努力了好久却一个字也没说出来，她羞得满脸通红，将头埋得很低很低。忽然，一个同学说："她是个哑巴，天生的。"原来因为家族遗传，苏桑天生就说不了话。这也正是班长发愁的原因，苏桑连话都不能说，怎么唱歌？可学校要求全班同学都参加，这可让同学们为难了。"苏桑唱不了，但是可以对口型啊，她假唱，评委也看不出来的。"有同学提议。"这样岂不是作假？就算获奖也不光荣。干脆我们把苏桑的情况反映给学校领导，这样她就不用跟着我们上台唱了。"副班长说道。"不行！苏桑是我们集体的一员，她和我们是密不可分的。"班长斩钉截铁地说，"这次合唱比赛，我们班一个也不能少！"同学们深受感染，都不想丢下苏桑。苏桑摇摇头又摆摆手，不想为难大家，她在纸上写了一句话："我主动去跟老师说，我不参加，万一我'唱'不好，还会影响我们班的成绩。""这怎么行呢？我们是一个整体，缺少你一个，那就不完整了！""是啊，我们再想想办法。"大家你一言我一语，安慰着苏桑。此时大家最关心的，并不是比赛的名次和奖品，而是怎么样才不伤害苏桑的自尊心，让她与大家共同完成合唱比赛。热情的话语让苏桑感动得眼眶都湿润了。这时班长走过来，俯身在苏桑的耳边说起了悄悄话。班长说完后，苏桑破涕为笑，重重点了头。比

---

① 邵静.唱给我们自己听[J].班主任,2014(4).

合唱的邀请

赛如期进行,学校里的石榴花已经开出了小小的、鲜艳的红花,点缀着大地,美丽极了。在学校的礼堂里,精彩的歌唱表演一个接一个地进行着。轮到我们班了,当幕布被拉开的那一刻,全场观众都惊呆了,往常说不了话的苏桑,竟站在队伍前排的正中间!音乐响起了,《感恩的心》的旋律涌动起来,苏桑微笑着做起了手语,原来她是用手和大家一起歌唱,顿时,台下热烈的掌声经久不息。比赛结束了,我们班得到了一个很高的分数。班长领了奖后问大家:"这份奖品应该属于谁呢?""苏桑。"大家异口同声地说出了她的名字。班长捧着奖品走到苏桑身边,说:"谢谢你,勇敢地与我们站在一起,你的自信和勇敢就是我们节目最大的亮点。"苏桑接过班长手中的奖品,流下了激动的泪水,她知道这份奖品是大家对她深沉无私的关爱。①

陶行知说:"爱是一种伟大的力量,没有爱就没有教育。"夏丏尊在《爱的教育》序言中写道:"教育之没有情感,没有爱,如同池塘没有水一样。没有水,就不成池,没有爱就没有教育。"苏联著名教育家苏霍姆林斯基曾经说过:"没有爱就没有教育。"一句话,"教育就是爱"。但这主要都是说给教师听的。真正成功的教育是学生也能表现出"爱"的行为。巴西有一个"哑巴合唱团",它曾让世界上千百万语言障碍者对生活"充满信心",但那毕竟是成人的哑巴合唱团。上面这个案例,让我无数次感动得落泪。这比合唱本身要美得多,是中小学合唱教学的最高境界!

当然,我们在寻求广泛的教育意义的同时,并不是要抛弃音乐知识技能,这也是我们需要探讨的重点内容之一。中小学音乐教师应该结合自己的实践,去做一个有教学智慧的教师。比如,一提到歌唱气息问题,某些教师就把专业歌唱训练的一套技术术语诸如腹式呼吸、头腔共鸣等拿来,事实上,课程标准要求学生做到"自然、自信、有表情"地歌唱就行了。自然和有表情指向的是人的身体表现出的外部状态,而自信则是人的心理状态。自信、有表情暂不谈,什么是"自然歌唱"呢?卡鲁索说:"以说话声音为媒介,

---

① 邓文.合唱比赛上的亮点[J].创新作文(初中版),2017(6):15.

构成歌唱嗓音的脊骨或骨架,在正确发出字的基础上,模仿说话声的音量、音质,并加上音乐色彩,放大它的共鸣和感情。"①用我国歌唱家蒋大为老师的说法就是"在说话的基础上歌唱"。20 世纪 80 年代,傅林曾用这种自然的歌唱方法教小歌手程琳,后来程琳一举成名,其演唱的《小螺号》还被编入中小学音乐教材。遗憾的是,我们中小学音乐课堂教学,充斥着美声唱法的一套训练方法,事实上美声唱法是"超自然"的唱法,一直被美誉为科学唱法,且不论这是否就叫科学唱法,至少不能说其他唱法就不科学。更不能说这就是自然的唱法,尽管也有诸如打哈欠、闻花等自然状态的要求,但关键的要求如喉结向下运动、软腭高高抬起等一些技术要求并非自然状态,不完全适合普通学生。

我们要做一个有音乐教学智慧的教师。例如,有一位老师在为消除学生对高音的恐惧感时举这样的例子:什么是高音? 当一大群人看完演唱会,都往门外挤时,一个女孩突然尖叫了一声:"哎哟! 谁踩了我的脚!"这声"哎哟"就是高音,你们生活中就可发出来,还怕什么? 自然一点,慢慢地抬起双手,想着把声音顺着手甩出去! 结果,学生都笑起来,气氛无形中就活跃了,再唱高音就好多了。

再如:关于四个声部的问题,有个老师教《牧歌》欣赏时,这样介绍合唱的四个声部的结合:"女高音就像(天空的云),女低音就像(广阔的天空),男高音就像(洁白的羊群),男低音就像(无边无际的大草原)。"这些语言不仅生动形象而且通俗易懂,很受学生喜欢。

又如,有些教师利用动物的声音来展开节奏教学:

---

① [意]P.M.马腊费奥迪.郎毓秀,译.卡鲁索的发声方法:嗓音的科学培育[M].北京:人民音乐出版社,2000:79-93.

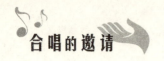

```
小狗  X    X   | X    X   ‖（四分音符）
     汪    汪     汪    汪

小鸡  XXXX XXXX ‖（十六分音符）
     叽叽叽叽 叽叽叽叽

小鸭  X X X  X X X ‖（三连音）
     呷呷呷 呷呷呷

小羊  X   -   | X   -   ‖（二分音符）
     咩          咩

母鸡  X X X  X X X ‖（前十六分音符）
     咯咯达 咯咯达
```

在学习《大钟与小表》时这样教节奏：

```
⎡ X   -   | X   -   ‖
⎢ 当         当
⎢
⎣ X   X   | X   X   ‖
  嘀   嗒    嘀   嗒
```

针对课堂教学中学生演唱水平不一，有个老师想出的点子就很好。郭声健老师空间报道中有篇文章是这样介绍的：

我们每个班有个小小合唱团，这个合唱团是上学期第一次期末音乐考试时，老师通过认认真真听每个孩子的演唱，根据他们的考试结果选出一批音准、节奏都过关的孩子，为每个班级成立的小小合唱团。而成立这个合唱团的初衷，主要是想改变一下音乐课堂的学习模式。以往，老师的范唱和视频音响的范唱成了孩子们"唯二"的学习标准，而现在让班级合唱团的孩子们成为他们同龄孩子的学习榜样。我认为，这样的榜样离孩子们更近、更具鼓动性。……（合唱团都是选拔音准、节奏好的同学组成，且每学期变更一次人员,合唱团团员不仅只有荣誉,更有一份职责,除了平时多给其他同学做示范之外,还必须帮助歌唱得不够好的同学进步,包括学新歌时给同学们进行范唱,分享自己唱歌的方法,发现非合唱团同学的优点和不足的地方,认真地帮助同学,等等。此外,如果有团员表现出骄傲自满,也将会请出合唱团。)在日常课上,有时我们会分成两个组唱歌,合唱团的同学唱一遍,非合唱团的孩子说说他们哪里唱得好;非合唱团的孩子再唱一遍,合唱团的同学先找亮点和优点,再说需要改进的地方,并说出实际的方法帮助他们。……自从有了班级合唱团,课堂气氛有了明显的变化。每当我在课堂上说出"现在我们来试唱这首歌",马上就会有一群孩子异口同声地叫:金星合唱团!金星合唱团!原来是一(1)班合唱团的孩子迫不及待地想表现自己了!每个班的合唱团都有自己的名字,这些名字都是由每班的孩子自己起的,包括小音符合唱团、小夜莺合唱团、梦想合唱团、小小音乐家合唱团、向日葵合唱团、彩虹合唱团、五星合唱团等。特别需要表扬的是一(1)班金星合唱团的孩子们,他们还给没有入选合唱团的其他孩子组团,并命名为"银星合唱团",有创意的同时又觉得他们很贴心,这么做有助于减少其他孩子的失落感。

还有老师从生活中孩子容易接触的现象出发,寻找有利的教育素材:

一次餐后活动,我发现有几个小朋友在玩角色游戏,他们正在讲故事《骄傲的大公鸡》,讲得高兴时,他们有的便扮演小猫学猫叫,有的扮演小鸟学鸟叫,有的扮演公鸡学公鸡叫。他们同时叫时,你叫你的,我叫我的,大家互相之间都没有受影响,配合得很和谐。这不正是我解决合唱问题的好方法吗!我茅塞顿开,在开展合唱活动的时候,注重通过游戏来教合唱。如歌曲《梦之船》最后一句需要用二声部合唱处理,我不是直接让幼儿练习二声部,而是模拟故事情节角色,请一部分小朋友扮演鸭妈妈,一部分小朋友扮演小鸭,先让他们分开唱,鸭妈妈年纪大,唱低音 do、do、do;小鸭年纪小,唱高音 mi、mi、mi,接着鸭妈妈和小鸭再一起唱。然后鸭妈妈和小鸭玩开火车的游戏,鸭妈妈开的火车发出低音"呜"的声音,小鸭开的火车发出高音"呜"

合唱的邀请

的声音,最后他们一起开火车合唱。这样,在游戏中,在教师的帮助和提示下,孩子们由浅入深地练习,很快掌握了二声部的唱法,能轻松自如地用多声部演唱《梦之船》这首歌了。①

这是多么智慧啊!有些教师进行歌唱语言训练的时候,几乎就是对大学课堂的复制,索然无味!同样是语言训练,真正具有教育智慧的老师处理得相当有趣味。请看下例:

师:同学们,今天有这么多的老师来听我们的课,大家高兴吗?

生:(齐声)高兴。

师:可我从你们的表情上看不出高兴啊,不少人是板着脸的。(老师模仿学生的表情,学生全笑了)对!笑的表情才对,发声时就要保持这样的状态。下面请同学们发 u 的声音。想一想,什么东西发出的声音是 u 音呢?

生:火车。

师:对。同学们发 u 音时,想象着火车离我们很远,声音在山谷中回响。

(学生发 u 音)

[以形象生动的方法启发学生在气息支持下,在高位置发出 u 音]

师:请同学们从 a 音开始唱,一直到 f,在 u 的位置发 a 的音。

(学生发 a 音,但口腔开得不够,声音挤)

师:刚才发 u 音时面部是微笑的,发 a 音时就应该是大笑,开心地笑。体会一下大笑时面部是什么样,口腔是什么样的?

生:面部肌肉放松,口腔打开,位置高。

师:对。下面请同学们唱两个声部的发声曲。

(学生唱发声曲,但后两小节口腔位置保持不够)

师:同学们,下雨天我们打雨伞。一按按钮,伞砰地一下撑开了。可没走回家,你能把伞闭上吗?

生:不能。

---

① 谢英.幼儿多声部合唱教学探索[J].学前教育研究,2000(6):62.

师：口腔位置的保持和撑伞同理，没唱完时位置为什么要低下来呢？这"伞"一闭上，发出的音就比较扁，不圆润了。

[形象的比较，使学生明确了必须保持口腔位置]

哈市动力区电机厂子弟一小的徐华①

其实，专家中也不乏真正懂得教学的人，他们当然也能赢得学生的喜欢。

谁能想到，大名鼎鼎的中央乐团团长、一流指挥家严良堃先生要来指挥我们的合唱队，我们非常兴奋，但也有点发怵。听说曾有一位指挥家给某合唱团排练，听了两遍合唱，音不准，他扭头就走，说："我是来指挥的，不是来视唱练耳的。""我们先练《飞来的花瓣》吧！"严老师拿起歌谱问大家，"你们将来当老师是吧？""是！"我们齐声回答。"很好！"他笑着说，"这首歌是歌颂教师的，没有教师，就没有我们，我就是老师教出来的！"此刻，我心里升起一个念头："一定要为老师争光，一定要给指挥大师争光！"

大师手一挥，我们试唱起来。他成竹在胸，好像我们是他指挥灵动、熟悉惯用的乐团。然后，他用平和的语调，订正音准，协调男女高低声部，分析歌曲的速度、力度、抑扬顿挫及情感处理。一节一节的旋律，在他灵敏的指掌里流转、飞旋。

"停！"严老师比画了一个手势。糟糕，那是音不准。只见他双手握拳从上往下拉到胸前，说："拉过单杠吗？那个音在这里！"哄然一声，我们大笑起来。有趣的老人，用玩笑给我们解围，用形象提示音乐感觉。"男低音"，严老师又停下合唱，对低音部的男同学说："男低音很重要，是合唱的基础。不然高音要飘，练！"一遍，两遍，三遍，严良堃先生没有点头。他对大家说："我唱个音，你们来听。"唱毕，他问大家："对不对？""不对。"他换了一个音。"还是不对"，同学们说。他又回到第一次的发音。"对了！""对了！""我刚才不是遭受冤假错案了吗？"我们又红着脸笑起来。歌声重起的时候，效果

---

① 魏永生.花儿，为什么这样红[J].黑龙江教育：高教研究与评估，1994(Z1)：50-51.

合唱的邀请

骤然变好了,老人神采飞扬,交替喊着:"男娃娃,起,女娃娃。"

一曲未了,严老师指着我们女高音的同学称赞道:"刚才我的节奏变了,你们能自动跟上,好,打100分!"

第二首《长江之歌》,便轻松自如了。严老师讲道:"领唱在重庆,齐唱在江津、宜宾,尾声在上海,万里长江连绵不绝。"他强调换气不露痕迹,问道:"用什么换气法?"我们不假思索地答道:"循环换气。"他大喜,又诙谐地说:"我在千里之外,找到了知音!"

几支歌曲练成,不过两个多小时。严良堃先生向场下高喊:"大哥哥、大姐姐、叔叔阿姨们!他们唱得好不好?""好!"200多位学员听众起立鼓掌,老人双手一伸,竖起两个大拇指对我们说:"你们人小,但感觉好,灵敏。我真想再给你们练40首歌!"我们激动万分,这是人生少有的幸福时刻啊!①

目前,一提到我国合唱教学的评价基本就是:①学生基础差。比如识谱能力不够(其实,美国学生识谱也不一定很好。雷默的《音乐教育的哲学》一书序言可以作证)。②音乐教师素质差,比如指挥就是打拍子(其实,著名指挥家严良堃先生自己说,他的指挥生涯就是从"打拍子"开始的)。③国家重视不够。其实日本自"二战"后才重视歌咏运动,被某些国人吹嘘为"国策"的合唱,甚至可能就是学习我国的抗日救亡歌咏运动……打破这种陈词滥调就必须借用教育人类学的理论,拿出我们局内人的思考。《牛津音乐教育手册》说:"作为一名音乐教师,当旁人无法理解你对这份职业的热衷时,你也许会愤慨地还他一句:'你就是个门外汉!'然后开始寻找各种强有力的证据来反驳他/她。其实,之所以造成这样的误会,部分原因也来自我们自己。因为当音乐教学和课程偏离了普通教育目标,或者不能达到制度的要求时,我们坚守的'信念'也就不攻自破了。因此,我们的教学实践不仅需要高度地迎合教育目标,更需要将音乐教学实践与学校教育结合起来,理解学校教育的基础角色,并坚持将该观念贯彻到今后的教学中去。"

---

① 李红霞.指挥大师给我们排练[J].师范教育,1991(1):32.

必须承认,中小学合唱教学有自己的特殊性,"音乐教育",音乐之后毕竟还有教育。教育家福禄倍尔说:"小孩子的工作就是游戏。"香港专家叶惠康的"香港儿童合唱团"的基本理念是"寓学习于游戏"。那些板着脸以音乐专业的姿态仅盯着音乐的行为,其实是不懂教育所致,音乐固然重要,但只有把追求教育真义放在第一位,我们才有可能促进每个学生、每个教师内心的和谐,也只有每个学生、每个教师内心是和谐的,才有可能促进整个社会即人与人之间的和谐。共筑和谐、促进人的发展才是中小学合唱教学的真义!

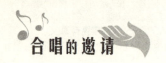

〇四　冷观国外合唱：
对美、日中小学合唱教学的新定位

我国群众合唱具有优良传统,中小学合唱教学的性质是群众合唱。群众合唱的本质并不在于艺术性,而主要在于教育性。翻开中国百年的群众合唱历史可以证明。即使在当下,那些运用奥尔夫教学法来训练合唱的做法才会真正得到认可。奥尔夫的训练方法并非西方古典时期的艺术方法,其诞生主要是出于打破西方传统的学院派思维。很遗憾,许多人运用了很多奥尔夫的教学法,却不自知。在群众合唱的视野下,超越音准的评价方式会显得更具有生命力,但这不代表我们拒绝学习西方。在盲目崇拜西方合唱与拒绝西方合唱之间,我们需要一个合理的平衡,但更重要的是,我们更需要一个客观的态度。据现有文献来看,几乎所有提到国外合唱教学的文章都评价他们好,特别是对美国等西方国家更是大加赞扬。事实如何呢?

本书仅就美国、日本两个国家的合唱教学发表一些看法。之所以选择这两个国家,是因为日本、美国是我国20世纪前半叶的学习对象。尽管中华人民共和国成立后我们全面学习苏联,但改革开放后又开始学习日本、美国等西方国家。关于美国,建议各位去看看郭声健写的《美国音乐教育考察报告》,它会告诉我们不一样的美国。之所以说不一样的美国,是因为国内对美国的吹嘘太厉害了,《美国音乐教育考察报告》会告诉我们事实的状况。该书开篇便这样说:"对美国基础音乐教育……国内几乎清一色的赞美之词……在我的想象中,美国完全应该是顺风顺水、备受重视的。然而事实并非完全如此。"那美国是什么样子呢? 从国家体制上来说,美国的艺术课程标准只是一个确立学科地位的法律文件,并不具有广泛的约束性,"是否执

〇四 冷观国外合唱：对美、日中小学合唱教学的新定位

行还是学校说了算"。因此，美国因升学而导致音乐课被挤压的现象甚至比我们国家还严重，"以至于全美音乐教育协会当下还在为争取音乐教师的地位呼喊，把让所有孩子都能接受音乐教育作为自己的奋斗目标"。郭声健老师说，美国的音乐教师还羡慕我们呢！我们国家对雷默的审美哲学鼓吹了好多年后，又开始吹嘘艾利奥特的实践哲学。事实上，正如郭声健的介绍，美国的教师实际上对音乐教育价值的理解是："音乐教育者要'在什么山上唱什么歌'，甚至要'见人说人话，见鬼说鬼话'。"即要"审时度势"。只要有利于音乐教师施展教学，即使说音乐教育有利于学生数理化成绩的提高也在所不惜。

美国合唱团确实不少，但那都是有钱人孩子的合唱团。美国学校举办的文艺演出活动，每个学生必须购买两张门票以便维持活动。即家长看孩子演出必须花钱买票，这还是惯例。举办音乐活动，学校不拨款，有时缺乏经费，得老师自掏腰包。美国音乐课程分为"普通音乐课程"（跟我们国家的音乐课一样）和"乐队和合唱训练"（表演课程）。前者的开设是教学条件比较差的标志。尽管学校规定高中学生必须选音乐课才能毕业，但学生可任选其中一种。即使教学条件较好的学校，也有可能因只开设后者，而学生又不愿意参加表演课程，导致学生不能上音乐课。由于必修和选修制度的这种混乱，确实造成了一些学生几乎没上过音乐课。该书是这样介绍的："一位高中音乐教师告诉我一个即便在中国也只可能是偏远农村学校才可能出现的情形：他们学校的许多学生，自从小学开始，就从来没有接受过音乐教育，到高中才第一次上音乐课。"美国中小学教师工作量很重，一般情况都是从第一节课开始到下午放学，每天5节课，每周5天，天天如此。有个叫沃伦的教师一周课表显示连排练课是26节。基本没有课间，因为一个班级还没上完，下个班级就在外面等着了。中午，教师只能到附近的商店吃点简单的午餐。吃完午餐马上要开始上课，回家乘车还要50分钟。就这样，白天工作，晚上还要学习，因为许多教师还要拿学位。许多人都是博士文凭在教小学。美国中小学音乐课堂教师也要维持纪律，上课一开始，学生逮着鼓乱

敲,教师不得不提醒"Be quiet",上课比较自由,有学生甚至能跪地呼喊,也没有教科书,都是教师说了算。美国音乐教育中的知识技能教学和我们相比真是有过之而无不及。例如,每节课后教师都要求学生将所学的概念及定义写在笔记本上。这些概念包括和声、切分音、十六分音符、和弦、重音、音阶等。美国人不懂简谱。美国《音乐教育杂志》某篇文章调查表明:"实际上,学生在学校里学的音乐知识技能,到了毕业以后基本上都不再运用而遗忘了,因为一般人的音乐生活主要是听音乐,许多知识技能根本用不上。"诠释全美音乐教育协会最近的一项调查表明,音乐教育是最不受重视的学科。美国教堂里唱诗班唱得倒很动情。观众时而拍打节奏与演员互动,时而手舞足蹈和唱,其动情程度就像"流行音乐会"。教堂里并非像国内那么严肃,牧师还讲笑话,并会不时博得掌声,有的人还穿短裤。美国孩子周末是自己的,很少去培训班,因为美国家长不愿意把太多精力放在孩子身上,更不愿意为围着孩子转而牺牲自己的生活。群众观看演出并非像国内吹嘘的那样有教养,郭声健老师的这本书告诉我们,即使卡内基音乐厅的观众也在音乐稍微有点停顿的地方来点掌声,此外,打瞌睡的、提前退场的、发出笑声的现象也有。郭声健是国家艺术教育委员会委员,我国艺术教育规划权威法律文献都是他执笔起草的。如此重量级人物,如此报道应该要引起我们对我国音乐教育界的一些做法的反思,为什么美国这些现象一到其他人嘴里就被吹嘘得神乎其神?什么都是好的。当我们在以美国为榜样吹嘘合唱多么好的时候,目的是引导我们的孩子去参加合唱团训练。事实上,《素质教育在美国》一书反映出,我们的孩子在努力训练合唱争取获奖时,"美国的孩子也许正在调查、研究诸如此类的问题——老鼠有决策能力吗?猫是左撇子还是右撇子?狗靠什么来选择玩具?古典音乐、流行音乐、摇滚乐对植物生长有什么影响?郭声健老师说的是不是绝对可靠呢?"我们一些专家喜欢专门把有利于自己的内容挑出来宣传,其他的不提。按照郭声健老师的说法,美国孩子学音乐主要是出于兴趣,中国孩子即使到了美国仍然功利得很。笔者手头还有美国学者于2010年在国际音乐教育年会上提交的关于美

○四　冷观国外合唱：
对美、日中小学合唱教学的新定位

国音乐教育状况的文章,作者叫吉尔·T.哈姆费雷斯。他说:"美国必修课只存在于低年级即小学,高年级不是强制的……乐团只服务于少数学生,提供很有限的几种音乐类型。"(见《音乐教育的起源与创立》)刘沛这样介绍美国说:"美国合唱教学在美国基础音乐教育中被认为是一项课外活动或是一种非专业的音乐表演体验,而不是一种歌唱技巧训练。"①如果说,对美国的过分赞美还情有可原,毕竟美国音乐教育确实有比我们好的地方。但日本在二战后基本是在美国帮扶下站起来的国度,有的专家竟然声称比我们高明50年。请看下面关于日本合唱教学的介绍。

被誉为"合唱妈妈"的吴灵芬教授认为,世界第一合唱大国是日本。日本从20世纪60年代开始,在中小学全面推行欧式的合唱艺术教育,推行"在合唱中没有我,只有我们"的观念,达到了"人人开口能唱"的水平。②"日本的教育法规中将合唱以明文形式确定,儿童自6岁起就必须接受合唱教育,这是他们取得今天成绩的原因之一。"③她在其他文章中说:"从20世纪70年代,全面开始了全国自6岁到大学以合唱为主的音乐课教学。'合唱团里没有我,只有我们'(吴曾经在日本NHK合唱团排练室里见到这样的标语)就是日本合唱教学的宗旨。"④并强调"日本中小学合唱搞得好正是因为他们不仅仅认为合唱是素质教育,更在于日本通过合唱艺术研究西方的团队精神,并将合唱教学纳入国家决策中"⑤。

吴灵芬教授对日本的这种评价几乎是一贯的,其观点也常被其他学者引用。其中有一个学者借吴灵芬教授之口非常详细地介绍了日本的合唱教学。内容如下:日本"二战"后,政府为了增强本民族的凝聚力,在全国各地组建了许多合唱团,当合唱发展到一定程度的时候,人们对合唱水平有了更高的要求,这就对专业合唱指挥产生了需求。从那时起,作为音乐教育重要

---

① 刘沛.美国音乐教育概况[M].上海教育出版社,1998:153-162.
② 王俊.解读全球合唱20榜单[N].深圳特区报,2011-01-12(B06).
③ 孙小钧.情系合唱关爱教育——吴灵芬合唱教育观访谈录[J].歌唱艺术,2012(1):30-34.
④ 吴灵芬.对中小学合唱艺术教育的思考[N].中国艺术报,2009-04-14(004).
⑤ 吴灵芬.对中小学合唱艺术教育的思考[N].中国艺术报,2009-04-14(004).

合唱的邀请

组成部分的合唱指挥教育就被提到了议事日程。后经过对欧美合唱教育的全面分析与对比,日本决定向匈牙利学习,从合唱指挥入手在高校培养日本的中小学音乐教师,然后再通过这些教师将合唱引入中小学课堂教学中,进而全面提高全民的合唱水平。为此在20世纪60年代末,日本开始从匈牙利聘请多名合唱指挥家到日本传授合唱指挥法,同时还派遣了等同的日本留学生到李斯特音乐学院学习合唱指挥。当日本留学生学成归国后,就接替了在日本工作的匈牙利专家,开始独自承担起建设日本合唱教育的重任,全面培养日本自己的中小学合唱指挥教师。这样,经过近半个世纪的努力,日本合唱已跻身于世界合唱强国之林,至今其高水平合唱已得到世界广泛认同。有关日本向匈牙利学习合唱指挥的说法,是我国著名合唱指挥家吴灵芬教授在一次国际会议上与一个日本合唱专家交流所得。当吴先生将这个说法转告给笔者后,引起了笔者的极大兴趣,为此笔者曾专门到李斯特音乐学院图书馆查阅了学院年鉴。结果在1969—1970学年的年鉴里果然发现有5名日本学生到匈牙利李斯特音乐学院学习合唱指挥的记录,从而从一个侧面证明了吴先生说法的可靠性。[①]

吴灵芬教授还说:"中国的合唱水平在整体上与欧美甚至日本至少相差了50年。"[②]是这样吗?1988年,中国广播合唱团参加在日本的第五届国际室内合唱比赛,报道说:"混声合唱和女声合唱都取得了金牌,男声合唱取得了银牌。中国广播合唱团取得了总分第一,又获一枚金牌。"[③]1990年有学者报道说:"今年二月,我应日本和歌山市教育委员长王井千夫先生的邀请,对和歌山市的国民音乐教育做了一次较全面的调查,现做简要介绍。……教学内容主要以合唱、合奏、音乐知识、音乐欣赏、音乐史为主。牧笛和木琴是学生必学的乐器。……中学(即初中)音乐教育侧重于合唱的训练,每所中学都有百人以上的学生合唱团。每年各市、县及全国都要举行大型的中

[①] 刘巍.论我国高等音乐院校合唱指挥专业建设的必然性[J].星海音乐学院学报,2013(2):72-78.
[②] 李君.中国合唱作品创作的困境与路径[J].歌唱艺术,2012(3):36-40.
[③] 蔡国屏.中国广播合唱团赴日参赛纪实[J].人民音乐,1989(1):47-48.

学生合唱比赛。"①

我们再来看看日本权威的音乐教育家是怎么说的。浜野政雄说:"日本的小学教育,战前仅进行单旋律唱歌,几乎没有合唱教学。1941年颁布了国民学校令后,合唱教学从小学中年级开始进行,特别是战后开展的各种合唱竞赛,使学校音乐的合唱技能有了显著提高。"②从这个信息可以判断出,我国并不比日本战前的合唱教学差。"从小学中年级开始"教合唱,说明至少不是从"6岁"就开始,且并无突出之处。这样的"国民学校令"在我国早在20世纪初就颁布过,50年代的音乐教学大纲还规定"以合唱教学为重点"。

"中国国际合唱节"在中国北京举行,日本也参加了,未见对日本合唱团有什么突出的报道,相反,产生"轰动效应"的却是中国的"上海行知艺术师范学校少女合唱团的演唱",一位台湾指挥家还称赞她们"演唱的水准不愧是世界第一流的"③。1995年,有文章这样描述一个事实:"今年1月8日,我作为一名合唱队员与我院合唱队一起参加了江苏省艺术教育交流代表团赴日本名古屋与日本朋友联合演出《马勒第八交响曲》(千人交响曲),演出是十分成功的……我们接到排练任务的时间是在1993年12月,日程安排是:1994年4月初由日本指挥家外山雄三来宁排练第一部分,1994年10月排练第二部分。任务很紧。……第一次外山雄三指挥排练时,我们就获得了极好的评价,外山先生说:你们唱得好极了,我们日本还没有唱到这样的水平,我们回去要加紧练。"④1996年有学者访问日本后说:"1995年访日期间,我观看了日本在新潟市举办的第62届全国中学校学生合唱比赛,感触颇深。参赛合唱团是经过层层选拔而产生的。……全国中学校学生合唱比赛的组织工作也很严谨。最高权威机构是评选委员会,其成员由音乐家、词作家和音乐评论家组成。……学校把音乐活动的重点放在集体性的项目中,启发

---

① 周广平.访日观感——日本国民音乐教育之一斑[J].中国音乐教育,1990(4):37-39.
② 浜野政雄,王昌逵.合唱教学[J].中国音乐教育,1992(6):22-23.
③ 王志方."压轴戏"不等于"压台戏"[J].语文学习,1994(2).
④ 王凡.写在演出《马勒第八交响曲》之后[J].南京艺术学院学报(音乐与表演版),1995(3):31-34.

合唱的邀请

学生的参与意识。学校每年举办一次文化节。在音乐会上,每个班级不论水平高低,都要有全班合唱节目。指挥、钢琴伴奏全都由学生自己担任。"[1]

2003年,有个博士这样报道:"战后,日本从学校到企业,掀起了'合唱运动',全国性的、地方性的各种合唱协会、合唱联盟、合唱杂志应运而生。……笔者住神户几年,常在街头看到'神户欢喜合唱团'为演出一些由管弦乐队伴奏的大型合唱作品如《贝九》而招收团员的广告。团员招收条件中,没有音乐基础测试,没有年龄、人数等限制。无论何人,只要喜欢唱歌、愿意付1000日元的入会费和每月3000日元的团费,均可以参加。……以笔者观摩所见闻,有些地方存在不足,如声部均衡感差,男低声部显得有点弱,高音区声音技巧明显不够等。"[2]

我们还可进一步举证。如《日本音乐教育概论》(上海教育出版社,1999年版)一书对日本的音乐教育报道非常详细。在1941年的"国民学校令"中,提到只是在初中:"适当加入轮唱和重唱歌曲。"1977年的修订版说:"小学以兴趣为主,初高中学生的合唱、合奏活动更积极活跃。"1989年版、1992年实施的《小学学习指导要领》规定,在二年级的教材中提到"齐唱、轮唱、二部合唱",三年级有"进行合唱活动",教材中有"齐唱、轮唱、二部合唱"。四年级跟三年级相同。五年级增加三声部合唱。六年级跟五年级相同。该书中还有一个统计表如表1。

---

[1] 于仲德.我看日本的学校音乐教育[J].山东教育,1996(7).
[2] 沈金云.观摩"神户欢喜合唱团"排练及思考[J].人民音乐,2004(12):56-58.

○四 冷观国外合唱：对美、日中小学合唱教学的新定位

表1 日本小学教材合唱曲目分布情况

年 级	歌曲数	齐 唱	轮 唱	二部合唱	三部合唱
1	205	205 100%	0 0	0 0	0 0
2	185	172 92.9%	3 1.7%	10 5.4%	0 0
3	162	114 70.4%	12 7.4%	36 22.2%	0 0
4	165	109 66.0%	12 7.3%	44 26.7%	0 0
5	154	70 45.5%	14 9.1%	56 36.4%	14 9.0%
6	168	89 53%	8 4.8%	51 30.3%	20 11.9%
合 计	1039	759 73.0%	49 4.7%	197 19.0%	34 3.3%

从表1可以看出，齐唱仍然占大多数，即便是初中的统计，齐唱也占一半。有研究者对费承铿先生主编的人教版小学音乐教科书合唱曲目进行统计，见表2。[①]

表2 我国小学教材合唱曲目分布情况

一年级上册（一首）

单 元	教学板块	曲 目	调 性	拍 号	教学内容	备 注
第四单元	知识	《声音的长短》			音符时值、节拍、节奏的训练	本节课虽不属于合唱歌曲，但其教学要求中有"合作表演""动物""大合唱"，是对多声部节奏的体验

[①] 苔泽华."人教版"小学音乐教科书中合唱歌曲的教学方法研究[D].宁夏大学，2017.

合唱的邀请

一年级下册（两首）

单元	教学板块	曲目	调性	拍号	教学内容	备注
第四单元	读童谣	《玩具进行曲》		2/4	二声部节奏训练	
第五单元	欣赏	《苗家乐》	C徵调式	2/4	二声部旋律+节奏	打击乐器为旋律伴奏

二年级上册（三首）

单元	教学板块	曲目	调性	拍号	教学内容	备注
第二单元	欣赏	《士兵进行曲》	G大调	2/4	二声部旋律+节奏	声势为旋律伴奏
第四单元	读童谣	《小鸭子》		2/4	二声部节奏训练	
第五单元	读童谣	《猫和老鼠》		2/4	二声部节奏训练	

二年级下册（五首/三首）

单元	教学板块	曲目	调性	拍号	教学内容	备注
第一单元	创编	《山谷回音》	C宫调式	2/4	二声部轮唱	相差一小节 5小节
第三单元	唱歌	《老牛和小羊》	G宫调式	2/4	二声部合唱	4小节
第五单元	唱歌	《每天》	C大调	2/4	二声部旋律+说唱	
第五单元	欣赏	《调皮的小闹钟》	C大调	4/4	二声部旋律+节奏	
第五单元	唱歌	《大钟和小钟》	F大调	2/4	二声部合唱	4小节

○四 冷观国外合唱：
对美、日中小学合唱教学的新定位

三年级上册（五首/三首）

单元	教学板块	曲目	调性	拍号	教学内容	备注
第一单元	活动	《你唱歌我来和》		$\frac{2}{4}$	节奏模仿	逐小节模仿、相关一小节模仿，形成二声部
		《嘹亮歌声》	F大调	$\frac{4}{4}$	二声部轮唱	相差1小节
第二单元	唱歌	《老爷爷赶鹅》	C大调	$\frac{2}{4}$	二声部轮唱	相差1小节
第三单元	活动	《出旗》	F大调	$\frac{2}{4}$	多声部旋律+打击乐器	
第六单元	唱歌	《白鹅》	C大调	$\frac{2}{4}$	二声部轮唱	相差两小节

三年级下册（七首/五首）

单元	教学板块	曲目	调性	拍号	教学内容	备注
第一单元	唱歌	《美丽的黄昏》	C大调	$\frac{3}{4}$	二声部、三声部轮唱	相差6小节（一个乐句）
第一单元	欣赏	《朝景》	D角调式	$\frac{6}{8}$	课后练习二声部合唱	10小节师生合作
第三单元	音乐实践	《小蜜蜂》	C大调	$\frac{2}{4}$	二声部合唱	12小节（全曲）二度、三度、四度、五度
第五单元	唱歌	《贝壳之歌》	F大调	$\frac{3}{4}$	二声部合唱	12小节（全曲）二度、三度、四度、五度
第五单元	欣赏	《小松鼠》	C大调	$\frac{2}{4}$	多声部旋律+声势	
第六单元	唱歌	《幸福花儿开心上》	♭E大调	$\frac{2}{4}$	二声部合唱	14小节三度、四度、五度、六度、八度
第六单元	欣赏	《阿拉木汗》	C大调	$\frac{4}{4}$	多声部旋律+打击乐器	

四年级上册(八首)

单 元	教学板块	曲 目	调 性	拍 号	教学内容	备 注
第一单元	欣赏	《大海啊,故乡》	F大调	$\frac{3}{4}$	课后练习 二声部 合唱	8小节 后半拍进入 (句尾"加花") 师生合作
第一单元	音乐实践	《洋娃娃和 小熊跳舞》	F大调	$\frac{2}{4}$	二声部 合唱	16小节(全曲) 二度、三度、 五度、六度
第二单元	歌表演	《老鼠和大象》	D大调	$\frac{2}{4}$	二声部 合唱	8小节 三度、四度
第四单元	唱歌	《牧童》	C大调	$\frac{3}{4}$	二声部 合唱	#fa 24小节(全曲) 三度、六度
第四单元	唱歌	《村晚》	D大调	$\frac{4}{4}$	二声部 合唱	16小节 三度、六度
第六单元	唱歌	《愉快的梦》	F大调	$\frac{6}{8}$	二声部 合唱	8小节 三度、四度
第六单元	唱歌	《侗家儿童 多欢乐》	D羽调式	$\frac{2}{4}$	二声部 合唱	8小节
第六单元	音乐实践	《数鸭子》	C宫调式	$\frac{4}{4}$	二声部 合唱	6小节 (全曲)二度、 三度、四度、 五度、六度

〇四 冷观国外合唱：
对美、日中小学合唱教学的新定位

四年级下册（四首）

单　元	教学板块	曲　目	调　性	拍　号	教学内容	备　注
第一单元	唱歌	《忆江南》	♭E大调	2/4	二声部合唱	相差1小节 17小节 二度、三度、四度、七度
第一单元	音乐实践	《小燕子》	C宫调式	3/4	二声部合唱	第二拍进入 句尾"加花" 8小节（全曲）
第四单元	唱歌	《红蜻蜓》	F大调	3/4	二声部合唱	8小节（全曲） 三度、五度、六度、八度
第五单元	音乐实践	《美丽的村庄》	G大调	3/8	二声部合唱	♯fa、弱起 16小节（全曲） 三度

五年级上册（六首/五首）

单　元	教学板块	曲　目	调　性	拍　号	教学内容	备　注
第二单元	唱歌	《手拉手、地球村》	F大调	3/4	二声部合唱	10小节三度、四度、五度
第三单元	欣赏	《大河之舞》	♭B大调	2/4	多声部旋律+声势	
第三单元	唱歌	《小步舞曲》	C大调	3/4	二声部合唱	16小节（全曲） 二度、三度、四度、五度、六度、七度
第四单元	唱歌	《卢沟谣》	F大调	4/4	二声部合唱	12小节 三个乐句 三度、五度、六度

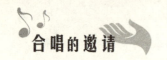

(续表)

单 元	教学板块	曲 目	调 性	拍 号	教学内容	备 注
第五单元	唱歌	《真善美的小世界》	F大调	2/4	二声部合唱	四个乐句 动机1、2的组合 二度、三度、四度、五度、六度、八度
第六单元	唱歌	《平安夜》	C大调	6/8	二声部合唱	12小节(全曲) 三度、四度、五度、六度

五年级下册(六首)

单 元	教学板块	曲 目	调 性	拍 号	教学内容	备 注
第一单元	唱歌	《美丽的家乡》	C大调	2/4	二声部合唱	8小节 三度、四度、五度、六度
第一单元	唱歌	《长城放歌》	C大调	2/4	二声部合唱	4小节
第一单元	唱歌	《银色的马车从天上来啦》	C大调	2/4	二声部合唱	28小节 (3个乐句) 三度、四度、五度
第四单元	唱歌	《让我们荡起双桨》	E大调	2/4	二声部合唱	12小节 弱起 三度、五度、六度
第四单元	唱歌	《送别》	C大调	4/4	二声部合唱	#re、8小节 三度、四度、五度、六度、七度
第五单元	唱歌	《静夜思》	G大调	4/4	二声部合唱	9小节 三度、四度、六度

六年级上册(六首/五首)

单 元	教学板块	曲 目	调 性	拍 号	教学内容	备 注
第三单元	唱歌	《我爱祖国》	G大调	$\frac{3}{4}$	二声部合唱	14小节 三度、四度、五度、六度
第三单元	欣赏	《天地之间的歌》	C大调	$\frac{2}{4}$	二声部+三声部合唱	8小节+9小节 三度、四度、五度、六度
第四单元	欣赏	《照亮你的路》	F大调	$\frac{4}{4}$	二声部合唱(选听)	sol 8小节
第五单元	唱歌	《雪绒花》	C大调	$\frac{3}{4}$	二声部合唱	32小节(全曲) 三度、四度、六度
第六单元	唱歌	《阳光体育之歌》	C大调	$\frac{4}{4}$	二声部合唱	8小节 三度、四度、六度
第六单元	欣赏	《巴塞罗那》	♭B大调转♭D大调	$\frac{4}{4}$	二声部轮唱	不完整拍起拍 7小节

六年级下册(三首)

单 元	教学板块	曲 目	调 性	拍 号	教学内容	备 注
第一单元	唱歌	《感恩的心》	♭B大调	$\frac{4}{4}$	二声部合唱	8小节 三度
第二单元	唱歌	《蓝色的雅特朗》	F大调	$\frac{6}{8}$	二声部合唱	8小节 三度
第六单元	唱歌	《友谊地久天长》	F大调	$\frac{4}{4}$	二声部合唱	10小节 三度、六度、八度

合唱的邀请

　　大家对比一下,可对中日小学合唱曲目在音乐教学中的比重有所了解,而并不像有些学者所说:"在日本及西欧一些国家,中小学的音乐课其实就是合唱课。"①为了强调"合唱"教学,罔顾事实的所谓"研究"太多了。就连著名的柯达伊也偏激地说道:"只为我们自己歌唱是没有价值的,两个人一起唱会更好,逐渐地越来越多,成为上千人一起唱,直到我们成为一个伟大的和谐的音响,我可以说,整个世界更美好了。""只为我们自己歌唱"真"没有价值"? 我们相信,这样的追问大家应该能觉察到这些言语的不当之处。事实上,强调歌唱的重要性,我国有些音乐教育家就说得很好,沈心工在《小学唱歌教授法》中说:"不必尽人能知音乐,而不可使一人不能唱歌。"有人对此还注解道:"不懂音乐没关系,五音不全没关系,嗓子不好也没关系,只要有热情,只要有兴趣,人人都可以参与。甚至号召全员加入,对热情不高、兴趣不大的人还要反复游说,提起他们的热情,引发他们的兴趣。""学堂乐歌一开始走的就是群众路线。"②遗憾的是,这言论早就被淹没了。代之而起的是扛着科学之名的言论,如廖乃雄先生说:"合唱教学乃音乐教育的要义所在,是音乐教育改革的着眼点。要想衡量一个国家音乐教育水平的高低,首先要到最普通的中小学去听学生的合唱。他认为,学生合唱水平的高低与音乐教育水平的高低成正比。重点学校拥有一个高水平的学生合唱团容易,普通学校拥有高水平的学生合唱团则很难,如果普通学校的合唱水平高,那就表明一个地区、一个国家整体的合唱水平高,从而也表明这个地区、这个国家的音乐教育水平高。"事实上,我们现在的合唱教学在国际上都取得大奖,甚至被认为是"合唱大国"且正走向"合唱强国"。但一个众人皆知的现象是,现在的学生可以说是"100%喜欢音乐,80%不喜欢音乐课"。可见,现在的合唱教学虽然已经比以前有所进步,但学生"80%不喜欢音乐课"。请继续看以下材料:

　　林能杰的博士论文《二十世纪日本学校音乐教育发展研究》,以自己长

---

① 徐玲.为了伟大的和谐音响[N].中国教育报,2011-11-20(003).
② 康宇丹.论学堂乐歌中的合唱[J].中国音乐学,2009(2):97-100.

达 8 年的留学日本经历告诉我们:1999 年日本文部省颁布了《小学学习指导要领》(音乐),2002 年开始实施。在"表现"内容中,关于"演唱"的教材,1—2 年级是"齐唱和轮唱歌曲",3—4 年级是"齐唱和合唱歌曲",5—6 年级是"齐唱和简单的合唱歌曲"。在"学习歌唱的方法"中,规定 1—2 年级是"注意自己的歌声以及发音进行唱歌"。3—4 年级是"探索呼吸、发音方法和丰富的音响,用自然、不费力的声音唱歌"。5—6 年级是"注意呼吸和发音的方法,用自然、不费力的声音唱歌"。此"要领"强调"制订教学计划时应注意下列事项":"五年级和六年级表现教学内容时,要适应学校、儿童的实际情况,选择学习合唱和合奏、重唱和重奏等表现形态。"

尹爱青教授的研究生马琳[①]的硕士学位论文对日本 2010 年以来小学使用最广泛的音乐教材即教育艺术社出版的《小学生的音乐》(1—6)进行研究。其实早在 1989 年,费承铿先生在《日本中小学音乐教材的启示》一文中,就曾对"日本中小学音乐教材的特点"进行了介绍,并提出了对我国中小学音乐教材的启示。马琳的文章中有关合唱的信息如表 3 所示。

表 3　日本教育艺术社《小学生的音乐》1—6 册单元目录

第一册	1.在歌声中交朋友吧 2.在音乐中做游戏吧 3.在节奏中做游戏吧 4.寻找好声音吧 5.想象歌曲情景吧 6.大家一起来吧 7.轻松愉快地歌唱吧	第二册	1.在歌声中大家一起围成圈吧 2.在哆来咪中做游戏吧 3.在节奏中做游戏吧 4.寻找好声音吧 5.想象歌曲情景吧 6.大家一起来吧 7.轻松愉快地歌唱吧
第三册	1.熟悉唱名吧 2.亲近竖笛吧 3.感受各种音乐吧 4.感受旋律特征吧 5.感受乐曲情绪吧 6.合奏(合唱)吧 7.生动地唱歌吧	第四册	1.歌声与乐器合作吧 2.亲近日本音乐吧 3.感受各种声音吧 4.感受旋律特征吧 5.感受乐曲情绪吧 6.合奏(合唱)吧 7.生动地唱歌吧

---

① 马琳.日本小学音乐科教材分析研究[D].东北师范大学,2011.

合唱的邀请

(续表)

第五册	1.感受旋律的"重叠"吧 2.亲近亚洲音乐吧 3.体验各种音响吧 4.体验音的"重叠"吧 5.感受乐曲的构思与主题吧 6.体验日本音乐吧 7.用心演奏吧	第六册	1.体验旋律的"重叠"吧 2.亲近世界音乐吧 3.体验各种音响吧 4.体验音的"重叠"吧 5.感受乐器的构思与主题吧 6.体验日本音乐吧 7.用心演奏吧

以下是《小学生的音乐》第五册(五年级)(共62页)内容举要：

△封面二:《音乐三棱镜》,自然与音乐(附美国大峡谷照片)

《在山径上》(组曲《大峡谷》第三章),格罗夫曲

参考曲:《春》(《四季》),维瓦尔第曲;《田园交响曲》,贝多芬曲

△学年之歌:歌曲《Believe》(F,$\frac{4}{4}$,二部合唱),日本曲

△第一单元:感受旋律的"重叠"吧(感受旋律重叠的音响,用好听的声音演奏吧),文部省歌曲:《鲤鱼旗》(F,$\frac{4}{4}$)

歌曲:《永远的海》(F,$\frac{4}{4}$,二部合唱),日本曲

歌曲:《温柔的风》(F,$\frac{4}{4}$,二部合唱,竖笛合奏),日本曲

知识点:$\frac{6}{8}$ p mp f mf $<$ $>$

△第二单元:亲近亚洲音乐吧(感受亚洲各国不同的音乐特征,愉快地听唱)

鉴赏曲:《亚洲各国的音乐》,附中国、蒙古、印度、朝鲜半岛、印度尼西亚、土耳其有关音乐的图片

歌曲:《阿里郎》(F,$\frac{3}{4}$),朝鲜半岛民谣

《茉莉花》($^\flat$B,$\frac{2}{4}$),中国民谣

创造活动:用太鼓和竖笛演奏曲子

文部省歌曲:《摇篮曲》($\frac{4}{4}$),日本古谣

△第三单元:体验各种音响吧(感受音色的不同,品味声音重叠的音响演奏)

○四 冷观国外合唱：对美、日中小学合唱教学的新定位

鉴赏曲:《美丽的劳斯玛琳》(小提琴、钢琴协奏曲),克莱斯勒曲(美国);《白鸟》(大提琴、钢琴协奏曲),圣桑曲(法国)

知识点:介绍大提琴、小提琴

歌曲:《候鸟与少年》(a, $\frac{6}{8}$, 二部合唱,竖笛、风琴合奏曲),日本曲

知识点:低音谱号

△第四单元:体验音的"重叠"吧(感受和弦的音响及其变化)

歌曲:《主人睡了》(C, $\frac{4}{4}$, 键盘合奏),福斯特曲(美国)

知识点:和弦Ⅰ、Ⅳ、Ⅴ、Ⅴ7

歌曲:《这是地球》(C, $\frac{4}{4}$),日本曲

知识点:前附点节奏型;Ⅰ—Ⅳ—Ⅴ—Ⅴ7—Ⅰ

鉴赏曲:《威风堂堂进行曲第一号》,埃尔加曲(英国)

知识点:介绍乐曲特征等,用各种乐器合奏;低音 do—低音 mi 的位置; ♭号

△第五单元:感受乐曲的构思与主题吧(感受乐曲的构思与主题,注意大小调情绪的不同,注意乐曲的情绪演奏)

歌曲:《秋天再见》(a, $\frac{3}{4}$),日本曲

知识点:C 大调与 a 小调

鉴赏曲:《小夜曲第三乐章》(三部曲式),莫扎特曲(奥地利)

创作活动:用曲子表示自己的心情

文部省歌曲:《冬天的景色》(F, $\frac{3}{4}$, 二部合唱),日本曲

合奏曲:《乞力马扎罗山》(a, $\frac{4}{4}$, 竖笛、口风琴、键盘、手风琴合奏)

知识点:高音谱号中的高音 la 位置;低音谱号中的低音 mi 位置

△第六单元:体验日本音乐吧(感受日本歌曲的语言美和旋律的特征,体验日本歌曲的美)

鉴赏曲:《海滨之歌》《荒城之月》《空》等日本曲

附日本作曲者介绍:成田为三、山田耕作、泷濂太郎

合唱的邀请

文部省歌曲:《滑雪之歌》(G,$\frac{4}{4}$,二部合唱)

△第七单元:用心演奏吧(发挥乐曲的情绪用心地演奏,体验与朋友合唱的快乐)

乐曲:《日暮》(竖笛),日本曲;《迷惘的歌》(竖笛),外国曲改编

知识点:重奏与合奏

歌曲:《迎接早晨的天空》(G,$\frac{4}{4}$,二部合唱),日本曲

《沐浴朝阳》(C,$\frac{3}{4}$,二部合唱),日本曲

知识点:变声期

△附录歌曲:

1.文部省歌曲:《大海》(F,$\frac{3}{4}$)

2.苏格兰歌谣:《友谊天长地久》(F,$\frac{4}{4}$)

3.外国改编曲:《愉快的行走》(C,$\frac{2}{4}$,二部合唱,竖笛伴奏)

4.日本歌曲:《同一个世界》(C,$\frac{4}{4}$,二部合唱)

5.日本歌曲:《向着明天》(C,$\frac{4}{4}$,二部合唱)

6.日本歌曲:《天空啊,你的原来》(F,$\frac{4}{4}$,二部合唱)

7.日本歌曲:《乘着南风》(D,$\frac{4}{4}$,二部合唱)

8.朝鲜半岛歌曲:《故乡的春天》(C,$\frac{4}{4}$,二部合唱)

9.日本歌曲:《张开翅膀》(C,$\frac{4}{4}$,二部合唱)

10.日本合奏曲:《生命的气息》(C,$\frac{4}{4}$,二部合唱)

△故事与音乐:《奔跑的梅洛斯》

△鉴赏资料:管弦乐队的主要乐器:木管乐器、铜管乐器、弦乐器、打击乐器

△后记:竖笛运指表、本册知识点

《日本国歌——君之代》

△封底:《节日与乐器》

表4　福冈县教材中关于"歌唱"的总体布局表

	低年级		中年级		高年级	
	1年级	2年级	3年级	4年级	5年级	6年级
歌唱	齐唱	齐唱	齐唱	齐唱	齐唱	齐唱
	交替唱					
		轮唱				
			部分二部合唱	部分二部合唱		
				二部合唱	二部合唱	二部合唱
					部分三部合唱	部分三部合唱
						三部合唱

其实,近些年来,我国合唱团频频在世界上获奖。如果有人专门去统计,一定很可观。国际合唱联盟副主席唐少伟在接受记者采访时说:"中国合唱的发展,在质与量上都有很大的改变,中国的合唱团体在世界的比赛和展演上都受到了越来越多的瞩目。"①香港费明仪说:"我感到内地合唱艺术很发达,不仅是专业团体,业余的,比如一些大企业、组织都有合唱团,而且水平非常高。我邀请过一个老干部合唱团来港演出,唱得可好了,非常受欢迎。最近,我到内地观摩、评判了一些合唱比赛,内地现在有一个特点,随着与外面交流的逐渐增多,唱法与以前有很大的不同,早期多一些混合戏曲、民歌的唱法,现在则倾向于欧美的美声唱法,能够保留自己的精华,同时吸收外来的元素,更加面向国际,与国际接轨,这是非常好的现象。"②

有媒体报道:"根据国际合唱联盟的最新排名,谢明晶带领的广东省实验中学合唱团排名世界第三。"从事中学音乐教育的谢明晶老师,曾获"第二届国际奥林匹克合唱节优秀指挥奖"等荣誉称号。他一直借合唱团在国际

---

① 王位.让世界聆听亚洲的合唱[N].中国文化报,2009-09-23(008).
② 宁静.费明仪:艺术与生命是分不开的[N].中国艺术报,2007-07-03(020).

合唱的邀请

舞台上表演的机会向世界尽情展现"中国元素"。① 其实,这样富有成绩的音乐教师并不少,如陈巧故等。事实上,日本学者针对"今天存在的问题"是这样说的:"不会唱歌、不唱歌的孩子增加着。在旅行外出的汽车中歌声减少了,犹如都不会唱歌了,由大家一齐来合唱的事也成为不可能了。甚至有的孩子说:'唱歌是一件痛苦的麻烦的事。'校外的合唱团要求唱歌的孩子减少了。其原因是塞满的只是音符、乐谱,没有了玩乐,因而歌唱也就消失了。"② 妄自菲薄固然有谦虚的品质,但高估别人、贬低自己的言论,无形中给我国中小学音乐教师以巨大压力,不利于调动广大教师的积极性。我们既不能用拔高国外成就来指责国内中小学音乐教师,也不能用国内合唱专业的标准来要求中小学音乐教师。我们中小学音乐教师有自己的价值取向,那就是"追寻教育意义"才是我们第一位的价值。

---

① 曹斯.我省中学诞生世界级合唱指挥[N].南方日报,2010-09-10(A11).
② 野村幸治,严华生.教育和合唱[J].中国音乐教育,1993(6):32-33.

○五 践行"课堂合唱"：
"接地气"式试验的新尝试

课外合唱教学很重要，2014年教育部《关于推进学校艺术教育发展的若干意见》中再次重申中小学校要深入推进体育艺术"2+1"项目，以班级为基础，开展合唱、校园集体舞等活动，努力实现学生在校期间能够参加至少一项艺术活动，培养一两项艺术爱好。但笔者在前期的研究中发现，尽管我们取得的成绩不菲，但要真正使每个教师、每个学生都亲近合唱并非易事。在实践基础上的思考使我们越来越觉得，要想真正取得整体性的推进，必须重视课堂教学。尽管课外教学很重要，但课堂才是合唱教学的主要阵地。就像卡巴列夫斯基在《音乐和教育》一书中所强调的："每个班级应该成为一个合唱团。"课外与课堂相结合才是完美组合。此外，更重要的是，每个音乐教师应心甘情愿地进行合唱教学。我们举办再多的合唱活动也无法保证每个音乐教师都重视合唱教学，然而教师的重视程度直接关系到合唱教学效果的好坏。再者，要想让每个学生都享受到合唱的乐趣、体验合唱，必须深入结合中小学实际去解决问题。

笔者在反思前期研究的基础上，认为应把目标集中在"课堂"上。首先，应面对的是教材问题。前期编写的教材从实验的情况看，主要运用在课外，在课堂上运用，只能作为补充的辅助教材。因为，中小学课堂没有那么多的时间来系统安排合唱教学。其次，老、中、青教师水平、情感不一，想找一个统一的标准做法根本不可能，也不切实际。唯一的途径就是尊重每一个教师的实际，改变评价方法，推进真实、自然、常态课堂的研究。为此，我们依然依照费承铿先生编写教材的思想推进研究。

合唱的邀请

费先生是人教版小学音乐教材的主编,初中音乐教材的副主编,还是国家音乐新课程标准研制组的重要成员。他认为应利用现有教材,在原有学生该学的教材歌曲基础上编写二声部合唱曲,随常态课推进合唱教学。这个想法很好,它的由来还有一段鲜为人知的"故事"。费先生说,新课标修订期间听到来自基层的教师们反映,现在各地童声合唱的水平都有较大的提高,但在音乐课上的班级合唱却呈逐年衰退之势,所以他们大声呼吁一定要加强音乐课堂中的合唱教学,让全体学生都能从小就受到合唱的熏陶。这一意见理所当然地被课标研制组采纳了,新修订的课标中提到要"更加重视并着力加强合唱教学"。会后,课标组组长王安国教授与费先生商谈,他感叹道:"一旦我国中小学音乐课以合唱作为常规教学内容,城乡遍地开花,那该是一个何等让人欣慰的景象!"并建议费先生编写一本适合从小学到初中、高中进行课堂合唱教学的练习册,这一建议与费先生的意见一拍即合,他欣然命笔。

这本练习册中所选曲目的合唱大多由费先生编写或将原谱简化,以适应班级合唱的水平和需要;所有的钢琴伴奏也均由编者配置,力求教师们能用不太难的钢琴技能弹出较好的效果。

一、《中小学合唱教学进阶》试验设想

很遗憾,费先生在写完这本书稿后不幸去世,所以,关于该文本是否真正能运用到课堂?可行性如何?我们都缺乏指导。于是,笔者与同事们拟采取先期试验以进行研究。受费先生"干一行、爱一行、钻一行"思想的启发,我们这次试验采取接地气的方式进行,希望通过由前期"自上而下"的整体推进研究转化为个体的行动研究,着力开发每个教师在"干一行"基础上如何去"爱一行"。因此,除了注重自然、常态课堂外,老师们还要有一点反思意识,在研究过程中及时做日志。本次研究属于试验性研究,为了完整、真实地呈现老师们的教学,在行动研究的基础上,我们倡导音乐教育叙事研究的写作方法,即在表述行动的试验结果时展示自我即可。采用这种方法

是因为,费先生编写的教材是否可以在课堂中运用是需要进行试验的,不是"一锤定音"的结论。

为了让老师们明白这个意图,一方面,笔者在试验启动会暨音乐赛课活动上做出要求,希望老师们每天能写点试验日记;另一方面由江苏师范大学吴跃华老师在比赛现场就老师们的教学提出一些具有音乐教育叙事研究的启发性写作建议。当然,我们采用这种方法并不仅仅因为这次是试验,还有研究学理上的考量。也就是说,我们的研究寻求的是意义,而不仅仅像以往那样追求知识。只有老师们体验到合唱教学的意义,他们才会真正爱这一行,即更加用心投入合唱教学。

意义的内涵是广泛的,包括情感、意志、知识等,甚至是教师完整的心灵,通过叙事更能彰显人性,分享各自的真实体验,也能促进教师群体心灵与心灵的交流。我们希望通过这次试验找寻教师的自我心灵,开拓教师对音乐教育理解的视野,关注教师的幸福感。鼓励教师重视自己的教学、教育体验。一言以蔽之,我们的研究是努力开挖教师的教学体验,而不仅仅是经验性知识。教育是育人的事业,倘若教师自己的心灵都不完整,怎么可能培养出完整心灵的学生呢?

关于"音乐教育叙事研究"的方法论在此不再赘述,理论的叙述不如实例生动。下面笔者将通过这次比赛中的一个老师的例子来阐述这种研究的主旨,这样更便于读者的理解。

薛:"我是薛梅。"(薛老师是吴跃华教授的同学,12月14日晚加了吴老师的微信并留言。)

"老同学,其实是从未说过话的老同学,如果在赛课后你不找我们老师说课,我想我的教学反思就上网找篇改改就交上去了!可是,跟你聊过之后又看了你的自传(注:是指《音乐教育自传——找寻过去的意义》),我的压力更大了,怎么能把反思写得更好呢?写作是我一直以来最大的困惑,我想周一到校找一个写作好一点的老师,帮我把我的想法润色一下,现在群里可能只有我的反思没交吧?"

合唱的邀请

吴:"哦!你要是实在为难,你可以不交,没必要那样啊!这也不是你必须要干的事。"

薛:"不行!那我得交!"

吴:"我们的本意不是为了压迫老师必须做自己做不到的事,目的是想让老师打开心扉,分享经验。"

薛:"其实生活工作中一直是矛盾的,没有压力哪来动力!你的书中也写了你怎么抗压让自己强大的。你追求完美,我和你的想法不同的是我尽力完成任务就行!"

吴:"为了完成任务,这样就没意思了,这真不是我们的本意!"

薛:"我懂你的意思,不要强迫自己干不愿意干的事情!但是,对我来说是领导交给的任务就得完成,我跟你说这些是因为我信任你呀!如果领导交给老师一个超过其能力又让其感觉困难的任务,老师想办法解决,最后呈现出很好的答卷,怎么不行呢?怎么没意思呢?我们生活工作中不一直是想办法解决一个又一个的难题、一个又一个的任务而前行的嘛!"

吴:"说得好!但这真不是任务,是合作研究,是为了研究而写的。真的不要为难,这本就是刘洁老师的意见。事实上,这个问题也不是你一个人存在。所有的老师写不出来都不要勉强。"

薛:"你放心,我不是为了获奖而写的,我这么大年龄了,名誉早就看淡了。"

吴:"你想哪去啦!不是每个人都会写文章的。我们的本意是想让大家分享自己的经验,分享各自的酸甜苦辣。活出自我,而不是为难大家。"

薛:"好吧,不聊了!领导交给的任务一定要完成,现在工作单位都是这样的制度。今天工作不努力,明天努力找工作!还不能达到你的境界活出自己!"

是不是我们太理想化了?吴老师当时也拿不定主意……没想到薛老师真是认真地写出了自己的"教学反思",文章内容如下:

《大鼓和小鼓》音乐合唱教学反思

启星外国语学校 薛 梅

《大鼓和小鼓》是一首日本儿童歌曲，由两个乐句组成。歌曲不仅有音色、音高的模仿，还有力度的模仿。本节课为了再现贲承铿教授的合唱作品，对学生进行二部合唱教学训练。这首歌第二声部只有第5、第6两小节与第一声部不同，而这两小节的旋律来自第2小节和第4小节，学生是不会感到陌生的。

一年级学生活泼、好动、爱模仿，对小学音乐课程刚刚接触，对于合唱更是没有经验。通过本堂课的教学，我认为合唱教学在一年级课堂是可以实施的，结合本堂课谈谈我对于合唱教学的体会：

要唱好合唱，让学生把音唱准是基本的条件。在小学低年级阶段，教师就要开始培养学生的合唱意识，加强音准的训练，加强识谱唱谱的能力。但是对于一年级孩子来说，过分地让学生练习唱音阶、单纯的音乐教学会让孩子感觉无味。合唱是为了让孩子体验合唱的合作精神和乐趣，所以要结合歌唱、游戏、律动等各种学生喜闻乐见的活动，不失时机地对学生进行音高、音准、节奏感等的培养，让学生从最简单的训练开始，从"低起点"开始，逐步达到"高落点"。让学生从小就感受这种合作的学习，感受二声部单音的演唱效果，可以培养低年级阶段学生对歌唱的兴趣，为以后的歌谱学习打好坚实的基础。

低中年级的学生活泼可爱，好动有个性。所以，教师要特别注意以好的歌唱习惯去影响学生，做学生的楷模。教师要用形象生动的语言，向学生讲解一些歌唱的要求，让学生通过实践和比较，自发地建立起较科学的歌唱状态，在肯定的基础上纠正学生的一些不良歌唱习惯，用自然好听的声音歌唱，不大喊大叫，逐步培养良好的歌唱感觉。

教师在音乐课堂中要培养学生有一个"音乐的耳朵"。有一个好的"音乐耳朵"，对唱好合唱是非常重要的。合唱讲究的是一个整体的合作，只有

合唱的邀请

相互倾听,求得准确和谐,才能保证合唱的成功。在教学中,对音准务求准确,这样才能在大家的努力下,共同创造出优美动听的和声,所以每个人对自己所发出的声音,要做到"心"里有数,而这种感觉的建立,有很大一部分依赖于"音乐的耳朵",要唱得好,首先要听得好。在课堂上,我通过让学生听录音、听教师范唱、听琴弹奏等方法,让学生在不断的聆听中培养"音乐的耳朵"。

音乐教师在进行二声部歌曲学习的时候应该注意分层教学,逐步引导学生自主合唱。当然,教师要随机引导,这对于学生刚开始学习合唱很重要。

总之,合唱教学在小学低年级阶段音乐课堂教学中是一个新增内容,也是一大难点,所以需要我们花更多的心思去探索解决。除了对学生的要求外,教师也应当不断地提高自身素质和能力,以满腔的热情、不懈的努力,坚持不懈地投身其中。在课堂有限的时间内,日积月累地对学生进行合唱训练,并结合训练对作品做一些艺术处理,最终将小学音乐课堂中的合唱教学提高到更理想的一个层次。

可能薛老师不了解音乐教育叙事研究的写作风格,吴老师建议她重写。面对吴老师近似无情的要求,薛老师这样回复:"从抽到课题到准备怎么上课,到准备那些教具道具,从教学设计到试讲,都是我自己所想、自己所做。面对不同的班级,上课都有不同的效果,我也都在脑海里调整过,到最后正式上课一直在调整。其实所有感想都在心里面,心中也有数。我这个人的弱点就是不会组织语言,但是有了你给我发的文本做参考,我想会对我有所启发,我不勉强自己,但尽力写好!谢谢你的指导!"很快,薛老师又写了第二稿:

《大鼓和小鼓》教学反思
启星外国语学校 薛 梅

铜山区历年都会举办各式各样的活动,以促进新老音乐教师之间学习和交流。今年主要以再现费承铿教授合唱作品为主题举行了铜山区优质课的评选。作为一名从教20余年的音乐教师,我认为这种比赛肯定会推选一些年轻教师参加,所以当我接到校领导的通知时,感到非常诧异,也略为担忧。主要是两个方面的原因:一是我已经从教多年,很多教法略显传统,跟不上时代的脚步,与年轻教师相比,自信心不足;二是由于比赛时期正值冬季,季节原因再加上自身身体素质不强,导致声带疲劳,影响展示效果。所以我经过慎重考虑,委婉地向校领导表达了我的意愿,希望将这次机会留给更年轻的同志去历练。最终,校领导基于全局考虑,仍然维持这一决定,为了支持学校工作,我便却之不恭了。

决定参赛之后,我也做了一些心理准备。后来接到区里通知,抽了课题。我抽的是25号,课题是《大鼓和小鼓》。看到课题的时候,我的内心有一丝的窃喜,觉得自己很幸运,运气不错。因为这是一年级的内容,教学相对来说比较简单,课堂更容易把握一些。但由于我之前主要进行的是中高年级的教学,对于一年级小学生的学习特点没有深入的了解,所以,还是有些忐忑的。不过,既然决定了参赛,我告诉自己,无论有什么困难,都一定要克服。

在准备阶段,为了给大家呈现一节名副其实的优质课,我做了大量的工作。

首先,备教材。我搜集了与本课相关的书本和音像资料,仔细研读聆听,在自己理解的基础上,设计了一份教学方案。整理了自己的大致思路,在脑海中演练了几次,判断设计的可行性。

其次,备教具。由于本课学习的内容主要涉及鼓,为了使教学贴合实际,让学生更有真情实感,通过寻求各方的帮助,辗转多次,终于备齐了40只手拍腰鼓。虽然在找寻的过程中,遇到很多阻挠和冷言冷语,但是为了上好课,也能默默承受。

再次,备教学课件。一年级学生对于文字内容的接受程度较低,为了让他们更好地融入教学,活跃课堂,一个生动有趣的教学课件是非常必要的。

合唱的邀请

在同事的帮助之下，经过数日的修改和调整，最终，我制作了一个层次分明、形象丰富的课件。

最后，备学生。在准备期间，区局安排了一次教师与学生面对面的交流与沟通，以方便教师教学。在见面的过程中，由于课题涉及二声部的合唱部分，一年级的学生从未接触过此内容，所以我跟孩子们做了一个小游戏，在游戏中，带领孩子们初步了解二声部的合唱。孩子们的表现非常好，让我很欣慰。

在准备工作基本到位之后，利用本校资源，我试讲了一次。试讲结束之后，我放下的心重新又被提了起来。试讲过程中出现了两个比较严重的问题。一是学生无法正确地掌握拍鼓的节奏和手法，容易错乱。二是二声部的合唱，学生没有办法正确地理解并且有效配合。这就要求我必须及时调整教学的思路和环节。对于这堂课，我还需要再次打磨和改善。

终于，比赛的时间将要来临了。比赛前一天，临时接到通知，上课时间提前半小时，8点钟开始。这就意味着留给我准备的时间更少了。夜里我辗转反侧，难以入睡。上课的流程在大脑里过了一遍又一遍。

比赛当天，我和同事们早早地到了赛场进行准备工作。但是，在进行试播课件时，突然发现由于格式冲突，已经准备好的课件无法正常播放。这时我的心里非常慌张，但是我必须保持镇定，做好最坏的打算，维持最好的状态。所幸，后来在同事的鼎力帮助之下，虽然有一些小状况，还算是比较圆满地结束了。

结束之后，我见到了江苏师范大学音乐学院吴跃华老师。吴老师与我共同回忆了许多关于费承铿老师的事情，同时，给我指点了很多关于音乐教学的知识，受益良多，非常感谢吴老师的指教。

回到学校之后，才感到一切终于尘埃落定，算是给自己、给学校交出了一份比较满意的答卷。还要诚挚地感谢帮助过我的同事们，如果没有他们不辞劳苦的帮助，我是绝不可能如此顺利地上完这次课的。更要感谢区局提供的这次机会，让我有机会可以重新证明自己的能力。

这一稿确实有了"叙事",但还是有概括。于是又提出了一些意见。不久,薛老师提交了第三稿,具体如下:

心鼓也"叮咚"
——《大鼓和小鼓》教学记
启星外国语学校 薛 梅

这次比赛,我认为领导肯定要推选年轻教师参加,但最终还是让我再去"锻炼"一下。到了区里通知抽签那天我才发现,这次跟往常有点不一样,以往是"自选题作文",这一次是"命题作文",参赛的课题由抽签决定,而且准备时间很短,这还真需要锻炼锻炼,心中顿时有点紧张。不过,向来摸彩从未中过奖的我,这次幸运地抽到的课题是《大鼓和小鼓》这一课。这是一年级的教学内容,怎么也不能把我这从教 20 余年的教师难倒吧!当我看到课题那一刻,心中一丝窃喜差点"露相",太幸运啦!不过,细一思量也有点忐忑,我之前主要教的是中高年级的学生,对于一年级小学生还真没教过。不过,多年以前我有教幼儿园的经验,想必这有点类似,但不能轻视。

于是,我先搜集了与本课相关的书本和音像资料,仔细研读聆听,在自己理解的基础上,先在脑海中初拟了一份教学方案,并在脑中反复演练了几次,判断设计的可行性。由于本课学习的内容主要涉及鼓,小学生的学习特点是具象化学习,我得找到真实的教具展开教学。可是,我们学校没有这"鼓",怎么办呢?于是,我拿起手机联系:

"喂!大姐(A 学校的学长),你们单位有鼓吗?"

"有。"大姐毫不犹豫地答道。

"太好啦!每次找你都能帮大忙!"

"别客气,你哪天来,我得跟领导请示一下,这个乐器外借我做不了主。"

"哦!麻烦你了,我明天上午过去行吗?"

……

合唱的邀请

第二天,我如约到了大姐处,没想到大姐帮我借的鼓很大,不适合一年级孩子。于是我不得不又拿起手机联系:

"阿妹(B学校的同行)!你们那有小鼓吗?"

"没有呢?你要那干吗?"

……

于是,我再去找范老师(邻校的同行),他回答说:"我们这有小鼓,你来拿吧!"接着,我又带着喜出望外的心情奔向范老师,遗憾的是,他们那儿只有5个小腰鼓。

……

就这样,我又费了好多周折,多方寻求帮助,辗转多次,终于备齐了40只手拍腰鼓。虽然在找寻的过程中,不免遇到很多阻挠和冷言冷语,但为了上好课,也就默默承受了。好在接下来做课件不需要这样折腾,但为了创造一个生动有趣的课堂,课件也不容小视,于是,在请教多位同事后,经过数次修改和调整,最终制作了一个层次分明、形象丰富的课件,至少我感到很满意。

在准备期间,区局安排了一次教师和学生面对面的交流与沟通,以方便教师教学。我去赛场所在学校见到了一群可爱的学生。在见面的过程中,由于课题涉及二声部的合唱部分,一年级的学生从未接触过此内容,所以我跟孩子们试了一个小游戏,希望在游戏中带领孩子们初步了解二声部的合唱。回校后,我利用本校的资源,又试讲了一次。在试讲过程中出现了两个比较严重的问题。一是学生无法正确地掌握拍鼓的节奏和手法,容易错乱。二是二声部的合唱,学生没有办法正确理解并且有效配合。怎么办?明天就要开始比赛啦?更糟糕的是,区里还通知上课时间提前半小时,8点钟开始。这就意味着留给我准备的时间更少了。夜里我辗转反侧,难以入睡。上课的流程在大脑里过了一遍又一遍。生怕哪里万一"短路"就糟糕了。

比赛当天,我和同事们早早地到了赛场进行准备工作。但在进行试播课件时,突然发现由于格式冲突,已经准备好的课件无法正常播放。这时我的心啊,就像那大鼓、小鼓,"叮叮咚咚"的,但我必须保持镇定,做好最坏的打算,维持最好的状态。所幸,后来在同事的鼎力帮助之下,虽然有一些小状况,但是上课还算是比较圆满地结束了。

薛老师这一稿看来是纯粹叙事、展示自我了。从文章可以看出,所谓音乐教育叙事研究,实际上就是用平常的话语来叙述自己教育行动(实践)的故事和事件或事情的经过。而不是像第一稿那样严肃的经验概括(第二稿是概括中介入叙事)。它找寻的是人的整个生态式存在。从中可以体验到一个活灵活现的教师是怎样应对这一节课的。它就像放电影一样,不知不觉与其同呼吸共命运。甚至你会把你自己就想象成薛老师。当你走进了薛老师的内心,就分享了薛老师的体验;当教师想到了自己的备课、上课,实际上也就引起了同行的反思(即重新体验过去,寻找过去的意义)。至于反思什么并不是唯一的需要,促进反思本身就已经很了不起了。这就是"叙事"的魅力。

尤其需要指出的是,我们从薛老师的文章中获得的绝不仅仅是知识,薛老师的情感投入、意志展现(如薛老师说:领导布置的任务我就得完成、尽管遇到冷言冷语也依然不悔等)都很值得学习、反思,很有意义。除了对薛老师自己有意义外,读者也会被这种"决心"(即意志)所感染,进而获得力量。实际上左右我们行动的根本原因并不是什么知识,而更多的是情感和意志。正因为如此,尽管音乐新课程标准提出"以音乐审美为核心"这样的哲学理念,事实上并没有多少教师理解其含义,但并不影响教师积极地投入音乐教学。因此,教师的智慧(即实际生活中怎样把事情干好)比知识(系统性学问)更有价值。

但教育叙事也不是流水账,什么事都叙。事实上,薛老师跟笔者交流的时候,说的事情很多,但这篇文章聚焦的主题是"紧张",所以起名叫《"心鼓"也叮咚》。从薛老师的文章可以看出,她的"紧张"有如下几个原因:①尽管作为老教师参与,但面对新的形式仍有紧张。如一年级她没有教过。②从第二稿也能看出,尽管薛老师表达委婉,但也有她作为老教师的担忧。有的人可能还会有丢面子的心理。③面对找"鼓"的过程(一次一次不成功,非

常麻烦),难免也紧张。④时间仓促也是紧张的原因之一,如这次比赛"限时"。⑤这毕竟是参赛,比赛都有紧张的心理,如赛前辗转反侧。⑥课堂突发事件,如薛老师的课件格式不能播放。……当然,薛老师的文章不可能涵盖音乐教师教学中所有的紧张因素,也没有面面俱到。但从笔者的上述分析中可以看出,薛老师文章的主题表达非常清晰。但文章中没有用"紧张"来概述,而是让读者去捕捉。读者是否能明确捕捉到这个"主题"并不重要,感受到就行了。但研究者一定要捕捉这样的"主题",以便了解教师们的生活状态,进而想办法改善它。从薛老师的叙述中可以看出:①有的"紧张"是人的自然心理(如遇到新的情况),不可避免,这样的"紧张",正确认识它就行了。②有的"紧张"可以避免,比如课件播放出了问题,可以提前试播,既然可以提前认识孩子,想提前试播一下课件也是可以的。好在薛老师心态很好,面对突发事件能坦然面对。③有的"紧张"介于上述两种之间。这样的分析思路,应该是"现象学分析"思路,这对研究者有一定的交流价值。

以下是其他老师写的叙事性行动研究文本。需要说明的是,本处所谓的行动研究不是严格意义上的行动研究,但思路隐藏在叙事性表达中。

二、费先生《中小学合唱教学进阶》试验的叙事文本

费承铿先生《中小学合唱教学进阶》课堂试验在铜山区掀起了音乐课改的波澜,一时间,人人参与研究,班班成立社团。名校、村小竞秀,老将、新兵齐飞。参加工作20年的赵婷婷老师和初登讲坛的周璇老师,她们都在村小,但她们在小小的天地里有着大大的梦想,她们努力着、耕耘着、创新着,她们坚信"野百合也有春天"。面对困难和挫折,很多人更多地习惯于抱怨,但她们身上体现得更多的是执着和奋斗。让我们通过她们的随笔去体会奋斗者的艰辛和幸福吧。

○五 践行"课堂合唱"：
"接地气"式试验的新尝试

追梦村小放牛班的春天
——农村小学班级合唱训练探寻
拾屯杨西小学　赵婷婷

孩子们稚嫩清澈的歌声贯穿影片《放牛班的春天》的始终，爱心与诗意的救赎荡涤了污浊，许诺了成长与新生。马修老师用音乐开启了"放牛孩子"们心中的春天。在他的眼中，每个孩子都如诗般纯洁天真，他包容他们的错失，鼓励他们勇敢地证明自己，组织了一个合唱团，教孩子们唱歌。在音乐中，爱心与音乐碰撞出最美妙的组合，唤醒了孩子们心中的春天。

我期待自己的学校也有这样一个团一个班，然而农村学校艺术教育一直处于弱势，被视为副科。合唱教学现状更是惨淡，据调查，很多班级唱歌会出现"喊歌、拉腔"等现象，多数班级只知齐唱，有些班级唱着唱着就会变成一个声部，有些学生则只顾自己大声喊唱。造成这些现象的原因大致有以下几个方面：一是农村学生的音乐基础差，学生在低年级阶段极少接触多声部教学，听觉上缺乏多声部概念；二是农村兼职音乐教师较多，教学多声部歌曲只教主旋律，其余声部丢掉不教，长期以来形成的恶性循环，使教师和学生对合唱产生畏惧情绪。教育部在2011年修订版义务教育音乐课程标准第三部分"课程内容"中的"表现领域"，对3—6年级学段的演唱明确提出，能用自然的声音、准确的节奏和音调，有表情地参与合唱，并能对指挥动作做出恰当的反应。"人人爱合唱，合唱爱人人"的教育思想，像一缕春风吹进了铜山音乐课堂，为我区合唱教学改革注入了新的动能。虽然我们学校是一所村小，地处城乡接合部，大部分孩子是留守儿童，但也挡不住他们对合唱的热爱，教师更应用歌声开启属于他们的"春天"。我在农村小学从事音乐教学工作20多年，对合唱教学做了以下尝试。

一、没有规矩不成方圆

人们常说"没有规矩不成方圆"。在开展合唱训练时，更需要培养学生

合唱的邀请

养成良好的习惯,明确课堂常规。合唱中歌唱的姿势是否正确直接关系到合唱的声音、气息以及合唱效果。合唱的姿势通常有两种:站和坐。站立时前脚着力,身体的重心要平稳;眼睛向前平视稍高的位置,不能仰头、伸脖等;眼神要自然生动,微笑眉毛扬。坐着唱的姿势要挺直腰板,但不要僵硬,身体不要靠在椅背或趴在桌子上;注意臀部不要坐满整个凳面,约坐凳面1/3的面积,两脚稍自然弯曲,不能跷腿坐,也不能将两腿交叉叠起,自然挺胸双肩垂。正确的姿势是合唱的基础,贯穿于整个合唱的教学中,教师要逐一纠正并时刻提醒,确保每一个参与合唱的孩子都能够养成正确的演唱姿势和唱歌习惯。只有这样才能保证合唱活动顺利有效地进行,并且每次训练都要求学生在固定座位上就座。这样就能避免打乱原本划分好的声部,从而保证了训练效果的延续性,也有利于学生形成声部感。另外,还要选择两位音乐基础好又负责任的学生担任队长,协助老师完成每一次训练。

二、巧妙设计把握细节

合唱是一种多声部的声乐艺术,离不开技能技巧的训练。教师在课堂教学中对学生进行技能训练的同时,应尽可能多营造和创设一些和声氛围,巧妙设计把握教学细节,让孩子们置身于多声环境中,感受多声的魅力。

1.巧听"音乐"

音乐是听觉的艺术,兴趣是最好的老师。"用音乐的手段解决音乐的问题",音乐教师应该培养孩子音乐的耳朵,用音乐的耳朵去聆听音乐。如教师在课堂教学《白鸽》中(费承铿教授编曲),可采用合唱与独唱相对比的形式让学生欣赏《白鸽》,体会合唱强烈的感染力与丰富的表现力。还可以时常让学生欣赏一些经典的中外优秀合唱作品,让他们接受高雅音乐的熏陶,感受合唱优美的和声音色,体味合唱带给人们不一般的听觉享受,并进一步引导他们细心聆听各声部的旋律,提高学生的听觉能力。学生一旦对合唱产生了兴趣,他们就会全身心地投入,用他们稚嫩、质朴的声音演绎合唱歌曲。

2.巧用"音符卡片"

教学中巧用音符卡片会收获意想不到的教学效果。在唱单音时,可将学生分成两组或三组同时唱不同的音高,学生在游戏中不知不觉地形成了两个或三个声部。节奏练习时,可让学生将简单的节奏通过节奏卡农或添加固定的节奏型等方法改编成合奏,在玩乐中体验合奏的效果。歌唱训练时,可将简单的歌曲演绎得不简单。如歌曲《不能告诉你》中的数板,教学中可先逐一亮出节奏卡片,让学生读节奏、按节奏读歌词,最后再将学生分为三组把三组数板同时说出。

① X X X | X X X | X - | X - :||
　　小抹布，　我洗的　　shua　　　shua.

② X X X | X X | X X | X X :||
　　小桌子，　我擦的　ca ca　ca ca.

③ X X X | X X X | X X X | X X X :||
　　小凳子，　我摆的　bai bai bai　bai bai bai.

④ ⎡ 2/4 X　X | X　X :||
　　　　 ca　ca　ca　ca
　　 2/4 X X X | X X X :||
　　　　bai bai bai　bai bai bai
　　 2/4 X - | X - :||
　　　　shua　　shua

3.巧用"柯尔文手势"

"柯尔文手势"是柯达伊音乐教学法中的一个组成部分,其手势是19世纪70年代由优翰·柯尔文(John Curwen,1816—1880)首创的,所以称为"柯尔文手势"。借助七种不同手势和在身体前方不同的高低位置来代表七个不同的唱名,在空间把所唱音的高低关系体现出来。它是教师和学生之间

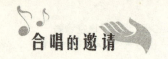

进行音准调整和交流的一个身体语言形式。

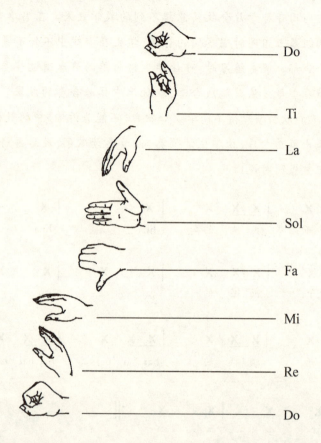

在使用手势进行二声部训练时,教师可用两只手的手势表示不同声部的音高,用以调整音准、训练听觉,使学生学会互相倾听、配合。或者是选择学生二声部歌唱中困难的片段单独进行练习。练习时学生不看谱、不使用钢琴,只是按照教师的手势歌唱。如儿歌《闪烁的小星》《乃呦乃》等便可利用"柯尔文手势",先从两组唱五度音开始,再慢慢过渡到三组,每组都是三度音演唱,让学生品味合唱带来的听觉美感。

4.巧用"加减法"

我校使用的音乐教材是江苏省苏少版,整个铜山区无论是一线城市还是偏远农村,都在使用这个版本。然而城乡之间孩子们的音乐水平存在较大的差异，这就要求农村一线音乐教师应根据学生的实际情况创造性地巧用教材，对教材适当地进行"加减法"。如教唱歌曲《翅膀》一课时，可以把比较难的第二声部进行简化处理，提取骨干音来演唱；学唱歌曲《送别》时，也可将合唱部分采用隔二拍轮唱的方式进行合唱。难度大的合唱歌曲通过简化处理，降低了合唱的难度，亦不失歌曲原有的风貌，同时也使班级合唱效果得到了保证。另外，原本是简单易学的单旋律的歌曲也可添加和声变成好听的二声部歌曲。如歌曲《顽皮的杜鹃》可在杜鹃的叫声处添加下方三度音程，改编成简单的合唱歌曲。

三、一个都不能少

班级合唱不同于学校合唱队，校合唱队的孩子都是老师精心挑选出来的，而在普通教学班级中，每个孩子的音乐素质各不相同，甚至五音不全的孩子大有人在。故此，教学中会遇到这样或那样的一些问题，这些都会给班级合唱训练带来一定的难度。作为音乐教师的我们，绝不能丢掉一个学生，不能剥夺每个孩子合唱的权利。除了引导这些孩子用"悄悄话"来歌唱外，还要及时发现他们的长处，如节奏感好的孩子可选择用打击乐器为合唱伴奏，音准不好的孩子可选择用课堂乐器（口风琴和竖笛等）来吹奏等，这样既能保证合唱的顺利进行，又能帮音乐素质差的孩子树立自信心，让每个孩子都参与到班级合唱中来。

"班班有歌声，声声皆天籁"是我们农村音乐教师的理想和目标。只要努力，我们一定会成功。愿所有的农村孩子都能在班级合唱中成长，都有属于自己的春天！

我要一步一步向上爬……

伊庄牛楼小学　周　旋

2016年8月，我怀揣着美好的追求与向往走上三尺讲台，加入音乐教师这个大家庭中。然而刚进学校就被现实"撞了一下腰"。校长告诉我："你是这么多年分来的第一位音乐教师，但是不能专职教音乐课，学校教师缺编严

合唱的邀请

重啊！咱们学校地处铜山区最偏远的山村,很多老师不愿意到此工作。学生大多为留守儿童,他们的父母外出打工,孩子由爷爷奶奶带大,接触的东西少,知识面窄,习惯也不好……"校长一番话,我就知道以后的音乐教学之路应该不会那么顺畅。果不其然,学生们连最基础的 do、re、mi、fa、sol、la、si 都认不全,音符也分不清,不懂拍点,节奏也一塌糊涂。经过几周教学,我有点退缩了。这样的音乐课堂太累了,根本没法教,一切都得从零开始,我一个人哪有那么多的精力？我从事的是音乐专业,但现在却变成了一位数学教师,"音乐课"竟然变成了我的"副业"。介于压力,我的主要精力都放在了数学上,音乐课对我来说变成了一种"奢侈品"。当我面对孩子们的时候,他们告诉我："周老师,我们真的好喜欢你,真的喜欢你给我们上音乐课。"孩子们从来没有上过一节真正的音乐课,曾经的音乐课都是其他老师兼职代教的。就算上课,也是用录音机让孩子们跟着唱。面对孩子们天真的笑容,面对孩子们对音乐的热情,我真的很惭愧。在他们的眼中我看到了自己,曾经的我对音乐充满着热情、希望,对音乐教师这个职业也充满着向往。我告诉自己不能轻易放弃,因为我的身上不止有我自己的梦想,更是肩负着几百个孩子们的音乐梦。我要像蜗牛一样"一步一步往上爬,总有一天我有属于我的天"。

来到学校一个月后,在校长的支持下我创办了全校性的口风琴音乐社团。由于经费不够,我们只能购买一百个口风琴,学生无法每人一个。我"死缠烂打"地向销售商要了 400 个琴吹管。这样每个年级一下午的社团时间,所有人都能够接触口风琴了。自从有了口风琴社团以后,我发现很多孩子们的笑容变得更加灿烂了,有的甚至学习成绩都提高了,学校形成了积极的学习氛围。经过每周的练习,很多孩子们能分清各种音符、节奏,并且能用口风琴有感情地吹奏一些简单的乐曲了。孩子们的乐感变好了,音准、节奏也把握得更加准确了,这对歌曲的演唱有很大的帮助。

单一的乐器吹奏只能帮助孩子们掌握音高、节奏、情绪等基本音乐要素,借助区教育局推行"合唱进课堂"的东风,我积极参与费承铿教授的合唱

〇五 践行"课堂合唱"："接地气"式试验的新尝试

教学思想实践研究。我要让孩子们学习合唱，让他们爱上合唱，让他们学会用自己的声音去表达感情，去感受音乐的美好。

第一次进行合唱教学时，我的第一感觉是不知从何下手，一是学生没接触过合唱课，我也没有教授过合唱，所以我对这节课毫无信心。一节课下来，学生只是掌握了一、二声部的旋律，一到合唱就很混乱。试了几次，效果都不理想。我又彷徨了，但是转念又想，世界上没有解决不了的难题。于是我又满怀着憧憬和期待去找了网上其他老师教学的视频，看了几个视频以后我就不敢再往下搜索了，因为一怕自己会形成思维定式，在自己教学环节设计时会不自觉地挪用别人的想法；二来觉得他们的教学方法不一定适用于我们的学生，我们的孩子基础太薄弱了。此后，我又进行了第二次、第三次、第四次、第五次的尝试，终于在第六次，孩子们的表现出乎我的意料，他们的轮唱效果成型了，声部清晰多了，而且节奏比较稳定。孩子的进步让我异常兴奋，我决定通过《美丽的黄昏》的教学继续"磨课"，开展实验，提升自己。

在教学环节设计时，我就一直在想，以什么为导入点更能吸引学生的注意力呢？我开始想用歌曲旋律进行发声练习，但是觉得稍有些枯燥无味。后来又改成直接出示黄昏图片，创设情境，但是又觉得激发不了学生的兴趣点。最后我决定在黑板上画太阳和大山，让学生猜一猜太阳公公是上山还是落山，不确定就用音乐下行旋律来解答，这样学生就有了一个非常形象的认识。接着才出示各种黄昏美景，给学生一个直观的认识，并伴有《美丽的黄昏》的伴奏，潜移默化中把歌曲融入教学。接着再把《美丽的黄昏》范唱播放给学生听，并让学生思考三个小问题：歌曲的拍号、速度、情绪。学生聆听了两遍范唱以后，歌曲的旋律熟悉了，接下来歌曲一声部教唱就变得简单多了。

在教唱的时候，采用分乐句教唱。首先是第一乐句，学生边画旋律线边跟琴演唱，我让学生想象自己画出的是什么图形（三座大山），这样学生对旋律就有了一个更加形象的认识，看到大山就能想到旋律，有利于学生的记

忆。在教唱第二、第三乐句的时候,我让学生边画旋律线边演唱,并且帮助学生分析第一乐句和第三乐句的关系(三度音程,这对于学生来说稍有难度,可简单介绍一下,就一带而过了,提醒学生注意聆听三度音程),学生知道第三乐句是对第一乐句的模仿,节奏是一样的,只不过音变高了(山高了)。有这样一个对比联系,学生记忆起来就简单多了。第三乐句,较为简单。在教唱的时候,可让学生注意聆听第三乐句的旋律变化,学生很聪明,立马能听出这一乐句与第一乐句相比做了一个渐弱的处理,长音do营造了优美、虔诚的氛围。在三个乐句完全掌握以后,再让学生完整演唱旋律,对旋律有一个整体的感知。

接下来,让学生继续加强对旋律的感知能力,播放范唱,并且让学生思考从音乐中听到了哪些美景?学生很容易就能"听到"黄昏和钟声,这时可让学生用语言去表达这些美景,我就带领学生边画节拍边有节奏地朗读歌词。最后填词演唱歌曲,提醒学生注意旋律的高低起伏和最后一句的渐弱处理,还有换气记号的使用。在这之后由我们刚才的演唱方式齐唱,引出另一种演唱形式:相同旋律一前一后的演唱,这种方式叫作轮唱,并用大家耳熟能详的歌曲《两只老虎》为学生们示范什么叫作轮唱,效果还是不错的。学生有了对轮唱的整体感知以后,对《美丽的黄昏》进行轮唱就变得非常容易了。

上完课,我写随笔,写反思,虽然寂寞而艰辛,但我在一次次蜕变中成长。

转眼间,我到山村小学快两年了,这期间,有困难,有汗水,有泪水,有彷徨,有退缩,更多的还是坚持和梦想。是这种坚持和梦想使得孩子们的笑容一次比一次灿烂,歌声一次比一次自信。这样的孩子们是我愿意看到的,这样的歌声、琴声是我愿意听到的,这样的课堂也是我追求的。虽然我们地处偏远的乡村,但是孩子们是平等的,童真的梦想是平等的,我要让音乐成为他们生活的一部分,让音乐伴随他们健康成长,让他们每天用歌声迎接黎明,让野百合也能拥有春天!就像歌曲《蜗牛》中唱到的那样:"我要一步一步往上爬,等待阳光静静看着它的脸。小小的天有大大的梦想,重重的壳裹着轻轻地仰望。我要一步一步往上爬,在最高点乘着叶片往前飞。任风吹干流过的泪和汗,总有一天我有属于我的天"。

2017年12月12—14日,铜山区费承铿合唱教育思想研讨会暨"课堂合唱"教学大赛在铜山实小教育集团拉开帷幕。来自铜山区34所学校的34名优秀音乐教师齐聚一堂,同台竞秀。更有全国知名的音乐教育专家江苏师范大学音乐学院副教授,音乐教育学、课程与教学论(音乐)方向硕士研究生导师吴跃华老师现场点拨。乐坛盛会,良师咸集,交流技艺,碰撞智慧,为冬日里徐州音乐教师带来了一场温馨的教学盛宴,严寒中我们感受到了合唱春天的来临。

1.教学盛会,歌声致敬大师

本次活动的主题"合唱走进课堂,歌声致敬大师"。分"研讨、赛课"两个阶段进行。为了隆重纪念平民音乐教育家、江苏师范大学教授费承铿先生,竞赛以费教授的遗作《中小学合唱教学进阶》为主要内容,并从作品中挑选了34首歌曲,由34名参赛选手分别抽签,依次上课参赛。

2.整体推进,构建课程特色

为了更好地开发小学音乐教材歌曲的合唱化特色,进一步推进铜山区小学班级合唱及社团活动,大赛组委会邀请了江苏师范大学音乐学院副教授吴跃华老师做了学术报告。吴教授深刻诠释了平民音乐教育家费承铿先生"诚恳"的人格魅力和高超的音乐教育智慧,对费先生的《中小学合唱教学进阶》进行了分析解读。铜山实小教育集团马会婷、刘梅两位老师展示了《捉泥鳅》《蜗牛与黄鹂鸟》的合唱研讨课。

3.精彩纷呈,佳课非"铜"凡响

12月12日上午8:30,根据赛前的抽签顺序,铜山区"班级合唱"激动人心的赛课环节正式开始。

34名音乐教师,34首美妙绝伦的合唱歌曲。在为期两天的赛课中,参赛的34名选手将自己的教学智慧、教学技艺融汇在课堂上,形成了一道亮丽的音符。她们统筹推进、各显神通。选手们先进的合唱音乐理念,对《中小学合唱教学进阶》的深刻理解,以及对课堂良好的驾驭能力给与会者留下了深刻的印象。虽是比赛,却没有一较高下的竞争"硝烟",更多的是音乐教学方法与理念的碰撞、探讨和交流。每节课各具特色,虽称不上尽善尽美,但都可圈可点。对于精彩中的瑕疵,更激发了观摩代表们的探讨与深思。

4. 精妙点评,生命之课更美

江苏师范大学音乐学院副教授吴跃华老师是一名优秀的教师,他身患重病,但笔耕不辍,用生命的旅程谱写着一首"既然选择了教育,就要以身相许"的壮美乐曲。他拖着重病身体,全程参与活动。赛后,吴跃华老师对每节课逐一点评,他的评述严谨、细致、切中肯綮,对老师们深有启发。吴老师的"生命之课"为参赛老师们带来了心灵的震撼。

5. 线上线下,立体展现推广

为了方便广大铜山区老师关注大赛的进程,参与在线课程的教学分享,本次大赛使用"小鱼直播""录播室"等线上推广手段,对赛课的图文进行了全过程、全方位的实况报道;线上线下立体式的课程推广,为班级合唱课的普及起到了积极、广泛的作用。

铜山区中小学班级合唱和谐悦耳的歌声就像是冬天里燃起的一把火,费承铿先生的思想和吴跃华教授的"生命之课"温暖着我们的心窝。

本次活动要求每位参赛教师对参赛的全过程写教育叙事,记录学习思考的过程。教师们从课前准备、备课过程、教学对象、教学素材等多方面全方位地进行反思,开阔视野,博采众长。下面撷取魏旖旎、陈晓、马会婷、朱亚几位年轻教师的叙事,去让我们一起体验老师们的心路和成长历程。

新手·心路·欣悦
——《数蛤蟆》教学反思日记与心得

何桥中心小学　魏旖旎

12月初,铜山区费承铿合唱教育思想研讨会暨"课堂合唱"教学优质课竞赛,以抽签的形式选取费承铿教授编写的合唱曲目,我抽到的是《数蛤蟆》。作为一名新手,我既忐忑又激动,参赛的过程,可谓波折、彷徨、蜕变、成长……

第一天(12月5日):

拿到课题之后,我整个人是懵的。合唱形式的公开课,这该怎么上?在回去的路上我一直在思考这个问题。下午,我在二年级音乐教材第二单元中找到了《数蛤蟆》这一课。根据教学进度,这个时间,二年级的学生都已经学过了。我征求身边同事们的意见,她们热心建议:既然教材是二年级的就用二年级来上,学过的孩子更好教、更稳妥些。可我想,既然学生上过了,我再上一遍的话,孩子们的新鲜感会大大下降,效果远不如完整的教学。因此,我想做个大胆的尝试:让一年级学生上二年级的课程,并在这个过程中让孩子们学会合唱。晚上,我写下了教学的大致流程,并思考如何设计能够让孩子们喜爱音乐,喜欢我的课,继而对合唱产生兴趣。我罗列了几种一年级孩子更能接受的方式,比如:心理学中的想象放松训练技术,通过联想想象感受情境、谜语、故事情节、语言模仿、奥尔夫小乐器的加入等。

第一天简单的教学设计如下:

一、情境导入、布置场景、设计指导语

情境导入中加入猜谜环节。/点题:《数蛤蟆》。/用"咕呱"做发声练习。

二、新授

1.初听。出示打击乐器,选择最能模仿蛤蟆叫声的乐器。/出示节奏,运用响舌打节拍。/播放背景音乐。

2.复听。感受歌曲情绪。

3.朗读歌词。处理附点八分音符。/尝试拍手、拟声词。

4.再听。找出相似乐句,试唱旋律。

5.分句教唱。学生分组:大蛤蟆组、小蛤蟆组。/制作合唱卡片。

第二天(12月6日):

今天在网上找了一些素材,开始准备详细的教案,并制作幻灯片(图片略)。把教案丰富起来。如下：

(一)导入(7分钟)

1.创设情境,训练放松想象技术

教师说引导语,播放背景音乐。引导语:以一个你最舒服的姿势坐好,慢慢地闭上眼睛,跟着我的话,慢慢地放松你的身体,放慢你的呼吸。逐渐地放慢,深深地吸气,慢慢地呼气。再来深深地吸气、慢慢地呼气。现在你的头脑中一片清净,什么都没有。

2.在情境中引入谜语

引导语:现在想象自己坐在小池塘边,脚伸进水里慢慢地浸泡着,周围非常地安静,仿佛只能听到鸟儿、昆虫的叫声。静静的水面上漂浮着朵朵荷叶。微风吹来,一阵荷花的清香扑鼻而来,你凑上前闻了闻,嗯,好闻极了。这时候,远处来了一群可爱的小动物。它们长着突眼睛,宽嘴巴,白肚皮,绿大褂。地上跳,水里划,唱起歌来"咕咕呱"。学生睁眼,并说一说看到了谁?

学生:青蛙。

3.引导学生说说青蛙家族里的其他朋友

导语:青蛙家族里还有一位和它长得很像的朋友,他是谁呢?（课件:出示蛤蟆图片）

4.议一议蛤蟆(皮上有很多疙瘩)

师小结:蛤蟆和青蛙的本领一样大,它们都是捕捉害虫、保护庄稼的小能手,是农民伯伯的好帮手,我们人类的好朋友。我们应该保护它。

5.用"咕呱"做发声练习

师:请同学们用语言来模仿蛤蟆的叫声。

提示:演唱时腰背坐直,两手叉腰,声音要像从头顶上冒出来一样。

(二)新授歌曲

1.初听歌曲

导语:蛤蟆们今天要开音乐会,可热闹了。想邀请大伙儿一起去参加,你们想去参加吗?想参加可没那么容易,蛤蟆们要考一考大家,考过了才能参加。

教师打着响板说:小朋友们仔细听,老师有问题考考你们。想一想,算一算,看谁的反应最灵敏。

出示蛤蟆卡片问:一只蛤蟆几张嘴?几只眼睛几条腿?

引出课题《数蛤蟆》

师:由于大家都非常聪明,蛤蟆们正式邀请大家参加它们的音乐会,下面来听一听它们的演唱会。

提问:听一听,蛤蟆们的情绪是欢快活泼的,还是优美抒情的?

2.再听歌曲

出示四件打击乐器:(碰铃、单响筒、手摇铃、沙锤)

师:听一听,哪一种模仿了蛤蟆的叫声?对的竖起大拇指。

出示幻灯片,运用响舌为歌曲伴奏,感受歌曲二拍子的强弱规律。

师:蛤蟆们邀请大家用响舌的方式为它们的歌声伴奏。

3.说节奏

①由教师打着响板说一说,学生用拍手点指动作打节拍。

②师生分句说节奏。

③跟伴奏音乐说节奏。

4.简单扼要地解释歌词"太平年""水上漂"等的意思

解释:"乒乒乓乓跳下水呀,蛤蟆不吃水,蛤蟆不吃水吃什么呀?"蛤蟆一年要吃掉成千上万只害虫,不愧是农民伯伯的好帮手,我们人类的好朋友。太平年在这里只是一个衬词,表示老百姓企盼风调雨顺平安丰收的意思。

让学生在潜移默化中掌握本课歌曲的基本节奏,为学习新歌打下基础。

让学生初步认识衬词,了解歌词。

5.试唱旋律(15分钟)

①示范唱旋律,学生用 lu 模唱,小手画出旋律。

②随琴模唱歌曲。采用听唱法教学歌曲,并解决歌曲难点。

导语:请你们来当当老师的"小回声",你们能模仿老师发出的声音吗?

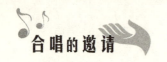
合唱的邀请

(拍手) 2/4 X X | X X X | X X X X | X X X ||

(读)四川民歌《数蛤蟆》歌词

(唱) 2/4 5 3 5 3 | 5 1 2 ……
     一只 蛤蟆 一 张 嘴……

③小游戏:师生接力唱。

a.教师唱前一句,学生接唱后一句。

b.互换角色,学生唱前一句,教师唱后一句。

c."接唱竞赛"。教师选唱一乐句,让学生唱出与教师所唱乐句旋律、节奏相同的乐句。

d.引导学生找出歌曲中旋律、节奏相同的乐句,并用彩笔涂上相应的颜色。

④完整演唱歌曲的一声部,指导学生歌唱时注意正确的坐姿,并用和谐、柔和而又活泼跳跃的声音来演唱。

下午,我在本校一(5)班开始了第一次试课。整节课下来,我发现孩子们在想象、模仿、游戏等环节非常兴奋,眼神流露出好奇、喜爱,上课和唱歌都是非常开心的状态。但是慢慢地孩子们的表现就不是那么热情了,有些孩子坐不住开始乱动。我思考之后,发现是从找相似的旋律开始的。我的表达并不清楚,孩子们也没听明白。把歌曲一声部教完之后,发现时间根本来不及继续了,只好作罢。

接着开始了我的第二次试课,在一(6)班。孩子的整体状态要比一(5)班好些。但由于第一次试上内容没上完,第二遍上课时流程的顺序我居然也弄不清了,总是丢三落四,上完这个地方才发现那些地方忘记讲了。比如:发声练习时,附点节奏这一难点也没有细细地讲解就一带而过了,过程很草率。这一次我讲到合唱的部分时,由于慌张,竟没有给学生们进行示范,在学生不明白的情况下我进行了教唱,当然结果是鸦雀无声,没有几个孩子敢张嘴唱。后来我开始反思,找原因。我发觉,自己合唱教唱环节设计思路不清,表达不明确,而且一年级的孩子刚刚开始了解音乐,就突然学合唱,少了一个循序渐进的过程。

第三天(12月7日):

我开始准备上课的教具(图片略)。工作之余,我的爱好是画画,这一次竟用上了。我开始构思琢磨,画了四张蛤蟆、一张荷叶、一张荷花。为了完成底稿,当晚我在学校加班到9点多。制作这个费功夫的卡片的目的是提高学生的兴趣,每张卡片代表一个乐句,在学唱过程中能让孩子更加熟悉歌曲,将合唱的"合"难度降低,以利于孩子接受。

第四天(12月8日):

今天进行了第三次试课。这一次有所变化的是孩子们勉强能将两个声部合在一起唱了,但是音准没有了,与其说在唱歌,更像是在朗读两个不同的声部。我开始慌了,着急、焦虑。

于是,接下来的周末,我开始把它们放在一边,不敢想,做了一些其他的事情,到了星期天,我开始给卡片着色,通过做这些事情来分散注意力。这些卡片花了大概8、9个小时,相信我的用心孩子们能感受得到。

第七天(12月11日):

今天在一(3)班上课,我完全不在状态,越上越慌,越上越紧张,甚至还不如第一次上课的那种状态好。

我的自信心完全丧失了,看到孩子们的眼神我就知道,这课上的没激情,慌乱差。今天周一,去跟即将上课的孩子们见面,讲了一些上课的习惯、要求,了解了他们的状态之后就回来了。

沮丧之际,我请教了一位非常优秀的音乐教师,她的课,听过的人都非常喜欢,富有感染力,甚至察觉不到时间的存在,她已经和孩子们融到了一起。听课的老师无不感觉身临其境。我向她说了我遇到的难题,她听了之后说,你这样是不行的,用一年级来上二年级的课程,本身就很难,何况还有合唱。这个二声部音符很复杂,谁上起来都不容易完成。你要么换成二年级,要么降低合唱的难度,循序渐进地来。真是一语惊醒梦中人,既然不换学生,我可以降低合唱的难度呀。我开始琢磨怎么降,我一遍一遍地研究这

合唱的邀请

一课,想到了之前设计的发声练习。

我突然来了灵感:简化二声部。将原本的二声部旋律压缩、简化,由原本的:

6̇ 1 6̇ 1 | 1 6̇ 5 | 6̇ 1 6̇ 1 2 | 1 6̇ 5 |
蛤蟆不吃水　太平年,　蛤蟆不吃水,　太平年,

简化成了:

6̇ 1 2 | 1 6̇ 5 | 6̇ 1 2 | 1 6̇ 5 ‖
咕　呱　咕　呱,　咕　呱　咕　呱

好像还不错。

这时候我开始真正地理解这一次优质课的主题:"人人爱合唱,合唱爱人人。"书本是死的,人是活的。要根据孩子的实际情况去设计课程,站在学生的角度去思考什么是音乐,学生需要什么样的音乐,以什么样的方式进行。老师不是在教教案,而是在教学生,教他们一些适合的方法,就像给他们一张画纸,上面的色彩由他们描绘。所以,不能生搬硬套,不能靠灌输。合唱不是只有高雅的音乐会上那样可远观而不可亵玩的艺术形式,合唱是贴近生活的,是一种表达的方式,每个人每个团体都可以通过合唱来感受音乐。让孩子们喜爱歌唱,体验合作的快乐是非常重要的,但是这个过程要点点滴滴地去渗透,应循序渐进地让孩子们了解,从了解再到热爱。

所以,要从结合学生的实际出发,学生们需要的,才是老师们需要传递的。于是,我开始重新准备二声部乐谱,修改幻灯片。

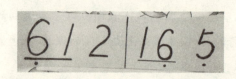

第八天(12月12日):

我用一(2)班试上了一下。这一次好得多,孩子开始能够关注合唱音准

了,也能够将修改过的二声部和一声部合唱了。但对于另一声部的聆听还不够好,整个过程中设计的环节也过多,孩子们半节课后,就有些累了,以至于我拖堂了5分钟,还没有上到较难的二声部。上完之后,我开始修改教案,将一些花花哨哨、华而不实的环节去掉,精练了语言,使课堂语句更简洁干脆,容易理解。这样节省了一些时间。

第九天(12月13日):

这是临比赛前的一天。我在一(4)班进行了最后一次试课,这已经是第六次了。这一次好了很多,环节中一些多余的语言没有了,加入了一些让孩子们关注聆听的话语。并加强了示范性,加入了孩子们自己发现、感受的环节,引导他们进行探索。

第十天(12月14日):

第三节课是我的参赛时间。坐在录播室里的我非常的紧张,不敢去想如何上课。终于轮到我了,奇怪的是,好像突然不紧张了。好像讲话都变得利索了很多。我开始一个环节一个环节有条不紊地上着,每一句要说的话仿佛都已经提前准备好了一样,非常流利。在上到合唱部分的时候,二声部唱到"咕呱"的地方,孩子们唱起来格外地有兴趣,边笑边摇头晃脑地随音乐律动着。节奏、音准都很好,和一声部的合唱也自然和谐,二声部的声音也相对均衡。由简到难的过渡,孩子们居然很快就掌握了。真是让我感到兴趣是最好的老师。

赛前两天的重感冒使我精神很差,头疼牙疼,早上起来的时候嗓子哑得几乎说不出话,今天的范唱声音也不大,但整个过程下来还是非常的顺利。时间把控得非常好。孩子敢唱,想唱,也乐唱了。眼神也变得很专注。下课了,孩子非常亲切地给我打招呼,有个孩子上前抱住了我,那一刻,我的心快要融化了。虽然是孩子们第一次接触合唱,但我深深地感受到了孩子们对合唱的兴趣和喜爱,也感觉自己在一点一滴的进步着,那种欣悦之情真的难以言表。

通过这一次的经历,我在一点一滴的磨课中,体悟到了什么叫作"以学

合唱的邀请

生为本",知道了评价一堂课的好坏不是教师完美的展现,而是学生的感受和状态,最重要的是学生对音乐发自内心的"喜爱",理解了"艺术体验时的精神愉悦",超越了"规范和技法"。黑格尔说:"审美带有令人解放的性质。"开始备课时,我设计了一整套严谨的训练计划,踌躇满志地等待实施,殊不知这种急功近利的做法有悖于学生的天性,效果适得其反。虽然只是一次比赛,但收获太多太多。突然感觉到成长的不仅是学生,还有我……

一位新手的合唱尝试,一个"菜鸟"的心路写真,一次欣悦的成长收获。

合唱,没有那么远
铜山实验小学　陈　晓

平常对于合唱教学,我们都特意回避、躲闪,不敢在课堂中进行实践。尤其在观摩刘梅老师和马会婷老师两节合唱展示课后,我更深深地感到合唱教学的难度,同时也察觉到自身能力的各种欠缺。因此,当知道此次赛课内容就是合唱,我无可回避,顿时感到压力山大,各种迷茫,没有底气。在12月5日抽到课题后,我便马不停蹄地进入准备之中。

《白鸽》这首歌由三个乐句构成,旋律相对比较简单,学生在学习的时候可能在很短的时间内就会把它学会。所以如何把这节课上得扎实又不失趣味性、如何能使学生亲身感受轮唱这一演唱形式并掌握它的演唱方法,成为我需要思考的问题。就此我请教了马老师,她建议要把握住歌曲旋律的走向,并通过各种形式让学生能有很好的体验,这对之后的轮唱教学能奠定良好的基础。

这句话对我有很大的启发。教案设计中我带领学生边唱旋律边画旋律线,这能使学生发现并感知小鸽子仿佛随着歌曲中的上下行音阶而飞舞。其次我还借用了教材编创环节中的三种动作让学生律动,亲身体验小鸽子在空中上下翻飞时活泼可爱的形象。这次教学确实收到了很好的效果,我看到了孩子们脸上的笑容。他们在玩乐中不知不觉就学会了歌曲的旋律,并在歌曲演唱时通过我的指挥将声音的由弱渐强、轻巧跳跃表现得淋漓尽致,这一点真是出乎我的意料。这也使我深知孩子有着无限的潜能,只要大胆地给予他们更多的空间,便会收获更多的惊喜!

轮唱教学阶段,我主张使学生在聆听、观察谱例与思考三者相结合中感知轮唱这一演唱形式,再逐渐掌握它的演唱方法。在实际教学中,孩子们的表现也让我欣喜。在第一次尝试轮唱时,大多数孩子就已经能很好地完成,这值得表扬。但在声音的展现上,孩子们能做到正确演唱自己声部的旋律,却做不到很好地聆听,只顾着唱自己的旋律,声音越来越响。于是,在赛课时我多次反复强调,并且进行了多次训练,最后孩子们也有点疲倦了。现在想想,其实声音的和谐也不是在一节课上就能达到的,我还是有些急于求成,对孩子的关注少了些。现在更能深刻地理解刘洁老师说的"人人爱合唱"是要让每个孩子都爱唱合唱,而不是仅仅局限于技术训练这句话的意义!在这里需要跟孩子们道个歉,你们已经很棒了!我们以后共同努力,共同进步!

能参加这次优质课比赛我真的很幸运,对我来说是一次很好的锻炼机会,让我领略了其他教师的风采,同时也找到了自己的不足。虽然压力使痘痘悄悄"宠幸"了我的脸庞,但回顾这一周的准备过程,又何尝不是人生中宝贵的经历呢?合唱并不是那么可怕,它没有那么远,就在我们身边。接下来我们要做的就是让合唱走进所有孩子的身边,而不仅仅是以往课外选拔的孩子或类似兴趣小组的孩子们的身边。"人人爱合唱,合唱爱人人",任重而道远,只要我们所有的老师共同努力,相信它终将会实现!希望我们每个人都能在合唱的道路上越走越远,越走越宽阔!

合作美·合唱美
——《捉泥鳅》教学反思
铜山实验小学 马会婷

音乐课程标准中指出:要重视和加强合唱教学,使学生感受多声部音乐

合唱的邀请

的丰富表现力,尽早建立与他人合作演唱的经验,培养群体意识及协调、合作能力。

为了增加班级合唱教学的趣味性,提高班级合唱的教学质量,提升小学生合唱团队的协作能力,在我平时的音乐教学中,进行过多次合唱教学的尝试,但合唱不是一天两天的事,经过多次的失败后,我认真总结,并对所教授的班级进行了教学调整。①改变师生问好的方式,编创师生问好歌,将练声与气息结合训练。②每节课教学都增加一项柯尔文手势歌。先唱音阶,再逐步增加难度,三度、四度、五度……练唱。③在平时的教学中,反复强调演唱姿势和习惯,将习惯变成自然。经过一个学年的教学坚持,2017年10月,我接到费承铿合唱教学研讨课的通知。这次,我做了一个大胆的尝试,将四年级的合唱课放在三年级来上,并且自始至终让孩子们在我设定的教学情境中进行。教学开始,我便通过语言来营造优美舒适的教学环境:早晨,刚刚下完雨,地面上湿漉漉的,微风轻轻地吹着,太阳暖暖的,照在身上舒服极了。并让学生想象在如此优美的环境中放松全身,练习呼吸。呼吸训练时,就让学生想象面前有一朵美丽的鲜花,要把花的香气都吸到肚子里,需慢慢地一吸一呼,紧接着以小蜜蜂的叫声练习哼鸣。由于学生们都是第一次接触,有些孩子在练习呼吸的时候出现抬肩膀、气息撑不住等现象,这还需要在平时的教学中多练习改正。

歌曲的教学音准最重要,练习音准最直接的方式就是柯尔文手势。在平时的教学中,师生问好后,我便带着孩子们练习我们自己创编的柯尔文手势歌,边做手势边演唱,时间久了学生的音准就会有很大的进步。《捉泥鳅》原版歌曲的二声部较为复杂,我进行了小小的改编,提取主干音如 6 - - - | 5 - - - | 7 - - - |,这样音高变得容易了,但是难点在节奏上了,学生怎么才能拖够坚持4拍呢?我引导学生借助声势动作:跺脚、拍腿、拍手、捻指来练唱,并强调第一、第二乐句的第一拍是落在脚上的,而第三、第四乐句的第一拍是落在手指上的,也就是最后一小节起唱。这样一来节奏难点便迎刃而解了。

第一、第二声部都会唱了，重点就在两个声部的合唱了，这对于学生来说也是最难的。由于第二声部节奏疏松，学生容易唱得很慢，而第一声部节奏又很密集，于是我将计就计，让学生体会慢速和快速给歌曲带来的不同感受。最后强调，如果两个声部合在一起演唱，那么速度一定要一样。同时认识合唱谱的标记符号。

一堂优质的音乐课，不光要做到备教材、备教法，还要备学生，要根据学生的实际水平选择教法和重难点的突破。在接下来的演唱阶段，我忽略了这一点：对于两个声部的演唱，在演唱时出现了比唱的现象，一比唱，势必会喊唱，再加上这首歌曲的音高偏高，学生喊唱的现象更加明显了。针对这一点，我做了以下调整：①提示学生将声音放小，甚至可以采用微声唱法，要用小小的声音演唱，只要彼此听到就可以。②提示学生听对方声部，这也是合唱的关键。尤其是第三、第四乐句的弱起，第一声部的学生一定要听到第二声部的"捉泥"再开始唱。当两个声部都唱好之后，再引导学生体会此时歌曲合唱的音色美。

最后，在课堂中，我即兴加入了跳音的演唱，因为这是一首欢快活泼的歌曲，加入跳音会显得歌曲更生动有趣，由于时间匆忙，这一环节没有充分展开。

本课的教学，极大地激发了学生们的合唱热情，学生对自己的合唱演唱也有了更深的体会，学生王若宇写下了他的感受《合唱，我的快乐之源》。

每个人都有自己的快乐之源，鸟儿的快乐之源是湛蓝的天空，鱼儿的快乐之源是广阔的大海，人们的快乐之源是温暖的家庭。而我的快乐之源是美妙的合唱。

听，老师的合唱课开始了！她先让我们练声，放稳气息，张大嘴巴，腹部慢慢用力，"啊……"我第一次发出了这样美妙的声音，明亮、透彻、甜美，就像潺潺溪流，清澈见底。老师说，就用这样的声音来唱，她先教我们唱低沉版的《捉泥鳅》，我们认真地打着拍子、唱着，又让我们练习了愉快版的《捉泥鳅》，然后把全班分成两部分，把两个版本的《捉泥鳅》融合在一起。开始第

合唱的邀请

一次的合唱,本来我以为我们这边声音低沉,会被北边愉快的声音带跑呢!结果我们南边的同学很给力,跟着节奏把低沉厚重的声音唱得非常好,北边的同学全被带跑了,老师对北边的同学说:"你们合唱的时候一定要齐心协力,唱好自己的声部,不要跟着人家跑哦,同时还要互相听对方的声音。"同学们听了老师的建议,在第二次合唱中我们仍然唱低沉厚重的声音,他们唱欢快活泼的声音。哈哈,这次我们把两种声音完美融合,那声音真是太好听了!老师看着我们唱得那么好,露出了甜美灿烂的笑容。

合唱让我懂得了团结,懂得了合作,懂得了只有齐心协力,才能唱出美妙的声音。合唱教学不能仅拘泥于形式,一定要联系演唱情境,针对学生进行情感的激发,通过创设情境,激起学生的情感共鸣,进而达到合唱团队协作的音响魅力。但由于三年级的孩子初次尝试演唱合唱歌曲,再加上自己经验欠缺,课堂中还是存在喊唱和音高唱不准的现象。针对这些问题,在平时的课堂中,还要进行反复的强调和练习,引导学生去聆听、感悟合唱的音响效果。

教好不小的"小儿科"

吕梁学校小学部　朱　亚

音乐新课标曾提出"要更加重视并着力加强合唱教学",而费承铿教授为了让孩子们从小就能参加合唱,增进全体公民的音乐素养,生前一直在做这项工作,编写了大量的合唱曲,这些作品已经完成,尚待出版时,先生便离我们而去,痛哉!憾哉!为了完美展现费老的作品,践行——"人人爱合唱,合唱爱人人"。在刘洁老师的带领下,2017年铜山区音乐优质课比赛,决定以"费承铿教授合唱音乐作品"为主题,以此纪念费老为音乐所做的贡献。

"云山苍苍,江水泱泱,先生之风,山高水长"——今年赛课活动的主题,让我再一次想起了我的先生费承铿教授。费承铿教授是徐州师范大学音乐学院的创始人。初入大学,就经常听学长学姐们说起老人家,说他为人特和善,无论什么时候都把学生和教学放在第一位,对工作兢兢业业。吴跃华教

〇五 践行"课堂合唱":"接地气"式试验的新尝试

授评价:"他是快乐课堂的制造者,不管多高深难懂的理论,到他手里就能立刻化腐朽为神奇。一个和弦结构,他用手指摆几个造型就能让你一目了然,永不再忘;一条旋律,他能把那'豆芽菜'画得跟书上印刷的一样,让你不想学都不行;一组节奏,他能把奥尔夫那些体态律动招式玩得变幻莫测;他的钢琴伴奏简直是出神入化……"没想到后来能有幸成为费老的学生,才知道一切都不是传说,费老名不虚传!那时也因为费老的和蔼,我们都称他为费爷爷,还记得他瘦瘦弱弱的样子,平时骑个车子,每次上楼后会喘一会,休息一下,然后就开始神采飞扬地给我们上课。那时他常说:"(音乐)实在不是'小儿科'事业,你们责任重大啊。"

徐志摩说,一个人要写他最心爱的对象,无论是人还是地,是多么使他为难的一个工作,你怕描坏了他,怕才疏学浅辜负了他。此次赛课,面对我最尊敬的费老师的作品,内心也是这般感受。

一路怀念,一路忐忑。我抽到的比赛课题是《水牛儿》。虽说音乐都是课本里的内容,但合唱谱却是新的,合唱版的音乐更是找不到的,相当于这次教学任务为原创音乐。

费爷爷的每一首作品下面都备注着他的想法和建议,我抽到的作品下面费爷爷是这样建议的:这首歌曲的难点在于两个乐句均开始于第二拍的后半拍,初学时学生会感到困难,教唱时最好不要单纯采取让学生模唱的方式,应注入一些理性的成分,最理想的方法是让学生跟随老师的指挥动作准确地起唱。在音乐教学中,教师准确、明晰的指挥动作,往往胜过累赘的语言数十倍,所以,音乐教师们都需要努力学好指挥。

这首儿歌,两个声部轮唱营造的不应是热烈的而是平和的气氛,歌声中要充满天真的童趣。

为了达到费爷爷的要求,我一遍又一遍地改教案,试课,再改,再试,最后确定了这样的设计思路:

轮唱是几个声部演唱同一个旋律,但不是同时开始的齐唱。我想既然是轮唱,首先要做到对音乐作品的熟悉,能够用统一的声音唱齐第一声部,

合唱的邀请

因此我把教学分成两个环节，第一环节是一声部的齐唱，第二环节是二声部的轮唱。

我的教学理念是能时刻抓住学生的注意力，在快乐中学习，因此我首先从《小蜜蜂》的游戏导入，让孩子们认识童谣，从认识童谣引出新的童谣《水牛儿》，从《水牛儿》唱词中的儿化音入手，从唱带有儿化音的乐句到没有儿化音的乐句到接龙唱再到完整演唱，层层递进，由浅入深，完成一声部演唱。轮唱部分仍采用层次递进的方式，首先让学生不被我演唱的二声部干扰来演唱一声部，接着学生不仅不受我的干扰还能听出我唱的和他们一样，再次不仅能在听出我唱的跟他们一样还能听出我唱的比他们晚，且晚了两拍。三遍轮唱后学生们已初步了解轮唱，这时再回到小蜜蜂游戏，不过是用轮唱的方式完成，让学生们更好地感受轮唱。最后将学生带入歌曲里，分三步走：从不同时进入的乐句练习到同时结束的乐句的练习再到中间部分的稳定跟入。基础打牢后，从师生轮唱到生生轮唱，教学目标达成，效果显著，且不显枯燥。

整个教学设计在不失乐趣的基础上扎实前行是我这节课的亮点，不过虽然设计完美，但课堂上很多生成的东西是随机的，预料不到的，因此也存在很多问题。因此对这节课我进行了深刻的反思。

1.备课没有充分备学生

由于是借班上课，我并不清楚孩子们的音乐基础。在教学中，$\frac{2}{4}$节拍、弱起小节、附点节奏、音符时值等知识点，学生没有完全掌握，导致在教学环节以外要讲解的东西太多，而考虑到时间问题，并没有解释清楚。

这让我意识到，备课要备学生，课前应该了解学生情况，做好充分的准备，并有随机应变的能力，掌握如何在最短的时间内做到最简单易懂的讲解。

2.弱起节奏的讲解模糊

我在出现上面这一系列的问题时，显出焦急、沉不住气的情绪，越急越说不清楚。

遇到任何问题老师都要自己先稳住,这样才能稳住学生,其实弱起小节可以请同学们看谱例:两拍一小节的音乐中刚开始却少了一拍,也就是少了两拍中的强拍,我们把这样的小节称为弱起小节,一句话解释清楚,直观简洁。

3.没有用学生的语言去形容音乐的感觉

课上,我一直强调学生在附点处要"推"出去唱,可是孩子们并不明白"推"出去是一个什么概念,也不知道这个"推"出去是一种什么感觉。另外,在找到乐句中的重音时没有引导好学生重音在附点上,所以后面的乐句重音也就找不到了。

直观教学是教学过程中最简便的方法。同样的内容可以这样来讲:"在这个音符后边有一个点,这个点会把前面这个音拖长它时值的一半,我们把这个样子的节奏称为附点节奏,你还能找到这样的节奏吗?"等学生找到后再讲解它的强弱,再看老师的指挥手势,如果推出去就是强,那么收回来就是弱,然后按照老师的指挥手势去唱就可以找到推出去的感觉了。

4.个别乐句准确性不够

在"你要不吃哎,叫猫叼了去"乐句中,因为采取的是接龙唱,学生是通过听唱学会的,没有像带儿化音的乐句唱得那么扎实,因此在轮唱时出现了乐句演唱不准确的现象。

出现问题应及时解决,可利用唱谱和节奏以准确掌握乐句的演唱。

5.轮唱中的声音处理及聆听不到位

在不受干扰练习时有些孩子利用自己的方式把耳朵捂起来。这个方法我们不能说它不好,这确实能不受别人影响,却忽略了合唱中聆听的重要性。费爷爷提出两个声部的轮唱不应是热烈的而是平和的,而在演唱中同学们依然是用平时的声音来演唱,两个声部没有学会谦让、融合,造成声音效果不好。

其实在学生捂耳朵的时候是最好的引导学生学会聆听的时机,轮唱就像回声一样,一声部唱什么,二声部就跟着唱什么,应形成此起彼伏的感觉。

合唱的邀请

　　还有只要唱歌就要使学生做到发声的积极状态，口腔打开。合唱要求声音统一，不能有任何一个人的声音冒出来，要互相聆听，互相迁就，要把自己的声音扔到合唱团里去。

　　合唱是一种立体的听觉艺术，虽然《捉泥鳅》只是一个简单的合唱作品，但是内容丰富，形式多样，只有每个声部各司其职、和谐合作才能共同展现最美的音响。通过这次赛课，我更加深刻地体会到合唱所带给孩子们的影响，体会到费爷爷的良苦用心。相信孩子们会在不断的积累中逐渐养成合唱意识，不断提高合唱素养。经过不断地磨课、修改，我的课获得了比赛一等奖的好成绩，得到了听课老师们的一致赞誉。我会带着费爷爷的教诲在音乐教学的道路上砥砺前行，不忘初心，教好"实在不小"的"小儿科"！

〇六　呼唤"班级合唱"：
开启"整体推进"新征程

费先生曾言："扯破嗓子喊，不如甩开膀子干，让我们切切实实为'全体学生参与的合唱教学'做些实事吧！"20世纪80年代初，费先生在校园内大搞合唱，他说："年年举办合唱节，班班都是一个合唱团。若干年后，有的班级水平已经很高了。"这样的话提醒我们："让每个孩子都享受合唱，班班都是一个合唱团。"让我们也甩开膀子干一场。为此，我们铜山区教育局教研室成立了一个课题组，并申报了一个市级课题"整体推进中小学班级合唱教学发展的理论与实践研究"，且获得了批准，具体如下。

整体推进中小学班级合唱教学的暖春行动
——铜山区"整体推进中小学班级合唱教学发展的理论实践"研究报告
（铜山区教育局教研室"整体推进中小学班级合唱教学
发展的理论与实践研究"课题组）

一、课题研究的背景、意义及理论依据

（一）课题研究的背景

合唱教学是音乐教学的重要教学内容。合唱教学能培养学生较好的音乐感受和审美能力，对学生的智力发展、集体主义观念、团结合作、互相尊重、文明高尚的情操等方面有着独特的实践意义和理论价值。

国外诸多国家对合唱教学十分重视，并进行了深入研究。在匈牙利，儿

合唱的邀请

童从上幼儿园开始就拥有良好的音乐学习氛围,在那里接受二声部视唱训练,随后到小学、初中逐渐过渡到正规的合唱训练。在美国,几乎每个城市都有大规模的少年合唱团,社会上的合唱组织和合唱活动也非常普遍。在英国,参加合唱成为从小学生到成年人生活中不可缺少的内容。

国内许多音乐教师也进行一些中小学合唱教学课题的研究。然而,目前现有研究结论的取得大多是以城市中小学生为对象,对于我国占较大比例的农村中小学生来说,由于其在教学硬件和教学软件与城市学校相比具有相当大的差距,在开展音乐教学方面也存在着较大的困难与劣势。为此,探索农村中小学生合唱教学有效开展的教学理论与教学模式就显得尤为迫切。

目前,国内外关于班级合唱教学的研究为中小学班级合唱教学的发展提供了有利的条件,但针对中小学生生理特色与心理发展特色,以及如何有效地推进班级合唱发展的特色教学内容、教学方法、教学策略与组织模式等方面的研究还存在着不足;另外,针对地域特色与现实以及农村中小学生人数比例较大且班级合唱教学开展难度较大的问题,以及如何构建有效推进班级合唱教学发展的理论与实践模式的研究方面也还存在着不足。鉴于此,本课题针对目前国内外研究与现状,并结合我区的地域特色与现实,开展了"整体推进中小学班级合唱教学发展的理论与实践教学模式研究"。

(二)研究的目的、价值和意义

(1)班级合唱能从根本上推广和普及合唱,让每个学生都平等享有艺术教育的权利。

(2)良好的合唱教学,能帮助学生掌握正确的歌唱方法,通过有情感的歌唱,使学生真正感受到合唱艺术的魅力,从而喜欢音乐、提高对音乐的鉴赏能力,培养良好的音准与节奏感。

(3)长期的合唱训练会促成良好习惯的养成,会对人的生活以及日常行为模式产生影响。能集中学生注意力,使他们学会安静、倾听、合作、服从、尊重、分享;还使人的自律能力、理解能力及沟通能力等有所提高,增强学生的自信心。

(三)课题研究的理论指导

全日制义务教育音乐课程标准指出：要重视和加强合唱教学，使学生感受多声部音乐丰富的表现力，尽早建立与他人合作演出的经验，培养群体意识及协作、合作能力，使他们在歌唱表现中享受到美的愉悦，受到美的熏陶。义务教育阶段音乐新课程标准指出：要更加重视并着力加强合唱教学，培养学生与他人合作演唱的经验。新课标"课程内容"中的"表现领域"对各年级学段的演唱明确提出：能用自然的声音、准确的节奏和音调，有表情地参与合唱，并能对指挥动作做出恰当的反应，进而积极参与齐唱、轮唱及合唱，并对指挥的起、止、表情等做出正确的反应。在此教学理念的指导下，课题组以"重基础、强实践、求创新"的人才培养理念和"以学生为主体、以教师为主导、以创新为灵魂"的教学理念为依据，在本区系统开展了"三本色"教学模式的理论研究与实践。

二、研究的内容和方法

(一)研究内容

(1)农村中小学班级合唱教学模式推进工作机制的实践研究。

(2)中小学班级合唱教程的编写研究。

(3)中小学音乐教师合唱教学基本能力的培养研究。

(4)中小学班级合唱基本技巧训练的实践研究。

(5)中小学班级合唱教学的课堂教学模式研究。

(二)研究方法

(1)文献资料法。搜集、整理与农村中小学班级合唱有关的教育理论，了解与本课题有关的国内外实践研究成果，为课题研究提供依据，编写农村中小学班级合唱教程。

(2)教育调查法。对我区农村中小学班级合唱教学状况及整体推进工作进行调查，为更好地推进农村中小学班级合唱的教学奠定基础。

(3)个案研究法。对农村中小学班级合唱教学整体推进的实践案例展

开研究,概括、总结班级合唱教学及其整体推进的规律与经验,并广泛推广。

(4)行动研究法。设计教学方法与对策,在实际教学中加以验证。探索班级合唱的基本训练方法、课堂模式等。

(5)经验总结法。总结课题实施情况,完成课题研究报告。

三、研究的步骤

了解班级合唱教学的现状—探索班级合唱教学师资培养路径—编写班级合唱教学教程—建构班级合唱教学模式—形成班级合唱教学推进的工作机制。

(一)准备阶段(2013年3月—2013年4月)

通过查找关于农村中小学班级合唱教学方面的研究资料,结合农村中小学班级合唱教学中遇到的实际问题,选好课题,确定课题研究的范围。明确课题研究的任务。制订课题研究方案,上报市课题研究小组审核。在课题立项之后寻求理论的指导与帮助。

(二)实施阶段(2013年6月—2014年12月)

课题组教师在课题研究准备的基础上,明确分工,有目的、有计划地探索研究。在实施"农村中小学班级合唱教学整体推进的实践研究"的过程中,运用调查法和行动研究法,有针对性地开展对农村中小学生班级合唱教学的探索,在探索的过程中及时反思,不断总结、调整探索的方法,并选取恰当的策略对学生的班级合唱教学进行干预。

选取典型案例,跟踪考察教师班级合唱教学的效果,研究课题实施的成功经验和不足之处,从中发现班级合唱教学的某些规律和技巧。每学期举行1~2次交流研讨,并在全区进行公开观摩教学活动,推动课题的可持续发展。

(三)总结阶段(2015年2月—2016年6月)

按照实验方案做好课题的资料整理和数据统计工作,反思研究过程中出现的问题和不足,认真撰写阶段性报告,为下一步的研究指明方向。最后以总结形式完成课题研究报告,邀请专家对课题进行鉴定。

四、所解决的问题及成果

(一)所解决的问题及分析

(1)为了把班级合唱在全区校园内有效地推进,班级合唱活动的管理工作必须纳入学校领导层的管理之中。俗话说:"德育难,领导重视就不难。"再者,完善的执行规划与规章制度的建立,才能使班级合唱活动工作的开展有制度可依,才能让我们人人都有规矩可循。没有相关的制度保障,这项工作永远是一盘散沙,没有人会用心去管,也没有人会对此负责。为此,教育局在原有工作体制的基础上推行了利于班级合唱教学发展的现有工作机制,实行学校分管领导负责制,每年进行一次班级合唱艺术专项评估检查,并对全区全体音乐教师班级合唱备课抽检。在制度上有力地保障班级合唱活动在全区校园内的开展。

(2)合唱不是简单的大家齐唱,如果合唱曲目选择随意,学生的音准及节奏都把握不准的话,那么合唱活动的开展就失去了原有的意义。如何提高学生的合唱技能,培养学生的团结协作能力,就需要我们每一位音乐教师具有较高的音乐教学水平与能力。没有教不好的学生,只有不会教的老师。为此,我区多措并举,通过派遣教师到国内国际学府进修与观摩,邀请知名专家讲学与示范以及搭建各种交流平台,来全面提升音乐教师的专业素养,在本地区形成一支高素质的农村中小学合唱教学人才队伍。

(3)老师教得好,学生才能学得好。教师如何有效地教才能使学生轻松地学?这就需要符合学生生理与心理特征的教学理论与方法。为此,我区以班级合唱教学理论与实践研究为契机,积极推进教学方法改革,创造性地提出"以本色课堂教学理念进行教学、以本色校本教程研发为基础、以本色活动开展培养学生的综合实践能力"为核心的"三本色教学模式",并在实践中推广应用,取得不错的教学成果。

(4)学以致用,则其乐无穷。为此,区、校都开展了丰富多彩的教学活动,让学生充分展示了自己的合唱才能,激发了学生的内动力和激情。此外,通过大型活动的展演可获得社会各界的广泛赞誉,也能燃起学校领导、

合唱的邀请

音乐教师的热情,使他们全力投入班级合唱活动的工作之中,使我区班级合唱活动搞得红红火火。

(二)理论成果

针对我区中小学音乐合唱教学中存在的问题,通过不断研究、实践,在研究过程中我们以"本色音乐教育"理论为依托,系统地展开中小学班级合唱的研究,逐渐形成了"三本色"中小学班级合唱教学模式。

"三本色教学模式"的三个层次糅合了基础教学、实践教学以及创新教学为一体,且环环紧扣,逐级升华,实现了教师能力由基本理论掌握到理论与实践相结合,再到在实践中创新的循序渐进式的发展。

为全面贯彻实施我区教研室提出的"本色"音乐教育理念,我们以省级实验小学为教学示范开放中心,以科研课题为载体,实施国家、省和学校创新性实验项目,立足课堂,引导课堂教学回归"三本色"(充分展示教学主体的生命本色、充分挖掘教学内容的生活本色、充分体现教学形式的生态本色),形成"本色课堂教学—本色校本教程—本色活动开展"的基础教育本色音乐教学模式,使教师的科研创新成果显著,全面提升学生的音乐素养。

(三)实践成果

课题组成员通过学习、实践、研究,以课题确立的研究目标为出发点,各自在工作机制、师资培养、课堂教学、校本教材的编写、案例研究、活动开展等教育教学实践方面取得了一定的成果。

1.形成了区域整体推进中小学班级合唱教学的工作机制

为保证我区班级合唱教学的全面推进,教育局在原有工作体制的基础上,推行了有利于音乐教学发展的现有工作机制。

(1)任命音乐兼职教研员。由教研室统一领导,把全区中小学划分成六个片区,由音乐兼职教研员负责各片区的教研活动,并负责将各乡镇的教育情况及时与教研室进行沟通交流,他们是教研室和各位一线音乐教师的桥梁和纽带。

(2)每年一次艺术专项评估检查。每年的6月份,教育局成立检查小组,对各中小学进行艺术专项评估检查,从学校组织领导、硬件设施、音乐教育教学、艺术活动开展、经费投入等多方面对学校进行考核。

(3)教学课程安排。为保证班级合唱教学的开展,教研室要求音乐教师每学期的合唱教学备课不少于总课时数的1/3,教研室并在暑假期间组织人员对全体教师的备课进行评选,评选出优秀教案。

2.多措并举,全面提升音乐教师素养

探索音乐教师合唱教学能力培养路径,在本地区形成一支高素质的农村中小学合唱教学人才队伍。

(1)引进资源促进铜山区中小学音乐教师专业教学发展。国际交流合作:派遣一线音乐教师参加国际培训学习和交流活动,并通过网络学习了解世界各国的本色音乐教学现状。

国内交流合作:与江苏师范大学、徐州高级中学、南通师范第二附小等学校合作研讨,并邀请有关专家来我区进行讲学,同时,多次组织音乐教师的各类培训,提升教师的专业素养,促进了我区音乐教师队伍的整体提升。

(2)深化教学改革,营造浓厚的教科研氛围。以班级合唱教学理论与实践研究为契机,积极推进教学方法改革,深化专业课程的建设,营造浓厚的教科研氛围。近年来,课题组承担各级教改项目10余项,其中国家级重点课题分课题"基础教育艺术课程标准的研制与实验"已成功结题,"音乐教学对学生心理健康影响的研究""新课程背景下音乐教学与信息技术整合实践研究"两项省级和四项市级课题也已成功结题,发表教研论文20余篇,其中《从批判走向建设——构建一个本色的音乐教育》《巧用打击乐器 "击"活音乐课堂》发表在国家级刊物上,《例谈音乐课有效导入法》《教学的艺术 艺术的教学》《炫丽的开端 精彩的课堂》《谈歌曲教学版本的选择问题》《如何让丰富的课堂形式"替代"多媒体》《浅谈变声期问题及因材施教的科学发声训练方法》等文章发表在《中小学音乐教育》《教育艺术》等省级刊物上。

(3)开展优质课评选、基本功竞赛、公开课、研讨课等教学实践活动,促进教师教学能力的提升。我区教研室每两年开展1次教师优质课评选、基本功竞赛活动,每学期不少于2次的公开课、研讨课活动,促进了音乐教师教学水平的提高和教学技能的进步。培养了一批又一批音乐骨干教师,带动了铜山音乐教师队伍素质的整体提升。

(4)搭建网络平台,提供共享资源。在铜山教育信息网的专题中,教研室搭建了"畅想生活,唱响音乐"的音乐教师共聚平台,在这里可以浏览到通知公告、指导文献,了解到我区的教研动态、活动开展,也可以下载教学资源,发表自己的教学感想和学校的活动情况。在我们的网络平台上进行交流,既专业又实用。

3.以点带面,全面推进中小学班级合唱教学模式

为了有效地在我区整体推进中小学班级合唱教学模式,我们以课题组成员所在的学校为实验基地,采取以点带面,全面推进班级合唱教学发展的策略。各不同梯队的试点学校开展的班级合唱教学各具特色,教研室将他们的教学模式和特色借助教学平台逐步在全区整体推进。

(1)夯实班级合唱课堂教学的基础。我们从声音的和谐、节奏的准确、协作的意识、课堂的拓展提升等合唱的基本要素和培养学生基本能力出发,立足于课堂,踏踏实实地实践着"本色"班级合唱课堂教学。

(2)编写案例研究集。我区十几位中小学音乐教师经过认真的探索和实践,共同编写整理了适用于全区不同梯队中小学选用的班级合唱研究集《班级合唱——教学设计卷》。各位教师在教学案例中共同探讨班级合唱教学的得失,呈现班级合唱教学的魅力。

(3)建构有效的班级合唱评价体系。为更好地将班级合唱教学抓实、抓好,我们结合各校实际,建构了课内外班级合唱评价体系。在课堂教学中,音乐教师在不同阶段根据学生的发展情况酌情进行合唱能力的考核,将考核打出不同等级,同时可以由学生自行选择考核时合作的伙伴,留出进步的空间。同时,借助学校的绩效考核办法,将每次的各类班级合唱比赛活动与班主任的绩效考核挂钩,调动班主任参与合唱活动的积极性,因此,"每周一歌"等巩固合唱歌曲的活动就能得到班主任老师的鼎力相助。

(4)开展丰富多样的班级合唱活动。为更好地推进中小学班级合唱教学,全面提升我区师生的创新能力,教研室搭建了课堂教学平台,建成"手拉手一帮一"教学活动基地6个。在郑集实验小学、张集实验小学、汉王中学、茅村中心中学、大彭中心中学、杨西小学建立班级合唱教学试点的同时,逐步在全区中小学范围内推广应用。将"我的课堂我做主""五月的歌声""合唱校校行"等合唱活动开展得实实在在、有声有色;铜山职教中专、棠张中学、清华中学、茅村镇中心中学的艺术节合唱专场每年一次如期相约。

近年来,合唱活动已在我区音乐教学活动呈常态化,全区的师生几乎人人都在合唱中展现了自己的音乐能力和素养,感受到了合唱的艺术魅力,班级合唱教学在我区已基本实现整体推进。

五、研究结论

(1)完善的规划与规章制度的制定,是班级合唱活动在每一个学校有效、顺利开展的基本保障。

(2)多措并举的教师培养模式,是提高教师专业素养的有效途径,在本地区形成了一支高素质的农村中小学合唱教学人才队伍。

(3)有效的教学模式与方法,是提升教学质量的保障。以科研课题为依托,形成"三本色"教学模式,并在实践中推广应用,取得不错的教学成果。

(4)丰富多彩的竞赛、展演活动,是促进学校、教师以及学生更好地推进班级合唱的动力之一,提升了学校的班级合唱水平。

六、研究的反思

由于本课题是在全区中小学进行推进,本区的地域面积又较大,各校教师较分散,不利于开展教师之间的教学交流,现有的工作机制仍有待进一步改进和完善。

同时,较多偏远乡村中小学学生由于教育资源的先天不足,在具体实施班级合唱教学中所需的课时较多,存在需将地方教材重新整合的具体教学问题。这些学校的音乐教师容易产生畏难情绪,在使用教材的要求方面可以再细化一些,教师的师资培训可以更侧重于这些教师。

合唱的邀请

在本课题的引领下，课题组成员和全区的音乐教师都积极投入对班级合唱教学的思考和实践，为全区范围内整体推进班级合唱播下了希望的种子。关于本课题研究的进展也可以从一些老师的文章中得到部分印证。

"一唱众和"话合唱

清华中学　李　赛

一、探索阶段——合唱进课堂

2002年，刘洁提出"合唱进课堂"的初步想法。这个时候的中小学农村音乐课堂还是一片迷茫之色，拎着录音机进课堂，用几首歌打发学生仿佛成了"固定模式"。当时刘洁提出"合唱进课堂"可以说是一个大胆的想法，好多农村音乐老师还固定在偶尔上一节音乐课的阶段，大部分音乐教师属于"兼职"，主教语数外，高兴了上一节音乐课。正规的音乐课堂于学生来说是"天方夜谭"，在这种压力下开展"合唱进课堂"无疑困难重重。基于这种状况，这个时候的音乐课堂先从认真上好每一节音乐课开始倡导。刘洁在动员会上强调："不管是专职音乐教师还是兼职音乐教师，我们先把自己当回事，别人才会把我们当回事。"在这种思路的引导下，音乐课堂开始"正规"起来，这种正规，从备课、听课、评课、反思开始。备课经得住反复推敲，听课不限于优质课堂，评课不避讳各抒己见，反思体现在后续的改进……这个探索阶段经历了5年之久。

二、实施阶段——人人爱合唱

2007年，随着国家对音乐专门人才的重视，正规大专院校的音乐专业毕业生渐渐增多并逐步进入农村中小学任教。在这些新鲜血液的不断注入下，"合唱进课堂"变得普遍和容易起来。专业人才的不断增多，教师的眼界也渐渐开阔；随着教师眼界的开阔，学生的视野也不断得到提升。互联网的普及也在一定程度上给了我们启示，先从"学"开始，大城市的音乐合唱课堂是什么样子，我们就在摸索中"有样学样"。虽然学生生源、大环境不一样，但我们要学习的是怎么在这种课堂的启示下有自己的思路。慢慢地，课堂中的新鲜玩意儿多了起来,训练的花样也层出不穷,但这个阶段受"广场合唱"形式的影响,以至于有一个时间段,教师和学生以"嗓门大"为美,以"唱得响"为基准,合唱课堂的美感受到了影响。刘洁在这个阶段大刀阔斧地进行改革,凸显"音乐课堂首先要有音乐性,围绕音乐来进行"。随着教师们对合唱审美的不断进步,合唱课堂的美感也渐渐得到了改善。后来她又提出要使"人人爱合唱",必须从咱们基层教师做起,基层音乐教师的使命感要强,不能满足于教好这一堂课,要站在一个高度,把培养"社会型的音乐人才放在第一位",将来咱们的学生不管在哪行哪业,走出去都能学会倾听,能张嘴演唱,能有正确的音乐审美概念,学会与人精诚合作、与人快乐相处。

三、展示阶段——合唱爱人人

2017年,是我们区合唱的丰收年。在这一年的中小学赛课中,以"合唱艺术"为主的课堂有了自己的规模与特色。"教无定法,音乐课更无定法",我们有了自己庞大的后援团队,有了近十年的基础运作,合唱课堂趋向成熟。最近的赛课,老师们各显其能,把合唱的精髓发展到了一个"转折点",这个转折造就了音乐课堂的成熟和合唱训练的成熟。课堂上没有了聒噪和演练,有的只是沉着、扎实但又不失活泼的训练。老师们打破了传统合唱训练的条条框框,以"我唱我快乐"和"全员参与"为训练的最终目的,使学生在无压力的情况下,通过游戏、律动、讲故事、说历史、诗朗诵等方式增加对合唱的兴趣,然后再循序渐进地渗透乐理知识,"润物细无声",潜移默化地进行训练。学生在高素质教师的训练下,在每一年每一节课的熏陶下,已经形成了一个看似"固定"、实则多样化的团队。学生能张嘴,教师敢加深。学生一开口就是专业范儿,当然,这个专业也是相对而言的,毕竟我们每个学生的素质不同,我们培养的也不是专业的童声合唱团员,不需要过分追求成人合唱团技巧的完美。《放牛班的春天》里的合唱,姑且可以允许些许的跑调和偏音,我们的团队当然也能包容。某些可爱的偏音,反而能体现童声的稚嫩与纯真。我们要的是爱上合唱,不是必须专业化地唱好合唱。我们爱上了合唱,合唱自然会爱上我们。

合唱的邀请

中小学学生的合唱训练是一个特殊的训练时期,他们的歌声经常被誉为"天籁之音"。这个时期"天籁之音"的训练对教师的要求也非常高,老师们自己先懂,自己懂了还要会用通俗易懂的语言传达给学生。这种淡化理论、强调感性的教学,老师和学生都需要将自己置身其中,去感悟,去表达。

铜山区一直是教育改革的排头兵,音乐教育的改革和发展在铜山区的教育系统中更是最绚丽的篇章之一。作为具有个性特色的"班级合唱整体推进活动",在其实施推广的过程中更彰显了它特有的生命力,以其"投资少、易操作、普及广、意义大、效果明显"的特点很快成为铜山区音乐教育的一抹亮色。我区的合唱团如雨后春笋,发展得风生水起,合唱团体统计如表5、表6。

表5 铜山区中学合唱团体统计表

序号	单位名称（中学）	社团名称	参与人数	获得成绩	每年是否举办校、班级合唱比赛	指导教师
1	汉王镇中心中学	汉风合唱团	40~50	2004—2017年多次获区、县合唱比赛一等奖;参加2017庆祝第33个教师节演出	是	梁清义 王玉香
2	柳泉镇中心中学	清月合唱团	40	2011—2017年多次获区合唱比赛一、二等奖	是	董 艳 冯园园
3	清华中学	清华合唱团	55~60	2004—2017年多次获区、县合唱比赛一等奖;2011"我向党来唱支歌"徐州赛区一等奖	是	詹仁伟 张晓敏 柳红静 李 赛
4	棠张镇中心中学	棠梨花合唱团	50	2011—2017年多次参加区合唱比赛并获一、二等奖	是	姜秀萍 崔 培
5	大彭镇中心中学	云之声合唱团	40~48	2006—2017年多次获区、县合唱比赛一、二等奖	是	孙慧慧 赵 沁

(续表)

序号	单位名称（中学）	社团名称	参与人数	获得成绩	每年是否举办校、班级合唱比赛	指导教师
6	房村镇中心中学	金色风铃合唱团	35~40	2012年师生同唱雷锋歌《雷锋,雷锋我的好哥哥》荣获区特等奖;2014年合唱《最好的未来》参与演出;2013—2017年多次参加区合唱比赛并获一、二等奖	是	孟艳 陈宁
7	房村镇郭集中学	风笛合唱团	40+	2015—2017年多次参加区级合唱比赛并获一、二等奖		姜丽丽 杨海欧 李维娜
8	大许镇太山中学	苔花合唱团	40~50	2011—2017年多次获区、县合唱比赛一、二等奖	是	刘雪艳
9	徐庄镇中心中学（2014年划至开发区）	活动小组	40	2006年、2008年获县级比赛一、二等奖;2011年、2012年获区比赛三等奖、一等奖	是	马广成 孙晋奎
10	单集镇中心中学	荣耀合唱团	40+	2008—2015年六次参加市级艺术节,曾获一、二、三等奖;2015—2017年获区级合唱比赛一等奖	是	闫贵荣
11	郑集镇中心中学	春之声合唱团	40左右	2015—2017年获区级合唱比赛一、二等奖	赛前集训	杨瑞侠
12	何桥镇中心中学	心桥合唱团	40~60	2015—2017年获区合唱比赛一、二等奖	近两年一次	韩雪
13	刘集镇中心中学	童欣合唱团	40	2012—2017年在区合唱比赛中多次获奖	是	张艳 周爱军

合唱的邀请

(续表)

序号	单位名称（中学）	社团名称	参与人数	获得成绩	每年是否举办校、班级合唱比赛	指导教师
14	茅村镇中心中学	麦声合唱团	40~50	2011—2017年在铜山区合唱比赛中多次荣获一等奖；多次参加区中小学艺术节演出	是	曹利荣 郑洁
15	黄集镇中心中学	黄中合唱团	46	2013—2017年多次参加区合唱比赛并多次获奖	是	朱翠翠 杨倩
16	房村镇魏集中学	合唱团	35~40	2013—2017年在区合唱比赛中多次获奖	是	李勇 赵素洁
17	马坡镇中心中学	声韵合唱团	40	2016年、2017年分别获区二等奖和区一等奖	否	赵瑗赟 丁方方
18	伊庄镇中心中学	快乐合唱团	35~40	2013—2017年在区合唱比赛中多次获奖	是	陈继成
19	杨屯中学	春之秀合唱团	35~40	2013—2017年在区合唱比赛中多次获奖	否	史秀园
20	柳新镇中心中学	柳芽儿合唱团	40~48	2013—2017年在区合唱比赛中多次获奖	是	周莉 祁月梅 袁伟
21	新星中学（私立）	新星合唱团	48	2013—2017年在区合唱比赛中多次获奖	是	杜尚升 吴艳芬 刘莲
22	博源中学（私立）	博源合唱团	40	2017年在区合唱比赛中获三等奖	是	孙文
23	城北中学（私立）	晨曦合唱团	40~50	2013年荣获师生同唱雷锋歌一等奖	否	刘莉 尚泽芳
24	沿湖学校	荷之韵合唱团	40	2013年荣获师生同唱雷锋歌二等奖	否	孔祥茜

○六 呼唤"班级合唱":
开启"整体推进"新征程

(续表)

序号	单位名称（中学）	社团名称	参与人数	获得成绩	每年是否举办校、班级合唱比赛	指导教师
25	大许中学（高中）	校合唱团	48	2011—2017年在区合唱比赛中多次获奖	是	杨明利 乔伟伟
26	夹河中学（高中）	夹河合唱团	40	2011—2017年在区合唱比赛中多次获奖	是	刘 莉 周伟伟 王伟丞
27	棠张中学（高中）	鼓瑟合唱团	40	2011—2017年在区合唱比赛中多次获奖	是	李 庚 张 建
28	茅村中学（高中）	校合唱团	48	2011—2017年在区合唱比赛中多次获奖	是	程海翔 高元芹
29	郑集高级中学(高中)	校合唱团	48	2011—2017年在区合唱比赛中多次获奖	是	韩 冲 王 艳
30	郑集中学城区校区（高中）	校合唱团	60	2011—2017年在区合唱比赛中多次获奖	是	刘依依 刘 丽 刘世城 陈思莹
31	铜山中学（高中）	校合唱团	50	2011—2017年在区合唱比赛中多次获奖	是	付在传 宋 蕾 段 丽

合唱的邀请

表6 铜山区小学合唱团体统计表

序号	单位名称（小学）	社团名称	参与人数	获得成绩	每年是否举办校、班级合唱比赛	指导教师
1	汉王镇中心小学	天空合唱团	48	2015—2017年多次在区合唱比赛中获奖	是	王文佳 贺丽
2	大彭镇实验小学	天籁合唱团	50	2012—2017年多次参加区合唱比赛并获一、二等奖	是	丁莉 王艳
3	大许镇实验小学	夏之声合唱团	45	2011—2017年在区合唱比赛中多次获特等、一等奖；参加江苏省未来之星优秀节目演出	是	王雪
5	柳泉镇后象小学（村小）	泉声合唱团	760	参加校、班级合唱比赛	是	李冬 颜维娜 张忠民
6	吕梁学校	吕音绕梁合唱团	46	2012—2017年多次获区合唱比赛一、二等奖	是	朱亚
7	茅村镇实验小学	爱之音合唱团	40~50	2011—2017年在区合唱比赛中获一次特等奖、多次一等奖	是	夏玲玲
8	铜山区铜山实验小学	铜小合唱团	60	参加2000年全国小语会演；1999—2017年多次获徐州市合唱比赛二等奖；参加徐州市建党90周年合唱会演，获铜山区合唱比赛特等奖及多次一等奖；多次参加庆祝区教师节、艺术节演出等；参加2015年慈善晚会、2015—2016年铜山电视台六一会演和少儿春晚及百姓春晚演出	是	刘梅 杨萍 彭丽萍 宗丽丽 赵丹 马会婷
9	铜山镇焦山小学	小娇子合唱团	40	参加校"庆元旦"合唱比赛	是	田传政

（续表）

序号	单位名称（小学）	社团名称	参与人数	获得成绩	每年是否举办校、班级合唱比赛	指导教师
10	伊庄镇实验小学	伊之韵合唱团	40	2011—2017年多次获区合唱比赛一等奖	是	李宇 戴婷 陈亮羽
11	铜山镇驿城实小	麦苗合唱团	40	2016年、2017年分别获区合唱比赛一、二等奖	是	翟志刚 王培
12	郑集镇实验小学	小百灵合唱团	65	2011—2017年获得区合唱比赛一等奖或特等奖；2011年参加徐州市"童心向党"合唱比赛获奖	是	孙彩萍
13	郑集镇肖楼实验小学（村小）	肖楼合唱团	40	—	是	王亚
14	大许镇太山小学（村小）	音乐种子合唱团	30~40	2015—2017年获区合唱比赛一等奖；参加庆祝第33个教师节演出；赴上海交流学习	是	梁媛 崔欢
15	单集镇实验小学	单小合唱团	35左右	2013"践行社会主义核心价值观"合唱比赛一等奖	是	王雨萌 马鞠慧
16	单集镇段山小学（村小）	段山女子合唱团	40	2016—2017年参加镇各类合唱比赛，获得优异成绩	是	黄启龙
17	单集镇黄集小学（村小）	黄小合唱团	40	2016—2017参加镇各类合唱比赛，获得优异成绩	是	李丹丹
18	利国镇实验小学	小星星合唱团	48	2011—2017年参加区合唱比赛多次获奖；2012年参加区第六届艺术节合唱演出	是	蔡娟 周秀 王婉茹

合唱的邀请

（续表）

序号	单位名称（小学）	社团名称	参与人数	获得成绩	每年是否举办校、班级合唱比赛	指导教师
19	柳新镇实验小学	童之声合唱团	45	2012—2016年参加区合唱比赛多次获奖；2014年参加区第八届艺术节合唱演出	是	张静
20	马坡镇中心小学	春晓合唱团	36	2015—2017年参加区合唱比赛获一、二等奖	是	王振民
21	伊庄镇实验小学	校合唱队	40	2015—2017年参加区合唱比赛获一、二等奖	是	李森 李宇
22	何桥镇中心小学	不一样合唱团	40	2015—2017年参加区合唱比赛获一、二等奖	否	陈文慧 魏旖旎
23	拾屯镇杨西小学（村小）	蜗牛合唱团	36～50	2012—2017年参加区合唱比赛多次获奖	是	赵婷婷
24	棠张跃进小学（村小）	星星合唱团	40+	2012年获区合唱比赛一等奖	否	王海艳 周星星
25	张集镇实验小学	聆音合唱团	50	2011—2017年参加区合唱比赛多次获一等奖	是	蒋迎 徐圆
26	房村镇中心小学	小百灵合唱团	50～60	2015—2017年参加区合唱比赛获一、二等奖	是	耿敬华 洪卫
27	黄集镇中心小学	兴趣小组	40～50	2017年参加区合唱比赛获一等奖	是	梁苏鹏
28	新区实小	红领巾合唱团	60	2012—2017年参加区合唱比赛多次获奖；多次参加区演出活动	是	夏晓露 王芳 邱媛
29	利国镇马山小学（村小）	马山合唱团	40	2016—2017年参加镇国歌比赛获一等奖，并参加区国歌比赛	是	孙越

(续表)

序号	单位名称（小学）	社团名称	参与人数	获得成绩	每年是否举办校、班级合唱比赛	指导教师
30	伊庄镇卢套小学（村小）	风笛合唱团	30	2017年获镇级"校歌比赛"二等奖	是	魏锦玲
31	张集镇魏集小学（村小）	小百灵合唱团	40	2017年9月组建	是	吴云
32	大学路实验学校	春苗合唱团	40	2017年9月组建	是	蒋迎
33	启星外国语学校（小学）	绿叶合唱团	40~50	2012—2017年在区合唱比赛中多次获奖	是	叶丽莎
34	刘集实验小学	雏莺合唱团	—	2015—2017年在区合唱比赛中获一、二等奖	是	李艳
35	三堡镇实验小学	维C合唱团	50~60	2013—2017年在区合唱比赛中多次获奖	是	杨梅
36	大许镇西探小学	西探合唱团	30	—	是	阚梓豪

铜山实验小学合唱团是我们实验推进的一个缩影,它从无到有,由弱变强,刘梅老师的记述可以让我们感受到其变化的历程。

唱响童年　激扬梦想

铜山实验小学　刘　梅

随着国家对艺术教育的推进,学校为丰富孩子们的校园生活,要求老师根据自身兴趣特长成立兴趣小组。我们音乐组的三位老师商量后,决定成立合唱兴趣小组。于是,我们到每班去挑选学生,喜欢唱歌,形象好,且嗓子亮的就可以成为合唱兴趣小组的学生。就这样我们学校第一个合唱兴趣小

合唱的邀请

组建成啦。但是怎样训练呢？创建初期，学校条件还不好，没有钢琴，没有专用音乐教室，没有合唱教学经验，两眼摸黑，仅凭着一腔热情开始了摸索。一开始，我们是在学校教室的走廊里进行训练的。学校领导看见了，很重视，也很支持，把学校唯一的一间语音教室让给我们作为训练基地。语音教室通风很差，由于地上铺的是地毯，所以每次训练时孩子们都要脱下鞋子走进教室。由于孩子多，教室里设施满，再加上农村孩子很少洗澡，教室里的气味就可想而知了。尽管这样也没能阻挡我们老师和孩子们的热情。我们每周训练三次，周一、周三、周五。孩子们很积极，也很开心，但是训练效果并不是很理想。由于没有琴，孩子学歌只靠老师口传，靠着时间一点一点、一句一句地磨合，再加上我们缺乏合唱训练的经验，孩子们音准找不到，声部也唱不准。我们就每个声部安排一个教师，好不容易两个声部唱准了，但一合在一起又跑调了，学生往往是声部互相攀比，更不懂合作。我们有些灰心丧气。学校领导了解情况后，给我们指明了方向，我们恍然大悟，对呀，我们离师范大学很近，可以到那里去取经啊。听说师大音乐系费教授非常有名，我们决定向费教授请教。但真正要去时我们又开始犹豫了，费教授会不会瞧不起我们？会不会笑话我们呢？但不管怎样先试试吧。见到费教授时，我们的顾虑一下打消了，没想到费教授非常热情，而且和蔼可亲，没有一点儿大教授的架子，对我们提出的问题给予了仔细的回答，在合唱训练技术上给予我们悉心指导。每次遇到问题找到费教授，他都会不厌其烦地耐心讲解，直到我们完全明白。有了费教授的指导，我们懂得想要孩子们唱好合唱，首先要培养学生的合唱意识。按照费教授的指点，我们重新改变了训练方法，调整了训练策略，终于经过一段时间的训练，学生的合唱意识逐步养成，我们的合唱兴趣小组也一点一点地进步着。一次次的比赛，一次次的历练，孩子们成长着、快乐着，我们教师辛苦着、幸福着，且有更多的孩子开始加入我们的队伍。我们深知训练一支好的合唱队伍首先要有高素质的教师团队，于是我报名参加了成考，有幸考上了江苏师范大学音乐系，更有幸成为费教授的一名学生。

〇六 呼唤"班级合唱"：开启"整体推进"新征程

光阴似箭，在费教授合唱教学思想的引领下，原来的兴趣小组变成现在的合唱社团，以至于变成现在普及全校的班级合唱教学。学校由当年的村小变成了教育集团，不变的是我们这些音乐教师始终坚持不懈地努力着、探索着。孩子们也在合唱教学中得到了快乐和成长。合唱团先后获徐州市"喜迎十九大"合唱比赛金奖、第八届中国"魅力校园"合唱节一等奖……合唱团成员王晓亚现在是江苏电视台著名主持人，学生时代其连续两届主持央视的《五月的鲜花 永远跟党走》晚会，是主持人中当之无愧的"清华学霸"。合唱团主力李琦从小便练就童子功，参加《中国好声音》，荣获第二季全国总冠军，代表《中国好声音》参加《直通春晚》，成功晋级四强，登上了央视马年春晚。2015年5月，开始全国巡回演出。

合唱作为一项集体活动，不仅启迪心智、陶冶情操、净化心灵，更培养了同学们的合作意识和集体主义精神。通过排练、演出等活动，丰富了孩子们的课余文化生活，尤其在各种演出活动中，在把歌声带给听众的同时也给孩子们带来欢乐，增强了孩子们的自豪感和荣誉感，提高了他们的自信心和进取心。

合唱，在童年的回忆里永远不会褪色。

为了更好地提高全区音乐教师的合唱教学业务能力，区教育局教研室组建了"春之翼"合唱团，其成员是来自铜山区多所学校的音乐教师。下面是伊庄镇中心中学陈继成老师对"春之翼"合唱团成长的记录。

和"春之翼"一起成长

伊庄镇中心中学　陈继成

在古彭大地活跃着一支合唱团队，他们将清纯与活泼、古典与现代、高雅与通俗完美结合，其精准优美的歌声、典雅脱俗的气质和别具一格的表演，深受业内专家及各界观众的喜爱和一致好评。他们把对生活的感悟与对教育的热爱融入音乐中，用心灵的音符唱响青春最美的乐章！这支团队就是"春之翼"合唱团。

合唱的邀请

"春之翼"合唱团的成员是来自铜山区各学校的音乐专业老师,但大多数老师又不是专职音乐老师,他们分别教授语文、数学、英语、科学……如何让这些年轻的专业老师更好地向"组织"靠拢,我们提出"工欲善其事,必先利其器"。创建"春之翼"教师合唱团的初衷就是以练带训、以演带练从而全面提升老师水平,以此促进班级合唱活动的整体提升,让我们和"春之翼"一起成长。每一次排练,我们都要从力度、速度、情感、咬字、吐字等方面细致地分析合唱作品,辅以示范演唱;我们强调合唱团没有我,只有我们,更多地凸显声部的配合和声音的和谐统一;我们提出基础不好没有关系,大家可以用练习来提高。

2014年铜山区素质教育推进会上合唱团演唱了《在灿烂阳光下》《野百合也有春天》两首作品。小荷才露尖尖角,不能说惊艳四座,但的确获得了不少好评,坚定了团员们排练的信心。有了好的开头,我们一鼓作气在2015年"劳动者之歌"庆五一会演中演唱了《咱们工人有力量》《在希望的田野上》,又在同年7月徐州市宣传部举办的合唱比赛中以一首《走向复兴》荣获专业组金奖。

"春之翼"合唱团并非一帆风顺,开始只在有演出的时候我们才会聚在一起,没有固定的排练场地,团员进出变化很大。更麻烦的是团员们在各自的学校都有自己重要的工作,常态的训练势必会影响一些教学工作,再加上很多团员排练一次都要赶很长一段路程,辛苦不说,往返车票有时也不能及时报销,很多团员最初的激情慢慢消减,有一段时间男声部竟不足十人,合唱团逐渐陷入危机。2016年年底,江苏省中小学教研室音乐教研员戴海云老师来我区视导音乐教学工作,看到了我们合唱团的展示并了解到我们以推广班级合唱,全面推进全区合唱艺术的发展为目标,并以此服务教学、服务学校、服务社会。戴老师一行当时就确定邀请我们"春之翼"合唱团参加江苏省音乐教育年会合唱展示。

2017年1月9日,南京师范大学音乐学院冬青葱翠,蜡梅飘香,阳光从浓浓的云层中透出来斜洒在音乐厅斑驳的墙壁上,音乐厅前三五成群的人们正迅速向厅内聚拢,江苏省音乐教育年会马上就要开始了。"春之翼"合唱团是受邀而来的两支队伍之一。为了这次示范演唱,我们在一周内连续排练了五首新作品,会上演唱了《大江东去》《送别》两首作品,受到了著名指挥家吴灵芬的现场指导,团员们认真地听着,用心地记着,积极地配合着,三个小时的时间转瞬而过,每个人的收获虽不相同,但大家都有了一种豁然开朗的感觉,合唱原来可以这样唱!

这次南京之行,团员们洗去了许多浮躁,更专注于科学的训练。很快,"春之翼"进入了一个飞速成长的时期,先是在铜山区2017年第一届百姓春晚以一曲《风吹麦浪》大放异彩;又在7月"不忘初心,砥砺前行"建党节中演出《我们走在大路上》大获成功;9月初,在徐州市"信念火红"金秋合唱比赛中凭借《迎风飘扬的旗》斩获金奖;随后的9月8日在以"学堂·乐歌"为主题的第33个教师节表彰会上"春之翼"策划了首场合唱音乐会,《城南送别》《雪花的快乐》《飞来的花瓣》《迎风飘扬的旗》等一系列曲目为现场的观众带来一场音乐的盛宴;2018年第二届铜山百姓春晚上一曲《我爱你,中国》燃起了观众的爱国热情……终于我们走出了发展的低谷,迈进了一个更广阔的天地。

合唱团以外,团员们在自己的岗位上践行班级合唱的梦想,带领更多的学生走进合唱,热爱合唱,举办了"校园合唱比赛""践行社会主义核心价值观合唱比赛""师生同唱雷锋歌合唱比赛"等一系列合唱活动,促进了全区合唱的蓬勃发展。

冰心说过:"成功的花,人们只惊慕她现时的明艳!然而当初她的芽儿,浸透奋斗的泪泉,洒遍了牺牲的血雨。""春之翼"就是那颗浸透泪泉、洒遍血雨的种子。团长梁清义为了演出顾不上正读高中的孩子;男高音王伟丞无偿为合唱团演出录音至凌晨;女高音王亚为参加排练提前结束了婚假;女低音焦志艺为春晚演出放弃了与亲人的团聚……这一切在团里都不是新闻了。心存热爱,做自己喜欢的事,总不会觉得累,这也成为我们所有团员们最大的动力。

合唱的邀请

惊蛰过后,春意渐浓,"春之翼"又紧随潮流玩了一把快闪,在妇女节里给徐州百姓们送去最美好的祝愿。徐州国际马拉松赛事前夕,在美丽的云龙湖畔,"春之翼"用歌声助力"徐马",传递着新时期徐州精神,展示新徐州的文化自信。活动视频在朋友圈里飞速走红,"春之翼"仿佛身生双翼,长风万里,纵情长啸:"厉害了,我的团!"

为了更好地推进铜山区班级合唱教学计划,铜山区教育局教研室根据铜山区"整体推进中小学班级合唱教学发展的理论与实践"研究报告,采取了一系列措施和方案。

让"合唱"更和畅
——记徐州市铜山区整体推进班级合唱教学
(铜山区教育局教研室"整体推进中小学班级合唱
教学发展的理论与实践"课题组)

音乐新课标提出:"要更加重视并着力加强合唱教学,使学生感受多声部音乐的丰富表现力,尽早积累与他人合作演唱的经验,培养集体意识及协调、合作能力。"在实际的教学过程中,教师们虽有对合唱教学方式、教学内容拓展等的研究,但效果并不显著。针对班级合唱教学过程中碰到的一些问题,解决的办法往往是选择机械重复的训练,使教学僵化,失去了合唱教学本身的魅力,长此以往,形成了恶性循环,学生就错失了与合唱这一高雅艺术接触的机会。

国内许多音乐教师对合唱教学进行了一些研究。这些研究为我们的班级合唱教学推进工作提供了研究基础,但已有的研究没有对"班级合唱"的"整体推进"进行深入系统的剖析和形成理论借鉴,尤其对农村中小学的合唱问题研究不足。同时,城市中小学的合唱教学虽然一直都处于领先位置,但是班级合唱教学的开展并没有形成一套可供借鉴的教学模式和方法。我们铜山区的城镇中小学生只占1/3,如果能普遍提高农村中小学生的合唱水平,将对他们的身心健康发展、全面素质、音乐修养的提高都具有重要的理论和实践意义。针对目前教学中出现的问题,铜山区教育局教研室通过实践研究,以寻求突破整体推进合唱教学瓶颈的方式、方法和手段,让合唱恢复其应有的魅力。

一、形成区域整体推进中小学班级合唱教学的工作机制

1.区教育局采取有力措施,制订"铜山区整体推进班级合唱进课堂"的方案,切实增强内驱力,在开足、开齐音乐课的基础上开设"班级合唱教学",要求音乐教师每学期的合唱教学备课不少于总课时数的1/3。

2.统一布置,把全区中小学划分成六个片区,任命音乐兼职教研员负责各片区的中小学音乐教研活动,并负责将各片区的教学、活动情况及时与教研室进行沟通交流,这样既增强了过程监督,加强了区域内部沟通,又切实彰显了区域的整体性。

3.教育局成立检查小组,在学年末对各中小学进行艺术专项评估检查,从学校领导、硬件设施、音乐教育教学、艺术活动开展、艺术特色、经费投入等多方面对学校进行考核,通过评价来激励学校对音乐教学的重视及投入。

二、开发农村中小学班级合唱教学的教程

以"整体推进中小学班级合唱教学发展理论与实践教学模式研究"课题为引领,以职高、普高、初中、小学分阶梯状的成员团队,系统地将合唱理论、理念贯彻到课堂教学中去。加强了区域内小学、初中、高中的相互衔接。结合本区学生实际的音乐素质水平及生理、心理水平特点,课题小组成员编写了适合我们区教学实际的班级合唱教材。

1.小学低年级的教材偏重于歌唱基础的练习与歌唱习惯的养成。第一课就是自信的开始(微笑着自信地开始歌唱)、自然的声音(开心地寻找自然声音)。去大自然中寻找歌唱呼吸训练的方法:"闻花香"训练慢吸慢呼;"吹蒲公英"训练慢吸快呼;"抽泣"训练快吸快呼;"吹灰尘"训练快吸慢呼。教材中建议教师在训练时可以设计一个情景或者故事,对于小学低年级的孩

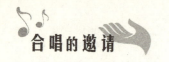

子们来说，沉浸在形象、生动的故事中的歌唱呼吸是多么充满乐趣啊！

2.小学高年级的教材是在做好基本练习的基础上，从歌曲入手鼓励学生有创造性地加入简单的打击乐器或象声词以丰富歌曲的表现力。当学生的基本功训练扎实了，可以在高低声部的基础上加入一个中声部，演唱一些三声部的乐曲。合唱教学可从轮唱开始，逐步过渡到其他多声部合唱形式。当学生的演唱水平有了一定的提高，还可以在高低声部的基础上加入两个内声部(中高声部和中低声部)，变成四声部。

3.七至九年级的教材也是按照本年龄阶段学生的特点和各学校的不同情况有启发性地编写的。歌曲的选择、教学难点的处理、教学方法的设计等方面都是根据这一阶段学生的生理、心理特点进行考虑的。教材每一课均从"合唱谱例、歌曲介绍、歌曲教学分析与建议、发声练习、合唱声音的要求与训练、教师的二度创编等六个环节加以呈现，每一课均设计了不同难度的合唱内容，供教师依据本校学生的具体情况加以选择性地使用，同时又引导各位教师在遵循合唱基本原则的基础上加以大胆地尝试、创新，力求在班级合唱教学中做到百花齐放，真正实现校校有校本，校本各不同。

三、合理运用"互联网+"，建立网络资源共享

1.充分利用信息化教育手段，扩大优质资源覆盖面。创设"畅享音乐"网站。在铜山教育信息网的专题中，"畅想生活,唱响音乐"是广大铜山音乐教师共聚的平台。在这里可以浏览到音乐前沿、通知公告、指导文献，了解到我区的教研动态、活动开展，可以下载教学资源，发表自己的教学感想和学校的活动情况。在这里有广大音乐教师敬仰的名师风采，有大家喜欢的热门文章，例如，铜山实小刘梅老师《我的班级合唱教学》从课堂教学的实例谈起，注重夯实合唱基础，节奏的训练和有层次、有目的、有指导地"听"，让学生更深层次地感受和把握歌曲，体验聆听的愉悦感，获得演唱的成功感，体现了踏踏实实的音乐本色教育理念；柳泉高皇小学马会婷老师的《高低声部　对号入座》一文通过一台小表演来对学生进行声部的划分，颇有创意；大彭中学孙慧慧老师的《浅谈合唱中体态语言的应用与安排》从形象的、学

生可视的体态语言方面引导学生体会掌握合唱的发声练习；铜山中等专业学校的闫夏老师将自己的教学点滴记录成《班级合唱教学的经验心得》，既有专业性又有实用性。

2.为了更好地全面渗透优质资源共享，教研室设计了小学至初中共九个年级的电子备课文件，供全区音乐教师借鉴使用，并要求在此基础上附以自己的二次备课。电子备课的使用，既统一了全区合唱教学的理念、教学模式，给予了各位音乐教师可供参考的教学内容和方法，又激发了教师们改革创新的教学热情。

四、探索音乐教师合唱教学能力培养路径，形成高素质的农村中小学合唱教学队伍

1.引进资源促进铜山区中小学音乐教师专业教学的发展。教研室调研了国内外中小学音乐教师专业教学情况，实施"请进来，走出去"的理念。派遣一线音乐教师参加培训学习和交流活动，邀请专家来我区讲学，开阔教师的视野；区教研室定期组织音乐教师的各类培训，提升教师的专业素养，促进音乐教师队伍的整体提升。

2.深化教学改革，营造浓厚的教科研氛围。以班级合唱教学理论与实践研究为契机，积极推进教学方法改革，深化专业课程的建设，营造浓厚的教科研氛围。

3.开展优质课评选，基本功、专项论文竞赛等促进教师教学能力提升的教研活动。每年一次教师优质课评选、基本功竞赛活动的开展，促进了音乐教师教学水平的提高和教学技能的进步。并将活动中的优秀教师推荐到市级、省级的各类比赛。培养了一批又一批音乐骨干教师，带动了铜山区音乐教师队伍素质的整体提升。每学期一次的主题教研论文评选给了教师思考、反思、总结的平台，大大提升了音乐教师的理论素养。

五、构建适合农村中小学的合唱教学课堂模式，促进音乐教学改革

针对中小学音乐合唱教学中存在的问题，课题组以"重基础、强实践、求创新"的人才培养理念和"以学生为主体、以教师为主导、以创新为灵魂"的

合唱的邀请

教学理念为依据,系统开展了"三本色"班级合唱教学模式的理论研究与实践。"三本色"教学模式分别为:以本色课堂教学理念进行教学、以本色校本教程研发为基础、以本色活动开展培养学生的综合实践能力。三个层次糅合基础教学、实践教学以及创新环节为一体,且环环紧扣,逐级升华,实现了教师能力由基本理论掌握到理论与实践相结合,再到实践中创新的循序渐进式发展。

全面贯彻实施我区教研室提出的本色音乐教育的理念。引导课堂教学回归"三本色"(充分展示教学主体的生命本色、充分挖掘教学内容的生活本色、充分体现教学形式的生态本色)教学实践行为。形成"本色课堂教学—本色校本教程—本色活动开展"的基础教育本色音乐教学模式,教师的科研创新成果显著,全面提升学生的音乐素养。我们把从音乐本体出发这一教学理念切切实实贯彻到班级合唱教学中去,凸显了音乐本体、学生主体的地位。

铜山区关于整体推进中小学班级合唱教学发展的理论与实践教学模式的研究遵循了循序渐进、巩固性、因材施教等教育原则,从学生的兴趣出发,趣味性的设计教学内容,采用了陶行知的小先生制度,分组讨论练习与合作等教学方法,在我区中小学课堂中开展得实实在在,将教学改革的思想落到了实处,起到了让城市和农村中小学的每个学生都平等享有艺术教育权利的作用。

在整体推进班级合唱教学的过程中,一个重要的载体就是校本教材的开发,全区中小学和音乐教师积极探索和总结,开发出了具有学校特色的本色校本教程。

(一)本区合唱教材编写的思路

我们之所以编写这样的教材,并非说市面上一些合唱教材质量差,专家写的教材不好,而是考虑到实际情况。现在合唱教学难以整体推进,不仅仅是学生素质存在地区性差异、个体性差异,其实教师也存在差异。我们中小学音乐教师不是合唱指挥家,我们也不单纯只教合唱,不可能等到把我们教师的素质提高到专家的水平再来教我们的小学生。如果真到了那样的水平,估计也没有一个人的心思放在小学生身上。因此,仅仅使用市面上的合唱教材有诸多不适合,至少音乐教师不能都有把握。所以,我们需要编写教师自己能把握的合唱教材。为了达到这个目的,首先,该教材是由众多本区教师参与来编写的,不是由哪一个人决定的。教师在编写的时候,可能理论水平不一定很高,但我们熟悉自己的经验。我们知道哪些合唱曲学生容易接受,哪些合唱曲教师自己也熟悉并能把握。我们的教材就是在这个范围内选择的。为了达到教材能被本区所有教师把握,我们进行了最大范围的口头、书面调研,并征求大部分教师的意见进行选材。其次,在获得初步选材的基础上,我们根据所选材料,尽可能地使选材系统化编排。这里的系统性不完全是学科知识的系统性,而是根据我们的经验来安排,我们觉得某首曲子放在哪个年级合适就放在哪个年级,哪首歌较为容易就放在前面安排。当然,学科知识的系统性也是我们的参照系数之一。最后,要最大限度地估量学生是否喜欢,是否能接受。其实,中国的许多农村、城市中小学音乐教育差异非常大,我们编写的目的是要能够满足本区绝大多数学生的需要。

(二) 本区合唱教材的使用范围及目标

有学者指出:"就我国的现实而言,存在着'一层卡一层'的局面:大纲'卡'教材——教材的编写必须'以纲为本';教材'卡'教师——教师的教学必须'紧扣教材';教师则又'卡'学生:学生必须牢固地掌握教师所授予的各项知识和技能。这样做的最终结果,教师和学生的创造性往往未能得到很好的发挥和培养。"①因此,我们在编写教材时本着"取自学生,用之学生;取自教师,用之教师"的原则,力图贴近教师、学生的实际,充分估量到其可操作性。在教材的使用方面,我们也充分考虑到教材使用的灵活性。教材首先是服务于本区的课外合唱教学与实践。如合唱兴趣小组、校园合唱团训练等。其次,鼓励各位教师根据本校情况,依托本教材再开发"校本合唱课程"。再次,本区合唱教材也可作为课堂教学的补充教辅材料。最后,本区

---

① 郑毓信.关于编写数学课程标准和教材的意见[J].课程.教材.教法,1999(11):40-42.

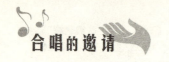

合唱教材可供本区合唱教学赛课、会演、经验交流使用。

总之,编写这样的教材最根本的目的就是服务于我们提出的"班级合唱"理念,即为全体学生服务,在服务于一些有音乐基础的学生学习时也充分考虑到一般学生的需要。

开发本区合唱教程的过程是艰难和辛苦的,同时也是快乐和有收获的,因我们开发的区本合唱教材文本内容很多,本书难以容纳下,因此,教材合唱文本将另出专辑。在此就校本合唱教材开发的相关问题做一些介绍。让我们从下面这篇文章来体会其中的艰难和心得。

七彩教材当空舞

茅树中心中学　曹利荣

为了推动本区合唱教学,区教研室牵头组织了课题组,于2012年申报了课题"农村中小学班级合唱教学整体推进的实践研究",其中,课题组对区本教材的开发经过是这样的。

一、追梦人——为梦相聚的我们

全区七位教学一线的音乐教师(中学四位、小学三位)组成了"合唱地方教材"编写小组。虽然,这几位教师在合唱教学中都积累了一定的经验,取得了各自不错的合唱教学成绩,但是,对于编写面向班级每一位学生的合唱教材他们心里还是没有底的。老师们感觉自己的合唱理论知识很是有限,作曲知识也很肤浅。所以,有的老师想试试挑战一下,有的想打退堂鼓,有的是既高兴又担心(高兴的是能将平时的教学经验与大家交流,担心的是能力有限)。而现有的合唱著作内容以偏向合唱专业团体的居多,有的是理论性较强,有的是合唱曲目难度较大,对于我们来说可借鉴的东西太少。究竟如何确定编写目标?怎么选材?怎样把握教材的难易程度呢?我们都很迷惑,感觉无从下手。

首先我们确定要大胆创新,不要拘泥于形式,在参考专业合唱材料的同时,一定要结合我们区学生的教学实际进行编写。有了这个指导思想,我们

〇六 呼唤"班级合唱"：开启"整体推进"新征程

感觉放开了手脚,有了自信。

在进行分工后,我们首先各自按照自己的思路开展工作。我们的工作经历了参考材料、东拼西凑—不断学习、深入思考—钻研课标、学习讨论—最终定稿的艰难过程。这个过程中,有时一句话的启示就会让我们豁然开朗,如课标中指出的"能够用正确的姿势、自然的声音,有表情地演唱歌曲"让小学教材的编写者们确定了编写思路;有时一个小小的事件会让我们更加坚定决心,如孩子们在合唱学习过程中简单的满足感;有时一个灵感会让我们将零散的材料找到依托,如"我们的班级合唱梦"绪论的定题;等等。经过我们这群"笨"老师的反复研讨、共同努力,教材的编写思路逐渐清晰明朗了,有了思路也就有了方法,我们的班级合唱教材呼之欲出啦!

二、梦想的雏形

在编写的过程中,我们"遇"到了王安国老师编写的《中小学音乐教学备选素材》这本书,书中的许多内容都给予了我们灵感和启发。所有编写组的老师都面向全区开了一次班级合唱的公开课,将自己编写的内容加以实践和论证,然后进行修改。经过一个学期的潜心研究、教学实践和总结,我们编写组的每位老师都拿出了各自的作品雏形。我们把作品的雏形与各位老师交流的时候展现的是:

小学组的老师在教材中体现了"以孩子为本,在玩中唱,在唱中学"的教学理念,形成了将发声、气息等合唱的技能技巧与童趣相结合的编写思路,在熟悉、经典、活泼、生动的音乐中融合了合唱的基础知识和技能技巧。小学低年级的教材偏重于歌唱基础的练习与歌唱习惯的养成。小学高年级的教材是在做好基本练习的基础上,从歌曲入手鼓励学生有创造性地加入简单的打击乐器或加入象声词以丰富歌曲的表现力。当学生的基本功训练得扎实了,可以在高低声部的基础上加入一个中声部,演唱一些三声部的乐曲。合唱教学可从轮唱开始,逐步过渡到其他多声部合唱形式。当学生的演唱水平有了一定的提高后,还可以在高低声部的基础上加入两个内声部(中高声部和中低声部),变成四声部。小学组的教材已经比较成熟了,但是

合唱的邀请

经过讨论后觉得小学高年级的内容对于我们区大部分学校来说有些理想化,能否再降低些标准呢?

中学组的老师每人编写两首二部合唱曲,歌曲的选材分为教材中的歌曲和表现学生生活的歌曲两部分内容。每首歌曲都分别由合唱谱例、歌曲介绍、歌曲教学分析与建议、发声练习、合唱声音的要求与训练、教师的二度创编等几个环节组成,但是每位老师编写的侧重点不同,内容、环节、项目也是根据各自的教学特点设计的。另外,中学组的所有曲目没有一条明确的主线,大家都在疑惑:为什么选择这些曲目呢?是否需要融入一些合唱理论知识呢?

三、梦想终于成真

(一)合唱教材成册

在经过几轮的反复磋商和修改后,我们的班级合唱教材终于在2015年秋成册了!

小学的区本合唱教材共由三个篇章构成,第一篇是自信的开始(微笑着自信开始歌唱),第二篇是自然的声音(开心地寻找自然声音),第三篇是快乐地表达(有表情地唱出来)。第一篇主要是培养孩子的基本歌唱姿势;第二篇有四课内容,分别是歌唱的呼吸、合唱的发声、声部的划分、歌唱的咬字吐字。教师对于学生的练习设计也是煞费苦心,充分体现了教师的教育智慧:去大自然中寻找歌唱呼吸训练的方法:"闻花香"训练慢吸慢呼;"吹蒲公英"训练慢吸快呼;"抽泣"训练快吸快呼;"吹灰尘"训练快吸慢呼。教材中还建议教师在训练时可以设计一个情景或者故事,这对于小学低年级的孩子们来说,能沉浸在形象、生动的故事中的歌唱呼吸是多么充满乐趣啊!第三篇有表情地歌唱(快乐有表情地唱出来)的第一到第四课是合唱的音符、节奏、三度五度音程等基础知识,第五课及之后的内容都是由小学教材中的歌曲改编的,每一课都由原曲谱、改编的合唱谱和教学建议组成。老师们改编的合唱曲以突出艺术性、趣味性、可操作性为主,教学建议的内容重难点突出,教学方法切实可行,可以说是集聚了每位编写教师多年的教学智慧和经验,很接地气。

中学的区本合唱教材最终以表现春、夏、秋、冬四季的时间更替为主线,歌曲内容以表现中学生一年的生活场景和状态为主。共有七课内容,每一课均设计了不同难度的合唱内容,供教师依据本校学生的具体情况加以选择性地使用。在教材中增加"开展班级合唱的基本理念及方法"的部分理论知识。这些理论知识选材于已有的合唱文献材料,同时结合编者自己的教学实际梳理出来的实用合唱知识。

表7 铜山区中学区本合唱教材提纲

时间主线	主题(曲目)	课程目标	合唱构思
冬 (1—2月)	寻梅踏梦——《踏雪寻梅》	1.通过学唱歌曲《踏雪寻梅》,体会歌曲美好的意境,品味歌曲的风格韵味。 2.以积极的态度体验音乐家用何种音乐手段描绘冬季,冬季给人们带来的欢乐,以乐观的态度对待自然、对待生活。	二声部用"叮当"声进行单音重复;适当地用sol、mi、do三个主音进行声部的音程变化。
春 (3—5月)	缤纷七彩梦——《唱的响亮》	1.能表现出歌曲传播快乐和梦想的态度,鼓励所有的孩子快乐地歌唱。 2.解决歌曲的节奏难点。	主歌部分中的第二声部,可以根据情况加la、u、en等衬词或歌词;卡农形式的二部、三部轮唱。
	追梦少年——《我们曾在一起》	1.表达我们对美好学生时代的歌唱与怀念之情。 2.用清新、活泼和充满激情的声音歌唱。掌握歌唱中呼吸的正确运用,让学生体会到在歌唱中呼吸的重要性。	第一乐段用二分音符的旋律级进烘托意境;第二乐段轮唱或齐唱;第三乐段以三、四度为主的和声进行。

(续表)

时间主线	主题(曲目)	课程目标	合唱构思
夏 (6—7月)	想唱就唱——《我多想唱》	1.用清新、自然的声音表现美好的中学时光和青春的激情。 2.解决三度音程的二部合唱。	A段在长音处填充二声部;B段用三度音程的和声进行。
	梦想绽放——《栀子花开》	1.表达学生在栀子花盛开的季节,毕业分别时的不舍和感伤之情。 2.在歌唱实践中学习气息的控制,表现出优美连贯的声音。	为A段单音的级进编配和声;B段用流动感的轮唱进行和声编配,旋律此起彼伏,和声简单丰满。
秋 (9—11月)	美好家乡梦——《一饮尽千钟》	1.歌唱徐州的历史文脉,表现今天城市精神风貌和豪迈气概。 2.情绪深沉,音域较宽,用柔和的气息练习演唱。	在长音处加入音阶上下行以作填充,使歌曲更丰满,与旋律声部形成简单的和声效果。 在高潮部分加入两个乐句的轮唱,形成此起彼伏的磅礴气势。更能表现出歌曲对未来的憧憬与希望。
	美丽中国梦——《歌唱祖国》	1.用豪迈的歌声歌颂我们伟大的祖国和人民。 2.能用富有弹性的声音表达气势豪迈、刚劲有力的颂歌类歌曲。	A段用抒情的长音素材表现宽广的情绪;B段用单音重复的相同节奏表现激昂、有力的情感。

(二)区本合唱教材的"光彩"

"纸上得来终觉浅,绝知此事要躬行。"虽然我们的合唱教材是经过编写老师们的教学实践而形成的,但我们的教材如何能够在现有的教学制度、教学时间里有效地引导老师们进行实施呢?在具体的操作中又会存在哪些问题呢?这些问题都需要经过实践来回答。因此,为了充分发挥区内各片区兼职教研员的桥梁作用,有计划、有步骤地在全区开展班级合唱教研、教学活动,我们开展了区级、片级优质课评选,片级公开课,工作经验五年内的小学青年教师赛课活动,联合德育办等教育局科室举行班级合唱比赛等活动。通过各种教育机制鼓励、督促音乐老师们在各自的教学实际中试行合唱教材,加以尝试,并不断补充。经过近一年的教学实践,我们收获良多:全区的大部分教师敢于在课堂教学中实施合唱内容,甚至有的教师在教学中也能尝试对教材歌曲进行创编,同时,我们还整理搜集各类教学活动中的素材,形成课例,整编成《班级合唱课例集》。

(三)合唱教材的"尴尬"

在我们收获颇丰的同时,也经历着教材实践的窘境。由于我们的合唱教材编写没有可以借鉴的模本,是在"摸着石头过河",因此,缺少一定的教育理念和理论的支持,教材中的曲目也是各位教师根据各自的喜好和积累来确定的,彼此缺少系统性和逻辑性,尤其是中学部分的课外曲目难度较大。慢慢地,老师们面临着激情消退和无"材"可教的教学瓶颈,甚至有老师逐渐放弃了班级中的合唱教学。我们再次思索:班级合唱教学理念和方法在教学实际中还存在哪些问题?难道我们与班级合唱教学的缘分就到此为止了吗?

"合唱的魅力只有唱过的人才知道。"如何在现有的音乐教育状况下让每一位学生领略合唱的艺术魅力,多视角地感受音乐的和声美,我们的音乐教师在教学中探索着、实践着。仅以此教材的诞生记录我们教师在开展班级合唱教学的平常过程,这个过程承载着我们音乐教师共同的合唱梦想:让每一个孩子都能快乐地歌唱。心之所向,无问西东!

〇七 超越"音准"认知：
我国中小学合唱教学评价的新思维

一、合唱教学实践探索存在的困惑

有研究者统计，2010年8月在北京举行的第29届世界音乐教育大会上，国外音乐教师展示的7节面向中小学生的音乐课中，有4节合唱课、1节创作课、1节器乐课、1节律动课，合唱课占总数的57.1%；国内音乐教师展示的21节面向中小学生的音乐课中，有1节合唱课、7节齐唱课、13节欣赏课，合唱课仅占总数的4.8%。有些学者用此材料来说明，我国的合唱教学跟国外相比有较大的差距。

确实，当前人们普遍认为，我国中小学合唱教学不够理想。有学者分析其原因认为："从大背景看，学校音乐教育受到升学率、重负担的挤压，商业化、娱乐化的音乐大潮在媒体强势的助推下，使长期处于薄弱境地的学校音乐教育几乎成了汪洋中的孤岛。从音乐教学自身看，教学内容、方法、教科书、教学指导和教师培养等方面也存在诸多问题。……第一，教学内容多，课时时间紧，缺少合唱练习时间。……在每周仅有的一两个课时里进行多样内容的教学，许多学校难免'赶进度、走过场'，课堂合唱教学需要较充裕的时间，而实际教学很难在合唱练习上多下功夫。第二，教材合唱歌曲缺乏从易到难、逐步学习的过程。……第三，教师缺乏指导合唱的有效方法。……第四,相当多的学生音乐程度低、差距大,难以支持合唱教学。……"①

缪裴言就此问题提出的"诊治"措施是:"1.合唱教材和教学内容:课堂合唱学习需要由易到难、循序渐进;教师在教学内容上应有较大的选择空间;采用轮唱曲及少量的多声部基本练习曲。2.合唱教学的指导:音乐观摩课和教研活动要重视合唱教学;提倡以单元统合设计合唱课例。3.教师教育与教育科研更多关注合唱教学:改进教师教育、教学法培训和合唱指挥课程;加强合唱教学相关课题的研究。"并建议:"根据教学需要尝试编配或改编简易合唱曲;选择、唱好几首轮唱曲;增加少量合唱基本练习曲;切实唱好教科书中的合唱曲。"②

就此,首先,笔者赞赏该文导言处把合唱教学作为基础音乐教育的主要形式的提法,这样的提法也是王安国倡导的。其实早在曹理的《音乐教育学》一书中就有这样的主张:"初中生在歌唱方面,在继续发展调性和节奏感觉的同时,着重于音乐审美能力的发展。在演唱方式上,应以合唱为主,注重音质优美和歌曲的表现力。"但更早还可以追溯到1956年颁发的《初中音乐教学大纲》,其中明确指出:"唱歌是主要内容,唱歌教学以合唱为重点。"这是否受匈牙利音乐教育的影响,从目前的文献看,找不到证据。不过,根据匈牙利那时是属于"社会主义"阵营的国家,且我们国家跟匈牙利有交往这样的史实可以推测,这或许是受到匈牙利柯达伊音乐教学法的影响。即使这样的推测不成立,但那时我们全面学习苏联是肯定的。苏联的音乐教育重视合唱也是确定无疑的。如果再大胆一点地推测的话,其实,重视合唱是我国音乐教育的历史决定的。20世纪三四十年代,几乎学校音乐课堂教学都让位于课外教学,课外音乐教学形式中最主要的就是合唱。可以说,那时重视合唱是时代的需要、社会的需要,当时的合唱也确实为中国的抗日战

---

① 缪裴言.重视并加强合唱教学——对中小学合唱教学的思考与建议[J].中国音乐教育,2016(2):19-23.

② 缪裴言.重视并加强合唱教学——对中小学合唱教学的思考与建议[J].中国音乐教育,2016(2):19-23.

合唱的邀请

争起到了类似"武器杀敌"的作用。有的学者一提到我国的合唱就用"落后"两字来形容,并推崇日本是多么先进。遗憾的是,如果认真了解日本的历史就应该知道,日本在战后才开始重视合唱教学,且音乐教育深受美国影响,后来的歌咏运动是否吸取我国抗日歌咏运动的经验还难说。

其次,笔者也赞赏缪裴言提出的要加强"接地气"式研究。本书研究的宗旨,就是想寻求"接地气"式的研究成果。许多学者的主张都太过"理想化",也就是不"接地气"。因为,他们都是站在"局外人"即非普通中小学音乐教师的立场,用音乐专业界的眼光来"审视"的。

事实上,中小学合唱教学有自己的特殊性。美国的哈勃博士说得好:"合唱将人们团结起来,让生活更美好。中国与美国在政治、经济、文化诸多方面存在巨大差异。与中国合唱团的构建模式不同,在美国,合唱作为联结社会各阶层的纽带,构筑起了以合唱团为中心的社群模式,合唱团成为人们和谐相处、交流情感的重要载体,人们通过合唱团去组建自己的社群。在美国可以看到很多类型的合唱团,如教会合唱团、社区老年合唱团、残疾人合唱团、服刑人员合唱团等。我们进入合唱团不是为了达到表演的专业水准,只是希望尽可能做到最好,并把人们团结在一起。重要的不是最终完美的演出效果,而是怎样达到这种演出效果。"[①]他还毫无保留地进一步袒露心声:"虽然在美国的教育中,侧重点不是命令学生做什么事情,而是帮助他们做什么事情,但他年轻时也会由于指挥的身份只关注于自身的音乐感受而忽略学生的诉求,时常造成自己的要求与歌者的演唱背道而驰。"[②]也就是说他也曾犯过错误,即站在"局外"对"局内"演唱者进行专业行规性的要求。哈勃博士如此坦言还只是针对"合唱团"训练来说,对于常规的、普通的学校合唱教学,我们更应该反思:不能这样。

其实,我们中小学合唱教学的重大误区就是教师总被要求背负"重大使

---

① 袁凯.中美合唱交流走进中原大地——"首届贝勒坎图国际合唱指挥大师班"述评[J].歌唱世界,2016(10):42-46.

② 袁凯.中美合唱交流走进中原大地——"首届贝勒坎图国际合唱指挥大师班"述评[J].歌唱世界,2016(10):42-46.

命",并被这种思维所制约,如为我国走向"合唱大国"、培养"合唱人才"之类的冠冕堂皇的大道理。有学者这样说:"我们还不是合唱强国,还缺少合唱艺术高峰的引领,其原因主要在于中国合唱指挥人才培养体系的建设还没有完全跟上。众所周知,合唱指挥背后需要极其坚实通达的综合人文学科知识做支撑才行。正如伽里宁教授所说,成熟的合唱指挥者需要从基础教育开始,并需历经长达16—20年的系统训练才能完成基本培养过程,如果要到达'合唱艺术家'层面还需经历更长时间的磨砺,而我们国家的基础音乐教育中,合唱教学的落实几乎是空白。……我们应该重点做好以下三方面工作:第一,重视基础教育阶段的持续性规划。合唱指挥人才培养体系是一个系统工程,其构建需要从中小学基础课堂教学开始,应该对基础教育各阶段的课程进行精心设计与规划。可以说,合唱艺术未来的高度取决于当下基础教育的广泛度与纵深度,重抓基础教育,规划课堂教学内容是重中之重。……"①香港唐少伟老师也说:"搞好童声合唱的最基本、最有效的是加强学校普通班级的课堂合唱教学,这也是香港童声合唱发展迅速的基础……"基础音乐教育能为培养"合唱人才"贡献力量,但基础音乐教育没有这个义务。合唱事业搞不出成绩指责基础音乐教育,器乐搞不好也责怪基础音乐教育,创作搞不上去也怪罪于基础音乐教育……这样的思维如出一辙,这些都是没有道理的。专业合唱搞不好应该直接找自身的原因,基础音乐教育不属于"专业教育"范畴。给基础音乐教育开"药方"的前提得了解基础教育,如果连基础教育的性质都不了解,开出来的"药方"既解决不了自己的问题,相反还误导别人。在这方面,王安国先生的反省应该值得专家们参考。他说:"自2000年国家启动新一轮基础教育课程改革起,这十多年间,我曾经在各种不同场合向来自不同省(区)市、不同层次学校的音乐老师们,做过义务教育和普通高中音乐课程标准的解读。……当我在台上讲解课标,台下部分老师坐不住时(或交头接耳、打手机,或在会场上进进出出),我

---

① 张小彩.合唱艺术的碰撞——"第二届中俄合唱文化研究国际会议"侧记[J].教育家,2016(45):89-90.

合唱的邀请

才逐渐反省到自己因长时间在高等院校和专业音乐研究机构生活和工作而带来的学术行为局限:理论多、实践少;务虚多、务实少;观念多、点子少;原则多、方法少;目标多、行动少;'做什么'多、'怎么做'少。如此学风,怎能指望提振老师们听课的兴趣呢!"[1]

对此,笔者认为,既然基础音乐教育这么重要,那些给中小学合唱教学指点迷津的专家,应该真正走进基础教育战线。国内专家要求中小学音乐教师学习国外教师,希望国内专家们也参考国外专家拿出第一手研究报告,如苏联音乐教育家卡巴列夫斯基,他曾是著名大学音乐学院教授,为了实验他的"音乐教学大纲",他离开音乐学院,跑到一所中小学去当普通音乐教师,这一干就干了近十年。正因为他的主张是建立在真正的研究基础上,所以他制定的"音乐教学大纲"已成为许多国家的学习材料,我国对此更是非常重视,甚至把它与奥尔夫等音乐教学法并列对待。中国有广阔的农村中小学实验场地,希望专家们也能拿出像卡巴列夫斯基那样的实验报告。中国也有学者正努力走向第一线。例如,"从1990年到1998年,吴灵芬先生每周到北京延庆县的中小学带孩子练合唱,同时对那里的老师进行培训指挥"[2]。吴先生有这样的奉献精神很了不起。费承铿先生为了实验他主编的人民教育出版社出版的小学音乐教材的可行性,近七十高龄,还骑着三轮车去徐州市青年路小学无偿任教一年(此前还在小学兼职三年做教学实验),并发表研究报告《前沿随记》。没有严谨的研究报告,仅靠自己的"谈话",是没有说服力的。

遗憾的是,不了解中小学实际却硬要给中小学开"药方"的专家还有很多,如有合唱指挥家认为:"中国合唱落后就落后在使用简谱上……只要用简谱,合唱就唱不了,至少是唱不好。"[3]主张应以全民学习五线谱来替代简谱的使用。对此,音乐新课标负责人王安国已经不点名地给予了否定,认

---

[1] 王安国.中小学音乐教学备选素材[M].长沙:湖南文艺出版社,2011:1-49.
[2] 李宏宇.专家谈国内儿童合唱现状[J].儿童音乐,2002(5):61-61.
[3] 孙小钧.情系合唱关爱教育——吴灵芬合唱教育观访谈录[J].歌唱艺术,2012(1):30-34.

为:"不同记谱形式各有优异之处和适应范围,记谱法作为一种应用的工具,本身并无'高低'之分。……'简谱和五线谱是我国现行的两种主要乐谱形式,各地、各校在教学中可根据实际情况自行选择。'这是从我国社会音乐生活和学校音乐教学实际出发提出的教学建议,实践证明,它是符合我国国情并行之有效的。"①

我国20世纪30年代的音乐教育历史经验告诉我们,中小学强制推行五线谱是不成功的。不仅在我国是这样,《音乐教育的起源与创立》一书也告诉我们,五线谱、简谱并用也是绝大多数非西方国家的世界经验。甚至在最传统的西方国家的英国,曾经动用拨款与必须用五线谱教学来挂钩的方法去倡导五线谱,但到底用五线谱还是简谱至今仍争论不休。

还有合唱指挥家认为,中国合唱发展道路上的"拦路虎"有三,其中之一"就是国民基础音乐教育功能的缺失:现行义务教育大纲里,不教乐理、不教识谱,少唱歌,只搞欣赏,直接导致中国的孩子普遍不识谱。这种情况大大降低了合唱团排练的品质,降低了工作效率,降低了合唱团成员参加合唱的乐趣"②。只要稍微翻开"音乐课程标准"文本就一目了然,这种说法显然不符合事实。

以上观点仅是站在专业合唱的立场来审视中小学音乐教师的。笔者认为:没有中小学音乐教师心甘情愿地投入合唱教学,提高教学质量是不可能得到基本保障的。合唱教学是历次音乐教学大纲或课程标准规定的内容之一,教师每次都不得不"干",但要让每个音乐教师都亲近合唱教学,只有启发每个音乐教师关注其所从事的合唱教学的意义才能激发其热情,也就是说,只有每个音乐教师都能从中认识到自己工作的意义,才会主动地"爱"上合唱教学,也只有音乐教师找到自己的价值感(意义)后才会去"钻"这一行即合唱教学。如此,提高合唱教学质量才有可能(当然,这里的"质量"不是

---

① 王安国,王耀华.新的起点新的高度——音乐课程标准几个重要内容的修订[J].基础教育课程,2012(Z1):131-134.

② 李志伟.合唱的力量[N].光明日报,2012-05-29(015).

绝对意义上的)。一言以蔽之,启发音乐教师自觉地"找寻合唱教学的意义"是解决问题的钥匙。但怎么找呢？笔者认为,当前中小学合唱教学不理想的关键是合唱教学"评价"出了问题。现以"音准"评价问题来进一步阐述笔者的观点。

二、从"音准"评价问题说起

铜山区费承铿《中小学合唱教学进阶》试验的赛课活动采用现场直播的方式在网上同步传播,便于大家分享经验。有一个突出问题就是,许多人对合唱课堂教学的评价集中到"音准"方面,认为许多课堂教学音准存在问题。有的人甚至就此喊出这是"铜山音乐教育的悲哀"。仅仅盯着"音准"问题便全盘否定,与其说是音乐专业内行的判断,不如说是"教育"外行的妄下断言。

音乐新课标明确要求,音乐课堂教学应建立在"三维"目标上,即"情感态度价值观、过程与方法、知识与技能"。显然,"音准"问题属于"技能"方面,是构成"音乐艺术"最为基础的技能之一。唐少伟说:"我国童声合唱团最应该解决的是音准问题。"我国著名指挥家杨鸿年先生也曾指出:"一个合唱队在技术上最基本的要求之一就是必须具备理想的音色、准确的节奏和良好的音准。"但柯达伊在《儿童合唱队》一书中说:"艺术的精髓并不是技术而是心灵。""技能"训练排在三维目标的最后,即使技能没有达到理想的要求,并不代表一点"知识"没学到,也就是说,即使学生"音准"控制得不好,但不代表他们不知道合唱是需要相互配合的。

"知识与技能"只是音乐教学的第三维目标,以往过于轻视"音乐知识技能"是不合适的,但用这"一维"做决定性判断显然又太狭隘,这是我国长期以来"音乐学院"专业思维的惯性显现。"技巧并不是音乐表演获得成功的唯一条件,更不是音乐的目的","它只不过是音乐表演的手段"。[①] 麦克弗森曾言,人类的音乐发展理论应旨在解释"音乐在人类生活中是什么样的"或

---

① 张前,王次炤.音乐美学基础[M].北京:人民音乐出版社,1992:198.

者"音乐与人类的关系",而不是"通过训练要获得怎样的音乐技能"。著名的音乐教育家陈鹤琴先生曾说:"我们就儿童实际唱歌的情形来观察,好像唱歌的技术是次要的,而从内心而歌的精神活动是第一要义。"世界顶级的专业儿童合唱团维也纳童声合唱团主席兼艺术总监杰拉尔德·维尔特都认为:"一个合唱团的专业水准并不是唯一的考量指标,重要的是激发孩子们对音乐的热爱与参与,启迪他们思考,这或许就是维也纳童声合唱团能延续至今的秘诀吧!"维尔特还笑着说:"参加合唱团的目的不在于成绩,而是要在合唱中得到快乐,通过合唱塑造健康的人格。"[1]专业儿童合唱团尚且如此,何况普通学校的合唱教学呢?!其实,即使在我国音乐专业领域,"音准"问题也不是绝对意义上的"准"。

首先,一般人所谓的"音准"是指"十二平均律"思维,也就是音乐高考训练出来的钢琴思维。其实,"十二平均律"是人为计算出来的律制,它并不是完全和谐、完全自然的。即便如此,在合唱教学中,按照钢琴的音准进行训练出来的合唱,从科学的角度看,是不可能完全"和谐"的,即纵向音准在"十二平均律"概念下是不可能真正"和谐"的。如要真正做到和谐,用纯律音准概念比"十二平均律"更好。秋里说:"人声属于纯律,是世界上最美的声音。"[2]"合唱作品用纯律演唱,才能真正表现出多声部人声音乐的艺术魅力。"[3]但在合唱教学中,学生因此前接受的都是旋律性的音乐,而人耳对旋律的音准的感受一般常用的是"五度相声律"。"五度相声律"在横向音准中是最好听的,但这与合唱中的纵向结合的"音准"会产生矛盾。现在有一些学者或具有经验的演奏家、歌唱家都主张三律并用。当合唱曲中以单旋律呈现时运用"五度相声律",如带副歌的歌曲,一般前半部分是单旋律。当合唱部分出现,特别是声部比较多的无伴奏合唱曲,运用纯律音准比较好,当合唱加入器乐伴奏,特别是运用钢琴伴奏时,便不得不三律并用,至于怎么

---

[1] 郑苒.帮助孩子追逐音乐梦[N].中国文化报,2013-11-12(011).
[2] 杨志刚.著名指挥家秋里访谈录[J].黄河之声,1995(2):18-19.
[3] 乔永军.吴灵芬教授合唱指挥教学理念刍议[J].歌唱世界,2016(8):41-45.

运用,只能靠实践者在演唱时做权宜处理。既不完全是纯律,也不完全是"五度相声律",即使钢琴的律制不可变也要做出弱化处理来协调整体音准。即便考虑到上述情况,这三种律制仅是主要律制,对于其他律制实践来说就更复杂了。总之,从客观、科学的角度看"音准",就是对专业合唱团来说也是非常复杂的。这根本不是一个中小学合唱课堂一两节课就能彻底解决的。以往的实践判断者,一般在人耳可能接受的范围内,根据自己习惯的"十二平均律"做出一般人可接受的"音准"判断。倘若我们真正计较起来的话,即使所谓的合唱专业人士,也很难判断自己排的合唱有多少音是"准"的。

此外,从历史客观性角度看,人类的不同历史阶段,对"音准"的概念也是不一样的。比如,在唱巴洛克时期的作品如巴赫的作品时,要考虑到那时的标准音高跟现在不一样,比现在的低。当下的人的耳朵已经被训练得非常精致了。如果你是个复古主义者,在唱巴洛克再早之前的作品,甚至都不能用现在的非常精致的音准唱,因为历史的那一刻,人耳及其演唱的技术都没有今天细致。考虑到原貌或风格的话,唱的粗糙一点或许反而更能贴近那个时期的实际。这正如我们在弹莫扎特音乐时最好不要踩踏板一样,因为那时的乐器制造水平没有今天这么高。

其次,从世界范围看,各民族对"音准"的概念是不完全一样的,就我国传统音乐来说,有"腔音"说理论。杜亚雄认为,我国传统音乐的特点之一是"弹性音高",也就是"音高"是多变的,并非西方概念上的精确的、恒定的"音准"概念。正因为有了这特殊的"腔音"特色,即使单旋律的演唱也很丰富。中国之所以没出现像西方那样的多声部,不是"不能""落后",而是中国人的审美习惯使然。但到了西方意义上的合唱表演中,中国的这一特色就无法施展了,因为多声部的纵向音准不容许多变。于是,我们只能牺牲中国特色去迎合西方概念上的合唱艺术。西方意义上的合唱是寻求纵向多声部的结合来体现其丰富性的。与中国人的思维不一样,仅用西方意义上的合唱概念来演唱,这样的观念在 20 世纪还可以接受,但到了当下,任何有"中国梦"的中国人都需要对此进行反思。马克思说:"你们赞美大自然悦人心目的千变万化和无穷无尽的丰富宝藏,你们并不要求玫瑰花和紫罗兰散发出同样的芳香,但你们为什么却要求世界上最丰富的东西——精神只能有一种存在形式呢?"当然,一味地抛弃西方概念也是不可取的。王耀华曾就我国民歌合唱提出这样的意见:"在具体运用时,我们也不要求在每个音和每个作品中全部都用带腔的音,这其中还有许多是不带腔的。另外,主旋律声部部分带腔,其他声部不带腔,这也是一种处理方法。"① 由此可见"音准"问题的复杂性。笔者认为,普通合唱教学要考虑到"可能性",不能"一棍子打死",在中小学音乐教育中,那种极端的、静止的判断思维是要不得的。

　　再次,就实践领域来说,即使帕瓦罗蒂也有唱不准的时候。至于有些歌唱家的唱不准现象就更常见了。比如,20世纪80年代及之前的歌唱家,有些人可能是因为训练问题,音的准确度比现在的歌唱家要低得多。这是"时代问题"造成的,我们不能超越时代来要求歌唱家唱得如何精准。还有一些人是因"唱法问题"而导致有些不准,比如有些民族唱法的歌唱家唱的某些歌曲结尾的高音,由于颤音颤的幅度有些大,就会给人音不准的感觉。再有就是"情绪问题"造成的。比如,郁钧剑是典型的激情型歌唱家,他在唱到过于激动时往往会出现音不准的现象。对此,郁钧剑自己说,他的歌唱并不强调技巧,而是注重表"情"。所以他从不参加比赛,他还说:"我告诉年轻人,想要取得成功并非只有参加比赛这一条路。"尽管专业圈不断有人挑剔他的音准问题,事实上这并不影响普通民众对他的喜欢,音乐毕竟不是数学。数学错了一点都不行,而有时音准要考虑到整体效果。人们之所以能容忍一些歌唱家唱不准就是因为人们有欣赏智慧,能考虑到音乐的整体效果,所以出现一些被音乐专业人士贬低的音乐表演而大众却仍然乐趣不减。鲁宾斯坦认为,整体形象的塑造比细节更为重要。他说:"这个密集和弦是全曲的高潮吗?那么,为了需要,我就得把它'砸'出来,弹错一两个音没有关系,主

---

① 龙壹,王耀华.中国传统音乐的结构特点与哲学根基——音乐学者访谈之二[J].贵州大学学报(艺术版),2011(2):1-7.

合唱的邀请

要是整体。"①

其实就在当下也不缺乏实例。比如，几年前湖南卫视超女选拔赛，一个歌声被称为绵羊音的曾轶可就是因为音没唱准而引起大家的争议，但那些流行业界的大腕竟然也能容忍，并让曾轶可通过，评委的理由就是她有"特色"。再如，前不久王菲的音乐会，出现普遍音不准的现象，尽管这是卖票的音乐会，且票价不低，但网上出现两派相持不下的骂战，有一方专门替王菲说话，他们的理由就是"唱不准我们也喜欢"，因为他们听的是"情怀"。这个解释就涉及音乐教学目标的第二个维度即"情感、态度、价值观"问题了。

专业领域强调技能是必须的，正如英国儿童音乐教育家哈蒂所说："一般儿童在他们未受到相当的训练之前，决不允许他们大声歌唱。否则，美的音质就会消失。"②但我们搞的"教育"，相较"音乐知识技能"这第三维目标来说，音乐新课程标准研制组副组长吴斌主张，"情感、态度、价值观"才是音乐课程的首要目标，这是由音乐的特点决定的，其实也是由人的"知情意"的心理结构决定的。那么，我们能说那些中小学学生在老师的指导与共同努力下，其演唱实践过程就没有"情感"吗？我们经常听到一些卡拉OK厅里传出一些民众歌唱，说他们中有些人"五音不全"一点都不为过，但要说他们没有情感显然是不符合事实的，甚至说他们没有"乐趣"也是不符合事实的。同样，我们也不能排除学生的合唱演唱实践是没有情感的、没有"乐趣"的。只要去音乐实践，多少都能获得一些"情感"教育。情感不是靠知识、技能就能解决的。罗马诗人贺拉斯说得好："只有唯一的方式可以打动人心，就是向他们显示自己被打动。"只要有情感的合作就能打动有情感的人。

再说"态度"，即使像《一个都不能少》电影中的魏敏芝，虽然她唱得实在别扭，也不能说她没有认真对待演唱。我们相信，没有老师会主观上想让学生唱不准，即使爱捣蛋的学生也不能说他是在故意唱不准。师生在共同努

---

① 叶俊松,译.[美]迪安·艾尔德.钢琴家论演奏:近现代外国著名钢琴家采访记[M].北京:人民音乐出版社,1992:9.

② 乐丁.少儿合唱队练声曲选粹[M].上海:上海音乐出版社,2003:1.

力过程中,即使唱不准,但"态度"一定要积极、端正。尤其应该倡导的是,师生的"价值观"是都努力想唱准,即使面对重重困难也不放弃。他们相信,每一次努力都是有意义的,即使这一次唱不准但不代表下一次还唱不准。即使下一次还唱不准但不代表总是唱不准。即使永远也唱不准,我们也应该引导学生明白,我们努力了就不后悔。这才是"教育",那些只是盯着"音准"两字不放的判断,事实上是缺乏"教育"的思维,是我们整个普通音乐教育体制跟着音乐专业学院走的表现。事实上,"音乐教育"首先是"教育",其次才是"音乐","音乐"只是通向"教育"的工具。这个都被说烂的道理有些人就是不愿意明白。但我们广大真正热爱普通音乐教育的音乐教师应该明白,"音乐教育"是"育人"的,"音"可以暂时不"准",但"人"不能受伤害。牺牲学生的尊严去维护"音准"是没有教育意义的。当然,学生的尊严在得到维护的同时,努力把"音"唱"准"也是我们需要共同努力的。

音乐课程标准还有一个维度就是"过程与方法"。学生每学一个内容都有一个循序渐进的过程,即使这节课"音不准"不代表每一个步骤都没有意义。有时教学设计迂回一下还有特别的意义。现在主张的探究教学法,不是要学生去发明个什么东西出来才是"探究",事实上,把某种已经知道的知识的产生过程搞明白也是一种"探究"。尽管这没有什么新东西,但总比把知识直接告诉学生要有意义得多。即使这种直接告诉并非是一种好的教育方法,但"知识"是可以直接告诉学生的;相较"知识"来说,"体验"是无法直接告诉学生的,就像人们常说的一句话:"要想知道梨的滋味必须自己亲自去尝。"直接告诉学生一种体验,如"这首歌很优美"根本没有意义;相反,即使一首"优美的歌曲",学生体验出另外的感觉也是有意义的。只要是他自己的体验就行。同样,很容易唱准或一唱就准,这样的结果当然是不错的,但经过千百次努力唱不准并不能说其"体验"毫无意义。因为每一次体验都会给体验者一次阅历,丰富体验者的人生。如此说来,过程的丰富性比单一性要有意义得多。我们常看到有些老师的课堂,学生一开口就会唱,老师还是继续带着唱。尽管这也有意义,但不一定比经过一些波折努力后的掌握

合唱的邀请

更有意义。如果学生都能轻而易举地就会唱,他们学到的新东西就会非常有限。所以,我们不能简单地就"音准"问题来忽略整个"过程"的意义。至于在这个过程中,尽管没唱准,但也包含师生尝试着各种"方法"去努力唱准之"努力"的意义,更不能忽视尝试这些"方法"的学习意义。因为音乐课不是数学课,方法不存在绝对性无意义。每个努力都有它存在的意义。

如此说来,即使"音准"欠妥的合唱教学也不可能没有意义。它或多或少在这三维中有某种意义。只用"音准"来加以否定,不是合唱教学出了什么问题,而是判断者拿的"尺子"有问题。有人可能要问,那我们怎么去评价呢?笔者认为,正如马克思所说的,要"全面地看问题、发展地看问题、具体地看问题"。

1.一节课的效果如何,不能仅看最后的结果,更不能仅看结果中的"音准"。结果是由"行为"导致的,"行为"又是由教师的观念指挥的。就观念来说,只要教师发现了"音准"问题并试图去改进就足够了。那些对"音准"几乎是"听而不见",即使整体效果还不错的课堂也不能算合格的课堂。就"行为"来说,一个教师在课堂中的"行为"是有教育意义的。比如,有的教师整个课堂没离开讲台半步,即使学生唱准了,其"行为"未必就完美;相反,一个教师尽管经过努力,"音准"没有彻底解决,但能看得出,这个老师很用心,他不停地在学生中走动,试图寻找有利于学生解决问题的机会,尤其在学生失落的时候,他能用各种方式激发学生继续投入实践,这不能说他的"行为"没有教育意义。即使失败,它给学生带来的思考也是有意义的。总之,我们应该改单一的评价为多维的评价,改"技能"性评价为反思"意义"性评价。只有建立在"育人"这个整体"意义"上的评价才是有益的评价。其实,这也正是新课程标准要求这样做的,即评价要有利于教师教学、学生学习,而不是一味地甄别出谁好谁差。

2.应基于现有水平看进步多少进行评价。有的课堂学生一开口就唱得较好;相反,有的课堂学生连单旋律唱起来都费劲,尽管最后合唱部分不理想,但能看出来比之前进步多了。哪个课堂好?如果我们只看结果的话,前一个课堂，教师不要教也比后一个课堂好。英国音乐心理学家柏西布克说得好："不要认为你的真正有价值的工作是在你有才能的学生当中，而其他普通老百姓只不过是你为了维持生活而必须忍受的一种不幸。衡量你是否成功的真正尺度是看你把多少学生从困境中救出来，要不是你，他们本来会陷在里面的。"①再如，一个刚参加工作的教师，尽管课上得有点紧张，但能看得出其努力的程度。一个老教师，课上得尽管不紧张，但能看得出其基本是在重复昨天和"过去"。如何比呢？我们应该关注到一个刚参加工作的教师，能来参加比赛就不错了，不能简单地只和老教师的课堂来对比。相反，有几十年工作经验的老师，应该更多一些自我追求，仅仅超越年轻人是不够的。当然，这应该内化为老教师自己的认识才行，而不是强加给老教师的。对于一些老教师，我们也应该注意到，老教师有老教师的烦恼。年轻人失败一般心理负担还比较轻，因为毕竟年轻。但一些老教师在公众场合下若是课堂教学失败，他的心理负担会更重。我们的评价应该真正做到促进教学，而不是不顾一切地随意评价。总之，我们要多采用"差评法"，即用有差距性的参照物来评价不同的对象。让每个教师都有价值感，找到促进自我发展的动力，使赛课变成分享经验的"娱乐场"。如此，"人人爱合唱、合唱爱人人"才有可能实现。

  以上只是借"音准"评价问题来发笔者的一些观点和看法。其实，就"音准"本身的复杂性，同样存在于"节奏、力度、音色"等基础音乐要素中。以西方的"节奏、节拍"为例，文艺复兴时期是非节拍的，音乐的重音以歌词的重音为依据，也就是每小节的第一拍是"强拍"的认识在那时是不存在的。直到巴洛克时期才出现今天的强弱规律节拍。但那时的附点音符中附点后的短时值实际上比实际时值更短，也就是说，一个附点四分音符后跟的是一个八分音符，八分音符的时值是半拍，但实际上演奏时一定要小于半拍，因为那时的音乐弱起比较多，演奏得短促就显得急促，有利于加强后面的重音拍

---

  ① 徐文武.合唱教育的特点及其在中等师范音乐教育中的地位[J].交响(西安音乐学院学报),1993(4):38-39.

的重音。如果演唱者不懂这个道理,演唱那时的作品(比如亨德尔的《弥赛亚》),就会失去巴洛克的风格。到了古典时期,尤其是洛可可风格的作品,要求节奏非常"精致"。演唱那时的作品出现节奏错误很容易被发现,就是这个道理。有些人不明白莫扎特音乐属于洛可可风格,以为莫扎特音乐的"精致"是他个人的问题,其实,整个时代都要求这样。所以,弹奏莫扎特钢琴作品的人都会有这样的体验。莫扎特的音乐其实不好弹,因为不能犯一点错误,一旦错了就会被发现。但到了浪漫主义时期就不一样啦,有的作品是可以凭个人风格进行一点自由处理的。但总体原则是要根据内容表现的需要做出决定。到了 20 世纪,情况就更复杂了,几乎无法归纳共性。[①] 以上叙述主要是西方音乐,还不包括我国和世界其他民族的情况,仅在我国便有弹性节拍这个特殊性。

  同样,对"力度"(音量)的问题也是这样。有个笑话是这样说的:"(宝宝在看少儿频道的合唱比赛,声音开得巨响),妈妈说:'宝宝,把声音开小一点。'宝宝答道:'这么多人在唱歌,声音当然响啦!'"确实,合唱教学中,许多学生以为合唱就是要"声音"大,这是不对的。但老师们的理解就一定对吗?文艺复兴时期,力度变化基本只存在于段与段之间,段内变化极为克制,一般没有作品高潮之说。到了巴洛克时期,力度变化仍然没有今天这样丰富,力度对比只是通过增减声部数量来达到,更不可能有"渐强、减弱"的演奏。但到了古典时期,"渐强、减弱"就多了,且"力度"变化是乐曲表现的基本手段之一。到了浪漫主义时期,"力度"变化更为细腻,许多力度术语都是那时创造出来的。到了 20 世纪,"力度"变化达到了极致。[②] 这仅是西方人对"力度"的历史认识,在中国,西北高原的信天游怎么可能与城市小调的力度变化进行对比。如果再去询问世界各民族对"力度"的习惯,肯定都不一样。现在流行音乐中那狂野的呼喊,以及那耳语似的绵声唱法,"力度"的丰富性

[①] 马革顺.各时期合唱作品的主要表现特征[J].音乐艺术:上海音乐学院学报,1982(4):59-75.

[②] 马革顺.各时期合唱作品的主要表现特征[J].音乐艺术:上海音乐学院学报,1982(4):59-75.

○七 超越"音准"认知：
我国中小学合唱教学评价的新思维

绝不只有合唱的"和谐"这一种。……如果我们不了解这些，仅靠我们掌握的一知半解的西方18世纪共性写作时代的一些音乐规则来严格要求学生，表面上看起来很专业，其实很狭隘。

我们音乐教师的评价太狭隘，不仅不利于自己的成长，而且还遮蔽了学生的视野。更严重的是，中小学音乐教师本身也被这些专业知识所压垮，学生不喜欢就更不用说了。谢明钢老师在为学生带来了技能突出的校本合唱课程后，也"在市中学生合唱比赛中获得了好成绩"，却换来了"学生普遍反映合唱课没意思，'合唱'让人枯燥、乏味。除了'唱会'了几首合唱歌曲，没有学到什么东西的抱怨……他的合唱课被学生'炒了鱿鱼'，被迫停开一年"。可以说，这是只注重技能的一个失败的合唱教学案例。[①] 确实，这样的合唱课堂常呈现出沉闷、呆板、拘谨、毫无生气的现象。假如我们的合唱教学如国家大剧院歌剧《山村女教师》开篇的场景那般，该有多好。"山坡上是简陋的小学校，山坡下是桥头小广场，一棵古树像大伞一样伸向云天；一群小学生像欢乐的小鸟般冲下山坡，互相打闹追逐嬉戏：'天空！慢吞吞慢吞吞慢吞吞，亮起来啦。云雾！静悄悄静悄悄静悄悄静悄悄，藏起来啦。'开场第一嗓就是这段童声合唱，众男生调皮地追问：'笨蛋！你听见了吗？'众女生戏谑地反诘：'傻瓜！听见什么啦？'众男生得意地应答：'小喜鹊，喳喳喳；老喜鹊，嘎嘎嘎。'于是，众女生机敏地学舌。娃娃们接着又齐声欢唱：'我们放暑假啦！我们放暑假啦！啊！'他们的爸爸妈妈叔叔婶婶们随之应和。男人们故意吆喝：'反了反了反了反了！你们钻过来钻过去钻过来钻过去，你们是一群蚂蚁吗？'娃娃们随意应答：'爸爸呀，叔叔呀，舅舅呀，爷爷呀！地里的庄稼让草缠住啦！'女人们接着招呼：'反了反了反了反了！你们飞过来飞过去飞过来飞过去，你们是一群蜜蜂吗？'娃娃们接着应答：'妈妈呀，姑姑呀，婶婶呀，奶奶啊！果园里红柑橘熟透了呀！'男声、女声、童声、

---

① 谢明钢.音乐课被"炒鱿鱼"后——我与校本《合唱》课程[J].中小学音乐教育，2004（12）：18-19.

混声合唱交替重叠,浓墨重彩点染出一幅充满生活气息的山野村落风情画卷。"①

总之,我们需要有解决问题的思路,那就是:从中小学的特殊性即实际出发展开务实性的教学。正如某音乐教育研究者的思考:"假如我们这样来理解,除了主旋律,合唱中其他声部不一定是曲调,它可能就是反复演唱或说唱的一两个固定低音,一两条典型的节奏,一两个特别有意思的衬词……主旋律也不一定就只是由某一个声部的同学来演唱,它就像一个调皮的小娃娃,一会儿到高声部家里串串门,一会儿到中声部或低声部家里访访友,高兴了就让一个声音特别棒的小朋友来单独表现……假如一个正常的教学班,有五六个甚至十多个五音不全的小朋友,要他们闭嘴不唱,太残忍了!我们可以要他们将一段歌词用说唱(RAP)的形式动感地说出来,作为引子或形成一个对比的曲式段落或作为尾声……再不济,可以让他们有节奏地不断念歌曲的标题,与主旋律形成二声部……对于那些乐感好的小朋友,时不时让他们在主旋律的长音或休止的地方,即兴地进行短旋律的填充;对于那些聪明、音准好的小朋友,加大难度,让他们找到主旋律的下方和弦音并准确唱出来而不受主旋律的干扰;对于那些音色好的小朋友,让他们给主旋律飘一条上行或下行的副旋律,空灵而浪漫……哇,唱合唱是一件多么开心、多么酷炫的事情!只要有爱,每一个孩子就都能参与到合唱中来,只要有玩的心态,我们学过的很多单声部的歌曲都可以用来唱合唱!怎么来玩?关键是去'神秘化',去'学院(专业)化',以此培养学生的合唱兴趣与合唱意识!什么叫作合唱意识?合唱意识包括声音的意识、音准意识、团队意识、主动意识等。当我们改变对'声部'的僵化认识,降低门槛,让每一位孩子都参与进来,那么合唱教学就会变得可亲可爱!"②

其实,我们中小学教师不缺乏这样有价值的思考,但这样的声音很容易

---

① 紫茵.合唱:歌剧里的奇妙"角色"——现场聆听个体审美体验及其他[J].歌唱艺术,2012(4):36-41.
② 程方.以"玩"的心态唱合唱,塑"用"的学科核心素养[J].儿童音乐,2017(7):44-45.

被遮蔽,因为我们没有那些合唱指挥专家"声音"大。音乐家贺绿汀曾说过,我们要"一只手伸向国外,一只手伸向民间"。遗憾的是,一些专家"伸向国外的手"太长,且只掏西方18、19世纪的"心脏","伸向民间的手"太短,甚至就不想伸,即使伸伸也极不情愿。对此,我们认为,教育人类学赋予我们的权利就是,我们是中小学音乐教育的"局内人","局内"的规则应该由中小学音乐教师自己来确定。这是我们的实践性质决定的。我们应该运用我们自己的智慧来解决我们的课堂教学问题。如有个老师就比较智慧。他对某首合唱曲的第一次教学是这样的:

我将学生分成两个声部试着合唱。第一遍我的钢琴弹奏的是两个声部的和声,为的是不偏不倚两个声部都帮一帮。结果,同学们都唱成了第一声部。第二遍我的钢琴只帮第二声部弹旋律,想着第一声部旋律感强,让他们自己唱。结果,这回全班又都改唱第二声部了。就这样折腾了几个来回还是出不来和声的效果,眼看着同学们没了唱歌的兴趣,一节课就这样草草结束了。于是,我进行了反思,认为用失去学生主动参与音乐的热情,换来枯燥无味的课堂,学生不会喜欢合唱的。进而想出先"培养他们有一双会欣赏合唱的耳朵"。于是,又一个班该上这节课了,我准备尝试一下新的方法:首先,第一步我想用以多对少的方法让他们先尝到点甜头以提高学习兴趣。在分声部学完歌词歌谱之后,我让全班同学唱第一声部,我一个人唱第二声部,让他们轻声唱以便和我的音量保持均衡,而且不伴奏,来个无伴奏演唱。结果,因为他们那么多人对我一个人,所以大部分同学第一声部唱得都不错,只有个别意志不坚定的同学跟着我唱第二声部了。接着我又换一下,让他们唱第二声部,我一个人唱第一声部,这一回跟着我唱的人又减少了些。两次尝试后他们有了自信,对合唱的兴趣也提高了。接着,我进行第二步,那就是乘胜追击,保持热情,提高难度。于是,我对同学们说:"下面这一遍,谁愿意唱哪个声部就唱哪个声部,觉得还唱不好的可以当听众,我的钢琴弹和声。"这一次,奇迹出现了,竟然让我隐隐约约地听到了两个声部的和声。趁热打铁,我赶紧表扬,又及时提出一个要求,那就是要想唱好合唱,光有一

合唱的邀请

副好嗓子还不行,还要有一双好耳朵能听出和声的美,所以再唱的时候要求边唱自己声部的旋律边聆听对方的旋律。这一遍两声部的和声唱得又比上一次清晰了。唱完后我问:"谁在刚才演唱时听到另一声部的旋律了,请把手举起来。"结果有七八个人举手。"老师,老师!"有一个学生边举手边叫我,"你来说,怎么了?""老师,我发现我不唱的时候能听出来两个声部,可自己一唱就听不出来了。"我想,和刚才那个同学一样感受的肯定大有人在。于是,我笑着对他说:"没关系,慢慢来。如果边唱边听听不出来,那你可以先当听众或者专心当一名歌手,好吗?"接着,再唱一遍我又问这个问题,这回有十几个人举手了。在一遍遍唱、一遍遍听的过程中,同学们的和声越唱越清晰,由开始的无意识演唱变成有意识的演唱了,而演唱的热情也有增无减,许多同学都为自己能听出和声感到兴奋。这节课很快过去了,下课铃声响起时同学们还意犹未尽。[①]

……

这样的务实教学学生怎能不喜欢?!铃木镇一再强调说:"要在孩子'喜欢'或'会做'的情况下来培养能力。"遗憾的是,就这么个简单的道理,许多中小学音乐教师就是不明白,甚至有些音乐教研员也不明白。如有人针对中小学合唱教学提出:为合唱教学"正声"是最难的,也是解决合唱教学问题的关键所在。"正声",就是要给合唱教学确立一套"声音质量认证体系",以实现让每个学生获得良好的音乐审美和表现能力,尤其是合唱声音审美和表现能力的教学目标。普通音乐教育中的合唱教学固然不能等同于专业合唱教学的要求,但不能因为是普通教学班,就随意降低音乐审美的标准。只有用"最美声音"的标准引领合唱教学,才能让合唱教学走出低谷,才能逐渐形成正确的合唱理念,营造良好的合唱生长环境,并带动合唱师资和教学手段的优化,最终使学生形成良好的合唱素养。那么,合唱教学的"声音质量认证体系"应该包含哪些内容呢?第十一届中国国际合唱节组委会

[①] 李磊.我想唱啥就唱啥——音乐课堂教学案例[J].儿童音乐,2011(3).

从基础能力、声音技巧、艺术表现三个方面提出的合唱评分标准,可以作为重要的参照。具体如下:1.基础能力:音准(横向与纵向)、节奏、节拍、速度、力度,各种表情记号的准确度;2.声音技巧:音色美感、用声力度、声部统一、声部间的平衡、整体的和谐;3.艺术表现:音乐表现的结构感、韵律感、分寸感、色彩感、整体的完整性及感染力。①

如此"药方"能解决我国中小学合唱教学中的问题？针对上面这种中小学生的"声音质量认证体系",我们应该拿出中小学教师的智慧。例如:乌克兰著名音乐教育家别拉博尔达娃用"象声词游戏"来训练音准的方法就很好。她指导孩子学习杜鹃"咕咕"的声音,"咕咕"在钢琴上的音高从 c^2 到 a^1,是一个小三度音程,或者模仿枪声"乒乓"等生活中可以接触到的音响,形成不同的音高概念。她排练孩子表演歌曲童话、歌曲故事,结合孩子的年龄特点用他们喜爱的游戏来吸引孩子的注意力及对正确音准的模仿。例如歌曲《猫之家》,当孩子扮演"小老鼠"按门铃的时候,会根据剧情的需要演唱不同的音高。所有这些方法主要集中发展学生的听力,增强学生音准的概念,通过反复的模唱逐步解决学生的音准问题。②

2015年开播的中央电视台少儿频道《七巧板》栏目的"快乐宝贝爱唱歌"对小学合唱也很有启发。栏目组认为:"如果幼儿合唱的重点在'唱',那么他们不太可能唱得像专业合唱团那么精准。所以,通过表演唱的形式,可以让大家感受到孩子们的纯真可爱。"也就是增加"表演"的成分,降低纯音准的训练。2010年意大利安东尼亚诺小合唱团 Deakids 在音乐会上的表演中,站在后排合唱团的小朋友甚至边唱边用脚打着节拍,让人感觉轻松惬意。针对多声部的演唱,他们采取"多一些节奏性的多声部。不牵涉音准,节奏上错开,比如一个声部是慢节奏的,一个是快节奏的,这样两个节奏叠加在一起,形成了两个声部的效果,孩子们也好把握。如果牵涉音高的方

---

① 单森权,黄伟平.为合唱教学"正名""正位""正序""正声"[J].中国音乐教育,2012(12):6-8.
② 连云.谈乌克兰中小学合唱队初期阶段的训练要素[J].音乐时空,2015(13):119-120.

面,可以填充一些东西进去。比如唱一句'小猫怎么叫'?接着孩子们把小猫叫的声音唱出来,'喵—喵—',还可以填入音效,直接学小猫叫'喵喵'即可,这样既有多声部效果,也培养了孩子的多声部概念。等他们的音准形成之后,再把这些音效变成音高,效果会很好"[1]。

  动画片《麦兜当当伴我心》中的合唱也很有意思,这部影片用15个经典音乐来说明一个简单的道理,儿童的世界里"音乐究竟是什么"。里面一些有一点点走音的演唱,有一点点急促跟不上拍的孩子特有的气息,与现在电视里扑面而来的小大人模仿成人的专业演唱相比,这样的真实是那么让人惬意。片中还将约翰·帕赫贝尔《D大调卡农》改编成幽默而深情的《你的扣肉》,开始是慢速、舒展的大人歌唱,"风吹柳絮,茫茫难聚。随着风吹,飘来飘去,我若能够携你寻梦去",接着是麦兜紧凑、干净、不断重复的歌唱:"我愿似一块扣肉,我愿似一块扣肉,我愿似一块扣肉,扣住你梅菜扣住你手。我愿似一块扣肉,我愿似一块扣肉,我是你一块扣肉,扣住你梅菜扣住你手……"中间衬托着童音的和声伴唱,大人们在歌声中泪花闪闪。剧情的发展、音乐的意义连同观众的感动在卡农的不断循环中推向高潮,硬邦邦的城市在华美耀眼的灯光下渐渐融化,我们的心也跟着融化。这样的合唱不是成人的音乐教育,更不是专业的音乐教育,但它属于每个孩子。无论你是天生一副好嗓子,还是破锣嗓,这里不会出现这样的训斥声:"走音了,跑调了";"不行、不行,高、低声部没有和上,还有一个小朋友的声音没跟上来"。可是你听到的却是天籁之音,是这群其貌不扬但纯真可爱的春田花花合唱团的"歪瓜裂枣们",让我们领略到了真。需要说明的是,为电影配音的是广州少年宫合唱团、香港童声合唱团、福建中学附属学校合唱团及音乐总监和首席指挥唐少伟教授。[2] 影片还让人反思的是,为何到了学校课堂上就不能容忍孩子"走音"了呢?

---

  [1] 张媛."巧"解幼儿合唱难题[J].幼儿100(教师版),2015(6):39-41.
  [2] 资萍利.用简单来享受音乐的感动——电影《麦兜当当伴我心》的音乐教育感思[J].中国音乐教育,2013(3):12-15.

○七 超越"音准"认知：
我国中小学合唱教学评价的新思维

总之，我们中小学音乐教师要充分了解孩子的内心，不能局限于专业合唱的条条杠杠。"育人"是第一位的。即使唱不准也不能伤了孩子对音乐的喜爱。下面让一个案例《我为自己而歌唱》来结束我们对音准的讨论。

我喜欢音乐，遗憾的是，上帝并未赐予我一副好嗓子，我五音不全。我因此从未在自己的兴趣爱好中写下"唱歌"这两个字，直到那次面试的到来。那是一次合唱团的面试，因为要挑人到合唱团，所以老师叫我们中午去音乐教室候选。我自小学起就从未进过合唱队，就连跟音乐沾点边的鼓号队都未曾进过，心里自是万分想去，但是又害怕别人嘲笑我唱不好，便一直伪装满不在乎。当老师叫到我的名字时，我慢慢地起身，才惊觉手上汗津津的，冰凉得让我有点恍惚，一步一步沉重地走向老师的位置，近了，更近了……

这一次试唱的歌是一首小学就学过的《七子之歌》，我回忆了一下歌词，方才唱起来。我有点紧张，唱的时候一直用眼角的余光偷偷注意着老师的表情，见老师只是面无表情地听着，却无面对其他同学时的那种满意的微笑。这么一走神，就唱错了音。我慌忙看向老师，顿时见到她皱了皱眉，心里大失所望，但是也只好耐着性子继续唱。"那三百年来梦寐不忘的生母啊，请叫儿的乳名，叫我一声……"唱到这里时，我便唱不出来了，嗓子里仿佛像是塞了块硬馒头，吞不得吐不出，直让人憋得满脸通红。我被迫停下来，重新开始接上刚才断了的词，却接不上先前那过高的音。我再也不敢看老师了，因为知晓了自己一定会落选，还不如不看。唱罢，老师叫了下一位同学，我只得将羡慕又懊恼的目光掩下，出音乐教室时，觉得外面的光线十分刺眼，望着阴沉的天空和积压的乌云，我蓦然觉得眼里有了点什么想要流出来，热热的，胀胀的，很难受。放学时，同路回去的同学突然提议比歌，我心里有些难过，只好推脱自己唱不好，便不再说话了。她只是温和地笑笑，就和另一个同学玩了起来。轮到她时，她只唱了一句，便跑到另一个调上了。我本以为她会很在意，谁知她只是露出了一个微微有些懊恼的表情："不好意思啊，跑调了。"然后又自顾自重新把那句再唱了一次，另一个同学却打断她："可是你还是跑调了。"她也不尴尬，轻松地笑笑："哎哟，管他跑不

合唱的邀请

跑调呢,我自己唱得高兴就行。"我突然有了一种唱歌的冲动,那是从我内心流淌出来的声音,满满地从心底溢出来,如同潮水一般,伴着某种莫名的旋律,一点点往上涨,仿佛要把我平日里伪装的不在乎彻底冲破。我忍不住接下了她的那句歌词,见她们有些惊讶地看着我,我眨了眨眼睛:"两个跑调的凑一起呗。"

在回家的路上,我彻底放开了嗓子,不管自己唱得好不好,随自己心意就好。林荫小道的树叶沙沙作响,摇动间,从缝隙中洒下斑驳的橘红色的光影,天空间已不见任何乌云,徒留夕阳挂在天际,仿佛在庆幸着乌云的离去。或许我唱歌并不好听,但是我心里却清楚地明白:内心里流淌着的是一切事物都比不上的天籁之声。所以我会昂首挺胸,大声而骄傲地说:"我为自己而歌唱!"①

---

① 谢微.我为自己而歌唱[J].广东第二课堂(中学生版),2013(12):44-45.

○八 永远跳动的音符：
费承铿合唱教学新进阶

王国安教授曾对费承铿（以下简称"费老"）先生说："我们都已步入70岁以上的老年，时光有限，在创作上与其'锦上添花'，不如'雪中送炭'，在有生之年为广大中小学生留下一些看似'小儿科'的东西，让孩子们从小就能参加合唱，通过小学到高中十多年持续不断的合唱学习，增进全体公民的音乐素养。"王教授的恳切建议立马得到费老积极的回应。从2011年10月到2012年9月，费老花了一年时间，完成了由小学、初中、高中三部分组成的《中小学合唱进阶练习》。这些合唱曲取材于中外民歌，有的是中小学音乐教材中的歌曲，有的是他创作的合唱曲作，全都从学生实际水平出发，引导学生顺着他设计的合唱学习阶梯，逐步形成参与合唱的能力。

没想到，这部已经完成、尚未出版的著作，饱含着费老的期望和等待，还搁在王国安教授的案头，费老已经逝去。

铜山区中小学推行试验，践行费承铿教授合唱教育思想，努力将费老的心血成果转化为社会效益，现在已喜结硕果。喝水不忘掘井人，让我们走进费老的人生，相信他的经历和阅历会给我们很多的启迪。

在我眼中，费老师是一个"标准得不能再标准"的音乐教师。自1956年19岁毕业于南京师范学院后，57年的教学生涯，他没有一天离开过学校，离开过讲台，离开过学生。他教过幼师、中师（晓庄师范）和高师（江苏师大），做过系主任，带过研究生，还教过7年中小学（"文革"时期下放农村）。正因为他有不同层次的音乐教学经历和丰富的学术积累，他曾受教育部聘请，参与《中小学音乐教学大纲》《中等师范音乐教学大纲》和《全日制义务教育音

乐课程标准》的研制工作。他先后为江苏省、人音社、人教社编写中小学音乐教材,是目前在全国范围内使用的人民教育出版社出版的音乐教材的特约主编。他不仅深谙音乐教育规律,有广博的文化修养,且有很强的高水平的教学实践能力,他在音乐创作、歌曲的钢琴即兴伴奏和中小学音乐课堂教学艺术等方面造诣深厚,堪称各级各类音乐教育工作者的楷模。

……

我和他最后一次通话是在今年春节前后。他告诉我,这是他在徐州的最后一个春节了,要赶紧把手头的事情做完,10月份就搬回南京"老窝"去,似乎可以"安度晚年"了。呜呼!劳碌一生好不容易"言归"的好老头,就这样留下最后的遗憾走了!

让我们永远记得这位平民音乐教育家的业绩和对音乐教育事业的贡献吧!

著名音乐理论家,音乐新课程标准研制组组长,首都师范大学音乐学院原院长、教授、博士生导师王安国这样评价费老(《人民音乐》2013年第8期)。

我(曾)亲身感受到费老师认真的工作态度、雷厉风行的工作作风和高效率的工作方法,我心仪他为学习的楷模。费老师不仅是一位优秀的教授和领导,更是一位优秀的音乐教育家。他那瘦削清癯的面容,眼镜后闪烁的智慧,不苟言笑的神情,总是在告诫我们:对学生的发展,必须一丝不苟,高度负责。(他留给我们的)印象是:他一生在奔忙着,不停地奔忙着,直到生命的最后一刻。他凝聚了"捧着一颗心来,不带半棵草去"的师德风范。

音乐特级教师、音乐教育家钱逸瑞这样忆及费老给他留下的印象。

一

费老,在1937这个不幸的年份出生在一个甚幸的家庭——苏州名门望族之一的费氏家族。费老出生于苏州吴江,这里至今还有"东城费氏"之号。

遗憾的是,费老出生第三天便遇上了日本发动"八一三"事变,11 月苏州沦陷,刚出生不久的费老就不得不随着父母逃亡。更为不幸的是,爷爷、父亲在费老 10 岁时就相继去世,自此家道开始衰落,全家生活只能靠母亲给人家洗衣服、打零工、做衣服以及变卖一些首饰来维持。费老在自己的幼年就经历如此大的波折,其后坎坷更是接连不断,"文革"早期竟沦落到只能"扫厕所""交代问题"。

二

凡是在介绍与音乐有关的突出的人才时,我们常常见到这样的言论:"某某自幼喜欢音乐",有的还特别提到"某某 5 岁就登台,6 岁……"仿佛只要成艺术"家"的都是"神童"。音乐行业似乎确实也有这样一个不成文的认识,偏爱"音乐天赋论"。确有西方学者通过科学研究发现,双亲都非常有音乐才能,孩子具有音乐才能的占 92.1%;双亲一方非常有音乐才能的,孩子有音乐才能的占 73.6%。[①] 我国学者也称,音乐遗传度最高。许多重视艺术学习的家长非常关心自己的孩子有没有音乐细胞正缘于此。但查找费老上三代,既没见到像巴赫、施特劳斯那样的音乐世家背景,也没见到像海顿、舒伯特、比才等音乐家父母双方至少有一方是从事音乐或爱好音乐的。不仅如此,费老自己甚至还说:"对于音乐在小学阶段是如何学习的我几乎毫无印象了。上初中时我对音乐也毫无兴趣,到了中师一年级时上音乐课也还是含含糊糊。"

费老小时候喜欢听苏州评弹,如《唐伯虎点秋香》《杨乃武与小白菜》。按说,在苏州的文化艺术氛围中,即使没有音乐遗传因子,就凭环境也能熏出点音乐感觉的。遗憾的是,费老的儿时基本上是在日伪政权统治苏州时期,费老喜欢的苏州评弹也只能通过收音机偶尔听听。费老"平时大多只在

[①] 曹理,缪裴言,章连启.中学生学科能力目标与培养:音乐[M].北京:中国城市经济社会出版社,1990:12.

合唱的邀请

自家院子里玩玩,与家族中其他年龄相仿的孩子做游戏,很少远出,既没参加什么培训,也没其他机会接触音乐,更没见他在音乐方面有什么特别之处"。(费老哥哥语)

　　以上从遗传、环境、学校教育的事实来分析费老的成长,给我们带来的启迪是:①一位到了中师一年级还对音乐没有兴趣的学生都能成长为音乐教育家,这至少给我们大多数音乐教师带来希望。②这也给当下广大重视艺术教育的家长带来启迪,我们究竟应该如何正确看待孩子的音乐天赋和兴趣。③成就音乐教育事业并不完全取决于正式学习音乐的时间"越早越好",这也印证了铃木所说:"才能并非天生,随便哪个孩子,只要施以正确的教育方法,经过自己不断的努力都能成才。"④从费老调皮的个性、喜爱苏州评弹的倾向中可以看出,他也不是一点音乐细胞都没有。这"调皮"的个性中很可能隐含着艺术的"种子"。当有一天这个"种子"破土而出时将会发出灿烂的光芒!

三

　　著名文艺家阎肃老先生说,"一个人成才要有四'分',即天分、缘分、勤奋、本分"。如果说费老儿时还有那么一点点艺术天分的话,那么他主要靠的是后三者。

　　1.缘分。费老自己这样说:"我考上了苏州市新苏师范学校,一年级时上音乐课还是含含糊糊,到二年级时突然对音乐产生了兴趣,这不得不归功于当时的音乐教师吴德贵先生……由于我有美术基础,因此,他作曲的草稿常常委托我绘制成五线谱。记得有一次他为团体操《和平操》配曲的乐谱就是由我绘制的,封面上还画了一只和平鸽。此后我便对音乐理论和作曲产生了极大兴趣。"

　　"缘分"原本是一个出自佛教的概念,它是一种人与人之间某种必然存在的相遇的机会和可能。"机遇"对每个人来说都有,虽说"机遇"常是为有准备的人而准备的,但再有准备的人也有"光着身子冲出去"的尴尬时候。古人云,"蹈而不可失者,机也",即遇上了就不可白白丧失掉的才是"机遇"。费老以前被看成是"乱涂乱画"的东西(画画),竟然还能得到老师的表扬!这种反差给费老带来了刺激,于是,他为吴老师抄谱更加积极。吴老师表扬的"皮格马利翁效应"就更加显现出来了,费老由"无精打采"的人生转向积极进取的人生。费老不但琢磨怎样把谱子抄得更好,还琢磨那些谱面上看不懂的东西。吴老师对这样帮自己忙的学生当然也是格外关照啦!不仅把费老引进音乐之门,还给他开"小灶",教他弹钢琴,费老就是凭着一首吴老师教的《牧童短笛》后来考入南京师范学院音乐系的。也巧,南京师范学院音乐系的系主任是我国著名音乐家陈洪。他当时患了肩周炎,胳膊抬不起来,上课写板书时很困难,费老积极主动地为陈洪教授在黑板上写谱。由于费老在中师时有抄谱的经验,所以,在黑板上写谱也很漂亮。这样一个积极主动帮老师忙的学生,陈洪老师当然喜欢啦,并且给予费老特殊关照也是可想而知。费老后来在即兴伴奏、作曲、音乐理论等领域都小有成就与此不无关系,尤其是他的即兴伴奏善用副旋律的手法很像陈洪的对位化和声风格的运用。后来费老由抄谱进而演变成编教材,最后还成了编写教材的专家。别小看这"机遇",抓住了,你的人生也许就是另一番天地。

2.勤奋。费老就读的普通中师班,一周只有一两节音乐集体课,这对一个忽然对音乐产生兴趣的学生来说是远远不够的。那时整个学校也没几架钢琴,幼师班练琴排点都排不过来,普通班的学生根本没有琴点这回事。费老除了吴德贵老师给予的特殊关照,即可以在节假日里去吴老师的琴房练琴外,其他时间就没有地方练琴了。于是,他想出了一个主意,趁着幼师班女生晚上回寝室的练琴空档偷偷去练琴,但即使这样还是被拒之门外,因为女生走后琴房的门也要关了。怎么办?费老的"调皮"灵性派上了用场,他想出翻窗进入琴房练习的主意。起初,琴房管理员还以为幼师班的学生在练琴。后来,管理员很好奇,这是哪个学生这么晚还这么刻苦呢?于是便前去查看。当看到费老那一瞬间,管理员突然拉长脸责问道:"你怎么是男的啊?"费老老实地回答道:"我一直就是男的!"管理员更加生气啦!继续责问道:"幼师班都是女生,你怎么会是男生呢?你为什么在这偷练啊?"费老更加老实地回答道:"我是为了提高我的艺术修养!……"

20世纪六七十年代,费老整天挨批斗,为了不浪费时间,他发明了"心练"这种练琴方法,即手贴在大腿外侧的腿上把腿当琴练习。有一次他在腿上练琴时被红卫兵发现并责问他干什么,费老回答道:"我是紧张得手发抖。"再后来,费老下放农村期间,没有琴练习,他在桌子上刻了个键盘,就在这"无声的键盘"上练习。70年代末,形势刚有了好转,他就偷偷地跟电台学日语。正因为有这样的积累,80年代后,费老翻译了不少日本歌曲和文章,是最早关注日本铃木教学法和引进竖笛乐器的人。

费老的故事告诉我们,勤奋是可以弥补先天不足的,勤奋更能够增能。音乐界往往过度看重"天才"因素,其实处于"天才"与极度"庸才"两极的人是很少的,大多数人处于这两极之间。许多人的天赋不是坐等在那儿就可以被人发现的,一般都是慢慢地在实践中被发现的。尤其当一个人有多种天赋,是很难比较出到底哪种天赋更擅长的,"干一行爱一行"(费老的精神)式的勤奋工作是我们今天仍需要学习的。

3.本分。也许,一个人的名字就能反映出一个人的性格。费老名字的最后一个"铿"字(他哥哥是"铮"),表达了父母希望他们将来成为"铿锵之人、铮铮铁骨之人"。费老在80年代还把"承铿"写成"诚恳"作为自己的笔名发表了一首歌曲。

诚实的人也是敢讲真话的人。他的档案中显示了他在毕业前夕的实习报告中,针对实习中存在问题的建议,费老提的意见是:"(1)附中音乐老师杨雪先生的音乐教学中,视唱比重可以少一些,并且应简单一些,同歌曲结合起来。(2)由于我们在了解个别学生工作中没有门道,全靠自己摸索,建议下一届课先开一个报告。(3)本院实习委员会印发的表格太多,内容有些重复,占我们很多时间,是否可以精简一下。(4)系行政在指导实习工作中陷于一般事务性工作,缺乏必要的思想性引导和原则性的指示,同时个别教师又因指导同学过多,四处奔跑,忙得不亦乐乎,对工作质量是否有影响呢?(5)附中在某些活动中有着形式主义倾向,例如,六月一日的大队活动,党政工团做指示、报告,使得儿童们在烈日下坐了一个半小时,而这些报告的内容大都又是重复的。"从这些内容可以看出费老诚恳的性格。

1969年,费老被下放到江都周西公社务农,也正因为这诚恳的品质赢得了当地农民的同情,他们不但没有把费老当成"阶级敌人",反而觉得这"老虎"挺可爱的,后来他们对上面来的"指示"直接用"我们不清楚"这样的话来帮费老"打掩护"。还因为这诚恳的品质,费老20世纪80年代初偶遇了著名音乐教育家张肖虎,因张先生也是这样的人,所以,费老深得张先生欣赏。在张先生的力荐下,费老获得进京施展自己才华的机会,与张肖虎先生一起编写各级各类全国音乐教材,直至后来担任人民教育出版社特约中小学音乐教材主编。再因为这个诚恳的品质,1992年,徐州师范学院(即后来的江苏师范大学)建立音乐系,费老被人才引进担任首任音乐系主任,成为江苏师范大学音乐学院的奠基人。如今的江苏师范大学已经成长为教育部与江苏省共建的重点大学,学校的成长离不开像费老这样的专家们的努力。

四

费老也许因为是陶行知创办的学校晓庄师范走出来的教授,所以他身上也带有陶行知身上的"泥土"芬芳。作为一名音乐教育家,他终身奋战在音乐教育的第一线,曾从事过幼儿园、小学、中学、中师、幼师、大学等不同类型、不同阶段的学校音乐教育。他在总结自己丰富音乐教育实践经验的基础上,提出适合普通音乐教育的"费氏音乐教学法",主张高师音乐教师教育应走"三性"(师范性、民族性、实用性)之路并身体力行。他自20世纪80年代起,分别与我国著名音乐教育家张肖虎先生、王安国先生、王耀华先生一起从事我国中小学、中师音乐教学大纲、课程标准的制定,参与或主持全国中小学、幼儿园、中师音乐教材以及一些省市地方教材的编写工作,还担任

合唱的邀请

人民教育出版社特约主编，为我国普通音乐教育事业殚精竭虑，力描蓝图，夯实地基。可以说，他是中华人民共和国成立以来大众音乐教育的见证者，改革开放以来普通音乐教育的引路人之一。鉴于他的突出贡献，费老曾被授予"曾宪梓奖"，个人传略入编《中国音乐家词典》。

作为一名作曲家，费承铿先生可誉为中国的"卡巴列夫斯基"。费老的研究成果相当丰富，公开出版的成果编号已编到172，其中专著、作品集近十部，待出版的至少还有五部。即使20世纪50—70年代学术研究欠佳的氛围中，费先生仍坚持创作了十多首作品。至于他创作的一些校歌、厂歌、教材歌曲就更数不胜数了。

作为一名音乐社会活动家，费承铿先生自20世纪50年代中期起就长期从事社会群众音乐文化活动，担任过江苏人民广播电台合唱团的钢琴伴奏，南京市中学生合唱队艺术指导、民族乐队指导，南京市钟山合唱团钢琴伴奏、艺术指导，南京市晓庄师范学校群众合唱指导，徐州师范大学红杉树少儿合唱团艺术指导，徐州市汉韵合唱团（以中老年为主）团长、艺术指导、钢琴伴奏等等。即使在"文革"下放期间，由于条件所限，费老仍坚持进行群众音乐文化工作，在农闲之余，曾记录过许多民间音乐素材。在担任江苏师范大学老年科协副主席期间，他长期义务组织、指导校离退休教职工的音乐学习和演唱活动，带领校汉韵合唱团多次获得各类全国老年人合唱比赛金、银、铜奖，其他奖项更是多得难以计数。他是中国音乐家协会会员，先后担任江苏省艺术教育委员会委员、江苏省音乐家协会副主任、江苏音乐教育研究学会秘书长、南京市音乐家协会副主席、徐州市音乐家协会主席等社会职务。他在总结经验的基础上，针对当时群众音乐文化生活的急需，还著有《群众合唱九讲》。此外，受音乐新课程标准研制组组长王安国先生委托，他还编配了中小学合唱用曲。《钢琴伴奏练习册》更是他在长期群众音乐文化实践基础上，结合大中小学课堂音乐教学写出的具有开创性的研究成果。

费先生还广泛开展普及音乐教育讲座，所到之处都受到热烈欢迎，人们都亲切地称他为好人"老费"，学生称他为可爱慈祥的"费爷爷"。《青少年学和声》就是费先生针对当前音乐普及教育的空白而写作的"浅显"的"高深理论"。此外,社会活动家也往往是慈善家,多年来,费先生经常在物质与经济上帮助贫困学生,屡次拿出自己的积蓄购置学校教学设备,还捐赠图书、音像资料。1996年他曾将1.8万元稿费全部捐赠给海峡两岸音乐文化基金会,被《中华乐志》总编称为"大陆第一个不要稿费的人"。

2016年5月20日,在费老去世三周年之际,江苏师范大学音乐学院蒋步仲书记在江苏师范大学校报上发文《有一种师德叫"诚恳"》(注:"诚恳"是费老名字"承铿"的谐音,也是费老品德的最恰当概括)。在蒋步仲书记和苗雨院长以及江苏师范大学徐放鸣书记的推动下,学校搞了一次重大的纪念费老的活动,费老众多的学子捐赠20万元为其树立了一座雕像,修建了一个纪念馆,成立了"费承铿音乐教育研究所"。中国音乐教育协会会长谢嘉幸教授百忙之中亲临现场为雕像揭牌并致辞。《光明日报》以《把党员丰碑树在人心——江苏师范大学已故教师费承铿的追求》为题,对此给予专题报道。

费老的人生真可谓酸甜苦辣咸应有尽有。普希金曾说:所有的痛苦都会过去,而过去了的痛苦会成为美好的回忆。费老走了,但他似永远的音符、不朽的乐章在世间跳动和回响。

附录

费承铿《中小学合唱教学进阶》文本

一、二年级

虽说合唱练习大致从小学三年级开始,但在一、二年级适当进行一些合唱的启蒙练习,不仅是可能的,也是十分必要的。这是因为:

①一、二年级学生已经初步具有分辨音高、音色的能力,能同时分辨两个不同音高的声音。

②一、二年级学生歌唱音准的稳定性逐步提高,歌声比较清纯。

③一、二年级学生已具有较为恒定的速度感,能掌握一般的节奏变化。

④在一、二年级的音乐课本中,已有少数歌曲具有合唱的因素。

⑤一、二年级学生对合唱充满好奇,愿意进行练习。

综上所述,一、二年级的学生已具备进行合唱练习的基本条件。

一、二年级的合唱练习,通常可以从教师与学生合作演唱起步,学生演唱的部分通常是从教师演唱部分中引申出来的,具有较多模仿的因素,因而降低了练习的难度。

以下是几个师生合唱的练习。

一、师生合唱

1.《师生问好》

佚　名词曲
费承铿改编

1=C 2/4 中速

师：| 1 2 3 4 | 5 - | 5 - | 5 - | 5 4 3 2 | 1 - ‖
小朋友们　好，　　　　　　　　　小朋友们　好！

生：| 0 0 | 0 0 | 1 5. | 6 3. | 5 4 3 2 | 1 - ‖
　　　　　　您好，　您好，　X老师您　好！

这是小学音乐课堂上常用的师生问好旋律，现稍加变动，就形成了师生合唱。儿童的歌声融入教师唱的长音之中，师生之间的距离被拉近了，学生们会感到非常亲切，同时也能初步感受合唱的音响效果。

本曲可作移调练习，从 1=C→♯C→D。

2.《拔萝卜》

[俄]阿尔克谢·托尔斯泰词
陈　歌　辛曲
费承铿改编

1=F 2/4 中速

师：| 5. 6 1 | 1 - | 3. 2 1 | 1 - | 5. 3 2 | 2 - |
拔萝卜，　　　　　拔萝卜，　　　　哎呀呀，

生：| 0 0 | 5. 6 1 | 0 0 | 3. 2 1 | 0 0 | 5. 3 2 |
　　　　拔萝卜，　　　　拔萝卜，　　　　哎呀呀，

[7]
| 5. 3 2 | 2 - | 5 5 5 5 | 2 3 1 | 2 3 1 | 2 0 3 0 | 1 - ‖
哎呀呀，　　　　哎呀哎呀，拔不动，拔不动，拔　不　动！

| 0 0 | 5. 3 2 | 0 0 | 0 0 | 0 0 | 5 5 5 5 | 2 0 3 0 | 1 - ‖
　　　哎呀呀，　　　　　　　　　　　　　哎呀哎呀，拔　不　动！

合唱的邀请

　　这几乎是一个模仿练习,学生在教师的长音处进行模仿,音准很容易把握,师生合作"拔萝卜",其乐融融。

　　演唱时应注意唱出劳动歌曲的特点,节拍重音要鲜明,吐字要清晰而结实。

　　本曲也可作移调练习,从 1=F→#F→G。

3.《搬走大石头》

佚　名 词曲
费承铿 改编

1=D 2/4
中速稍慢

师｜1　20｜1　20｜1212｜1212｜
　　吭　哟，吭　哟，吭哟吭哟吭哟吭哟

生｜0　0　｜0　0　｜1　20｜1　20｜
　　　　　　　　　　　吭　哟，吭　哟，

｜1　20｜1　20｜5353｜1　0‖
　吭　哟，吭　哟，搬走大石头。

｜1212｜1212｜1212｜5323｜1　0‖
　吭哟吭哟吭哟吭哟搬走大石头。

　　这一练习采用了师生轮唱的形式,旋律单纯,犹如劳动号子,看似简单,但很有训练价值。演唱时要注意突出节拍重音,让学生用搬重物的感受来歌唱,但要注意声音的通畅,不能挤压。

　　本曲也可作移调练习,从 1=D→♭E→E→F。

4.《种瓜》

赖培东 词曲
费承铿 改编

1=D 2/4
中速稍快

师｜5　3　｜55　3　｜16　13｜2　-　｜0　0　｜
　　我 在　墙 根 下　种了一棵 瓜，

生｜0　0　｜0　0　｜0　0　｜0　0　｜5　3　｜
　　　　　　　　　　　　　　　　　　天 天

170

附录
费承铿《中小学合唱教学进阶》文本

```
 5
⎧ 0  0   | 0  0  | 0  0  | 3 5 2 | 2 - |
⎨                                发了芽,
⎩ 5 5 3  | 1· 6 1 3 | 2 - | 0 0 | 3 5 2 |
  来浇水,  天天 来看 它。            发了芽,

 10
⎧ 6· 1 2 | 2 - | 3 5 2 | 2 - | 6· 1 2 | 2 - ‖
⎨ 开了花,      结了个    大南瓜,
⎩ 0  0  | 6· 1 2 | 0 0 | 3 5 2 | 0 0 | 6· 1 2 ‖
         开了花,        结了个       大南瓜,

 16
⎧ 2·3 23 | 23 2 | 1 1 0 | 6·6 0 | 6·6 63 | 5 - ‖
⎨ 大南瓜(呀)大南瓜, 抱呀,  抱呀,  抱(呀)抱不 下!
⎩ 2·3 23 | 23 2 | 0 1 2 0 | 6·6 | 6·6 63 | 5 - ‖
  大 南瓜(呀)大南瓜,   抱呀,  抱呀,抱(呀)抱不 下!
```

这一练习的形式与《拔萝卜》相同,学生在教师的长音处进行模仿,在师生轮流唱"抱呀"处要衔接紧密,浑然一体。

本曲虽也表现劳动题材,但不属劳动歌曲范畴,演唱时应多些天真活泼感,节拍重音不必过于突出。

5.《汽车喇叭声》

佚 名 词曲
费承铿 改编

1=D 4/4

```
师 ⎡ 5 5 3 6 5 - | 5 5· 5 5· | 3 3· 3 5· | 3 - - 0 ‖
    汽车喇叭响, 滴滴, 滴滴, 滴滴, 滴滴, 滴!
生 ⎣ 0 0 0 0 | 0 0 0 0 | 5 5· 5 5· | 5 - - 0 ‖
                         滴滴, 滴滴, 滴!
```

合唱的邀请

这一练习虽然简单，却能让学生感受三度音程和谐的音响，这在合唱能力的形成中是非常重要的一环。这一练习练熟后也可由学生自己分成两个声部演唱，教师用指挥动作提示。

6.《山谷回音》

江爱丽 词曲
费承铿 改编

$$mf \quad\quad p \quad\quad mf \quad\quad p$$
| 1 1 1 1 1 - | 1 1 1 1 1 - | 3 3 3 3 3 - | 3 3 3 3 3 - |

（师）我唱 la la la，（生）我唱 la la la，（师）我唱 lu lu lu，（生）我唱 lu lu lu，

$$\boxed{5}$$

师 mf 5 5 5 - | 5 5 5 - ‖: 5 5 5 5 5 i 5 1 | 3 2 1 - ‖
　　la la la，　la la la，　山谷 回音真好听，　真好 听。

生　　3 3 3 - | 3 3 3 - ‖: 5 5 5 5 5 i 5 1 | 3 2 1 - ‖
　　lu lu lu，　lu lu lu，　山谷 回音真好听，　真好 听。

这一练习与《汽车喇叭声》相似，仍是让学生感受三度音程的音响，但增加了中强与弱的力度对比，这就要求学生要努力做到对声音的控制，以唱出回音的效果。

类似的练习，教师们还可以自行创编，师生合唱不仅能使师生关系融洽，还是学生合唱的先导，故在一、二年级不妨经常进行此类练习。

学生的二部合唱，大约从一年级下学期就可以开始，应注意第二声部（在音乐课堂的合唱教学中，一般都称第一声部和第二声部，不称高声部和低声部）的旋律不应是"空穴来风"，而大多是在主旋律中已经出现过的，这就降低了难度，而且使全歌的音调更加简朴、统一。

下面是一些二部合唱的练习，大多取材于小学一、二年级的音乐课本。

二、二部合唱

1.《大鼓和小鼓》

日本儿歌
费承铿 改编

1=F 2/4
中速

（乐谱）

第二声部只有第 5、6 两个小节与第一声部不同,而这两小节的旋律来自第 2 小节和第 4 小节,学生是不会感到陌生的。

2.《咏鹅》

[唐]骆宾王 词
黄国群 曲
费承铿 改编

1=F 2/4
中速稍慢

（乐谱）

合唱的邀请

　　这一合唱练习十分简易,第二声部的旋律是衬托性的,取材于第1、2小节的"1 1｜1 0｜"(鹅 鹅 鹅),重复三次,加强了咏的意味,学生们将会十分感兴趣并很快掌握。

　　3.《猫叫》

佚　名词曲
费承铿 改编

1=F 2/4
中速

（乐谱略）

　　小猫叫"5",老猫叫"3",经过多次反复"强化",最后形成合唱。

　　4.《大钟和小钟》

佚　名词曲
费承铿 改编

1=F 2/4
中速 轻快地

（乐谱略）

```
11
┌ 3 3 1 1 | 3 3 1 | 5 - | 3 - | 5 - |
│ 嘀嘀 嗒嗒  嘀嘀 嗒,  当      当      当
│
│ 0   0  | 0   0 | 3 3 1 1 | 3 3 1 | 3 3 1 1 |
└                           嘀嘀 嗒嗒  嘀嘀 嗒,  嘀嘀 嗒嗒

16
┌ 3 - | 1 1 5 1 | 3 3 5 5 | 1 - | 1 0 ‖
│ 当,    大钟 小钟   一起 来歌     唱。
│
│ 3 3 1 | 1 1 5 1 | 3 3 5 5 | 1 - | 1 0 ‖
└ 嘀嘀 嗒,  大钟 小钟   一起 来歌     唱。
```

在第 13—16 小节的合唱部分,第一声部唱大钟的"当当"声,第二声部唱小钟的"滴嗒"声,形成大钟小钟一起唱的热闹场面,而这两个声部的旋律是在前面已经出现过两次的情况下"聚合"的,学生不会感到突然,因此是不难掌握的。

5.《郊游》(片段)

台湾儿歌
费承铿 改编

1=F 2/4
中速 愉快地

```
┌ 5 -  | 5  -  | 5. 3 1 3 | 2 1 5· |
│ 走      走,    我们 大家  手拉 手,
│
│ 5  5 | 5 3 5 | 5. 3 1 3 | 2 1 5· |
└ 走  走,  走走 走,  我们 大家  手拉 手,

5
┌ 3 -  | 3  -  | 5 1 2 3 2 | 1 - |
│ 走      走,    一同 去郊    游。
│
│ 6· 1 | 5· 1 3 | 5 1 2 3 2 | 1 - |
└ 走  走,  走走 走,  一同 去郊    游。
```

合唱的邀请

第一声部的"5 - |5 -"由歌曲的第一个音"5"延长而来，而"3 - |3 -"则是原旋律中没有派生出来的，所以这一练习的难度要比前面的稍难些。

6.《大鹿》

法国儿歌
费承铿 改编

1=F 2/4
中速 稍快

5 1 1 2 | 1 7 2 | 5 2 2 2 | 2 1 3 |
大鹿站在 房子里， 透过窗子 往外瞧，

5 1 1 2 | 1 7 2 2 | 5 5 6 7 | 1 - ‖
林中跑来 一只小兔 咚咚把门 敲。

5 5 5 5 | 5 4 6 | 4 4 4 4 | 4 3 5 |
"鹿呀，鹿呀，快开门， 林中猎人 追来了！"

5 5 6 7 | 1 - | 5 5 6 7 | 1 - ‖
咚咚把门 敲， 咚咚把门 敲。

3 3 3 3 | 3 2 4 4 4 | 5 5 6 7 | 1 - ‖
"兔儿，兔儿，快进来，咱们手把手挽牢。"

5 0 5 0 | 5 0 5 0 | 5 5 6 7 | 1 - ‖
兔 儿 快 来 手把手挽牢。

第二声部抓住第7、8小节的"5 5 6 7 | 1 -"并予以多次反复，表
　　　　　　　　　　　　咚咚把门 敲。
示了情况的紧急。第13、14小节"5 0 5 0 | 5 0 5 0"是其第一个音的
　　　　　　　　　　　　兔 儿 快 来
多次反复。两个声部的合唱，增强了歌曲的趣味和音调的立体感，将会受到学生的欢迎。

附录
费承铿《中小学合唱教学进阶》文本

7.《乃哟乃》

1=F 2/4

土家族儿歌
费承铿 改编

中速稍快 活泼地

| 5 3 5 | 5 3 1 | 5 5 3 | 5 3 1 |
乃哟乃， 乃哟呵， 乃乃哟， 乃哟呵，

⸢5⸣
| 1 5 3 5 | 5 3 5 | 5 3 1 | 5 1 5 3 |
唱起 歌儿 乃哟 乃， 乃哟呵， 跳起 舞来
| 5 5 | 3 — | 5 3 1 | 5 3 |
乃 哟 乃， 乃哟呵， 乃 哟

⸢9⸣
| 1 1 3 | 5 3 1 | 1 1 5 3 | 1 1 3 | 5 3 1 ‖
唱起 歌 乃哟呵， 我们心里 真快乐， 乃哟呵。
| 5 — | 5 3 1 | 5 3 5 | 5 3 5 | 5 3 1 ‖
乃， 乃哟呵， 乃哟乃， 乃哟呵， 乃哟呵。

　　第二声部"5 5 | 3 —"和"5 3 | 5 —"的音调来自第
　　　　　　　乃 哟 乃，　　　　乃 哟 乃，

3小节"5 5 3"和第1小节"5 3 5"，只是在时值上扩大了一倍，学
　　　　　乃哟乃，　　　　乃哟乃，

生十分容易上口。

8.《其多列》

1=F 2/4

云南哈尼族儿歌
费承铿 改编

中速 活泼地

| 5 3 3 | 5 3 3 | 6 6 1 3 | 2 1 2 |
其多列， 其多列， 上山坡去 拣竹叶，
| 5 3 | 3 — | 1 6 | 6 — |
其多 列， 其多 列，

177

合唱的邀请

$$\begin{Vmatrix} \underline{3\ 5}\ \underline{3\ 2} & |\underline{1\ 2}\ 6 & |\underline{1\ \dot{6}}\ \dot{6} & |\underline{1\ \dot{6}}\ \dot{6} & \| \\ \text{带上 长刀 破竹筒,} & \text{其多 列,} & \text{其多 列.} \\ \underline{5\ 3}\ 3 & |\underline{5\ 3}\ 3 & |\underline{1\ \dot{6}}\ \dot{6} & |\underline{1\ \dot{6}}\ \dot{6} & \| \\ \text{其多 列,} & \text{其多 列,} & \text{其多 列,} & \text{其多 列.} \end{Vmatrix}$$

第二声部"$\underline{5\ 3}\ |\ 3\ -$"和"$\underline{1\ \dot{6}}\ |\ \dot{6}\ -$"的音调来自第1小节"$\underline{5\ 3}\ 3$"和第7小节"$\underline{1\ \dot{6}}\ \dot{6}$",只是在时值上扩大了一倍,一、二年级的合唱经常可以使用这种手法。

9.《大雨和小雨》

文　思 词曲
费承铿 改编

1=D 2/4
中速

5　3 | 6 6 5 | 3　1 | 3 3 2 |
大　雨　哗啦啦, 小　雨　渐沥沥,

6 6 5 | 3 3 2 | 3 1 2 3 | 5　- |
哗啦啦, 渐沥沥, 小草笑嘻嘻。

$$\begin{Vmatrix} 6\ 6\ 5 & |\ 6\ 6\ 5 & |\ \underline{3\ 1}\ \underline{2\ 3} & |\ 1\ - & \| \\ \text{哗啦啦,} & \text{哗啦啦,} & \text{小草 笑嘻} & \text{嘻.} \\ 3\ 3\ 2 & |\ 3\ 3\ 2 & |\ \underline{3\ 1}\ \underline{2\ 3} & |\ 1\ - & \| \end{Vmatrix}$$

该练习将大雨和小雨的不同声响和不同音高组合成为合唱,虽然只有短短的两小节,但学生可以从中感受和谐的和声音响,是很有练习意义的。

10.《数蛤蟆》

1=F 2/4　　　　　　　　　　　　　　　　　四川民歌
中速稍快　　　　　　　　　　　　　　　　费承铿 改编

| 5 3 5 3 | 5 1 2 | 5 3 5 3 | 5 1 2 | 5 3 5 3 |
| 一只 蛤蟆 | 一张 嘴， | 两只 眼睛 | 四条 腿， | 乒乒 乒乒 |

[6]
| 1 2 3 2. 1 | 6 1 6 1 2 | 1 1 6 5 | 6 1 6 1 2 | 1 1 6 5 |
| 跳下 水 呀， | 蛤蟆不吃水 | 太 平 年， | 蛤蟆不吃水 | 太 平 年， |

[11]
3 5 2 3 5	3 1 2	3 5 2 3 5	3 1 2
荷儿梅子 梭，	水 上 漂，	荷儿梅子 梭，	水 上 漂。
6 1 6 1 2	1 1 6 5	6 1 6 1 2	1 1 6 5
蛤蟆不吃水	太 平 年，	蛤蟆不吃水	太 平 年。

　　本练习最后四小节将"蛤蟆不吃水太平年"和"荷儿梅子梭，水上漂"组合成合唱，两个声部的旋律节奏大致相同，音高相距三、四、五度，保持着鲜明的民族特色。学生第一次接触两个声部同时唱不同的歌词，将会感到十分新奇，极易调动他们的学习积极性。

11.《七个好朋友》

1=C 2/4　　　　　　　　　　　　　　　　　吴振华 词曲
中速稍快　　　　　　　　　　　　　　　　费承铿 改编

| 1 2 3 4 | 5 6 7 | 1 7 6 1 | 5 — |
| do re mi fa | sol la si， | 七 个 好 朋 | 友， |

[5]
| 1 2 3 4 | 5 5 5 | 6 5 4 3 | 2 — |
| 大家 一起 | 排好 队， | 有高 又有 | 低， |

[9]
1 1 1	2 2 2	3 4 5 6	7 —
do do do，	re re re，	mi fa sol la	si，
1 1 1	2 2 2	1 2 3 4	5 —
do do do，	re re re，	do re mi fa	sol，

合唱的邀请

```
13
| i 7 6 5 | 4 3 2 | 5 4 3 2 | 1 - ‖
  do si la sol  fa mi re,   唱 歌 真 快 活。

| 1 1 1 | 2 2 2 | 3 4 3 2 | 1 - ‖
  do do do,   re re re,   唱 歌 真 快 活。
```

第二声部的音调均来自第一声部，只有最后两小节的"3 4 3 2 | 1 -"与第一声部有一音之差，教学时需予以小心引导。

12.《理发师》

澳大利亚民歌
费承铿 改编

1=C 2/4

中速稍快

```
| 5 5 5 5 | 6 6 6 6 | 5  3 | 5  3 |
1.理 发 店 的  老 爷 爷(呀) 咔  嚓   咔  嚓，
2.下 面 一 位  请 你 过 来  咔  嚓   咔  嚓，

5
| 3 3 3 3 | 4 4 4 4 | 3  1 | 3  1 |
  手 里 拿 着  一 把 剪 刀  咔  嚓   咔  嚓，
  镜 子 里 面  看 一 看(哪) 咔  嚓   咔  嚓，

9
| i - | 6 7 i 6 | 5 - | 5 6 5 4 |
  哎！  就 快 成 功  啦！  快 快 喷 雾

| 5 3 5 3 | 0  0 | 3 1 3 1 | 5 6 5 4 |
  咔嚓 咔嚓         咔嚓 咔嚓  快 快 喷 雾

13
| 3  3 | 3  3 | 3 - | 3  0 ‖
  沙  沙   沙  沙   沙。

| 3  1 | 1  1 | 1 - | 1  0 ‖
  沙  沙   沙  沙   沙。
```

第二声部"$\underline{5\ 3}\ \underline{5\ 3}$"和"$\underline{3\ 1}\ \underline{3\ 1}$"的音调来自第 3、4 小节的"5　3 | 5　3"和第 7、8 小节"3　1 | 3　1",只是在时值上缩小了一倍。这与练习第 7、8 小节的手法是相同的。

以上十二条合唱练习对于一、二年级的学生来说都是比较适宜的,如能在教学中见缝插针逐条加以练习,定能为以后的合唱教学奠定良好的基础。教师们也可以参考这些练习的编写手法,选取所使用音乐课本中的歌曲来加以改编用以教学。

在低年级的二声部合唱教学中,最好不要让学生固定声部,而应经常调换声部,使每位学生都能熟悉两个声部的音调,尤其要防止学生产生愿唱第一声部而不愿唱第二声部的错误观念,相反,教师要鼓励学生努力唱好与主旋律声部不同的另一声部,以切实提高合唱水平。

合唱练习过程中最好尽量少用琴,有时可用"柯尔文手势"提示音高。一定要让学生学会在唱准自己声部的同时倾听另一声部的声音,正如课标指出的那样"使学生感受多声部音乐的丰富表现力,尽早积累与他人合作演唱的经验,培养集体意识及协调、合作的能力"。

以上这些练习在学生熟练掌握后,也可以加上钢琴伴奏,但即使是即兴伴奏也应精心设计,绝不能让浑浊的伴奏音响干扰优美的合唱声响,最好使用不带旋律的伴奏。

三至六年级

《音乐课程标准》指出,三至六年级的学生"随着生活范围和认知领域的进一步扩展,学生的体验感受与探索创造的活动能力增强",教师要"注意引导学生对音乐的整体感受,丰富教学曲目的体裁、形式,增加合唱、乐器演奏及音乐创造活动的分量,以生动活泼的教学形式和艺术魅力吸引学生"。

在课程内容"表现"的"演唱"部分,对三至六年级的学生提出了"能用自然的声音、准确的节奏和音调,有表情地独唱或参与齐唱、轮唱、合唱,并能对指挥动作做出恰当的反应"。

在"关于教学内容的几点说明"中再次强调"要更加重视并着力加强合唱教学"。

三至六年级是学生发展音乐感知能力的最佳时期,国内外多位专家的测试结果都表明,8~11岁的儿童在模唱旋律、旋律记忆、音高辨别、音程听辨等方面均逐年有长足的进步,再加上声带的逐年发育,童音逐渐不再稚嫩,而有了一定的结实度和光亮度,这就使得他们歌唱的音域和能力得到了飞速的增长,所以,这一学段乃是童声合唱的黄金时期。

一、轮唱

由于在一、二年级已经做过一些合唱的启蒙练习,学生对合唱已经没有陌生感,而是十分愿意练习,按照课标建议的"合唱教学可从轮唱开始",我们可以在三年级多做一些轮唱的练习,逐步再过渡到其他多声部的合唱形式。

轮唱是使用相同的旋律在不同的声部上重复并在不同的时间出现,这是发展多声部歌唱能力的最好准备。

每个人需唱好自己的声部,同时又要聆听别人的并不陌生的声部,在轮唱中协调配合。

在轮唱时学生往往因好奇、兴奋而形成"竞唱",结果越唱越响、越唱越快,这就丧失了合唱的美感,教师应予以提防和及时纠正。

要注意!不是所有的歌曲都能轮唱的,能轮唱的歌曲是作者用一定的技法精心创作出来的。所以,当我们决定把某首歌曲用轮唱的方式演唱时,最好先把轮唱谱写出来,仔细检查一下两个声部的音程关系,如发现有很不协和的音程出现而且时值较长的情况,就要加以调整或干脆舍弃。例如《白鸽》是一首可以轮唱的歌曲,但按规定应为间隔两小节的轮唱,如采用间隔一小节轮唱的方式演唱,就会出现十分不协和的音响:

```
‖: 1 2 3 4 | 5 6 7 5 | i  i | 7 - | 6 6 | 5 - |
   有只白鸽  停在我的  窗 台   上,    窗台   上,
   0 0     | 1 2 3 4 | 5 6 7 5 | i  i | 7 - | 6 6 |
             有只白鸽  停在我的   窗 台   上,    窗台
```

第3、4、5小节,两个声部连续产生小二度、大二度的碰撞,其音响简直不堪入耳!

但如采用间隔两小节的轮唱,则一切井然有序,和声音响十分和谐:

```
‖: 1 2 3 4 | 5 6 7 5 | i  i | 7 - | 6 6 | 5 - |
   有只白鸽  停在我的  窗 台   上,    窗台   上,
   0 0     | 0 0     | 1 2 3 4 | 5 6 7 5 | i  i | 7 - |
                       有只白鸽  停在我的   窗 台   上,
```

轮唱歌曲大多两个声部的间隔距离常在二到六拍之间($\frac{2}{4}$、$\frac{3}{4}$拍一到二小节,$\frac{4}{4}$拍半小节到一小节),但有时也有相隔一拍的轮唱,有时甚至有相隔一个乐句的轮唱。

虽说"合唱教学可从轮唱开始逐步过渡到其他多声部合唱形式",但由于轮唱本身也是合唱中一个很重要的"品种",有它独特的音乐表现力。所以即使学生已经"过渡到其他多声部合唱形式"后,仍不能舍弃轮唱,即使在成人的合唱活动中,轮唱仍占有一席之地。

以下是一些轮唱的练习,这些练习可从三年级一直持续到六年级。

1.《白鸽》

捷 克 民 歌
费承铿 改编

1=C $\frac{2}{4}$

中速

```
‖: 1 2 3 4 | 5 6 7 5 | i  i | 7 - | 6 6 |
   有只白鸽  停在我的  窗 台   上,    窗台
   0 0     | 0 0     | 1 2 3 4 | 5 6 7 5 | i  i |
                       有只白鸽  停在我的   窗 台
```

合唱的邀请

$$\begin{Bmatrix} \boxed{6} \\ 5 - | 5\ 4\ 4\ 4 | 4\ 3\ 3\ 3 | 2\quad 2 | 5 - | \\ \text{上,}\quad \text{咕咕 咕咕}\ \text{它 呼 唤 我}\ \text{快 起 床,} \\ 7 - | 6\quad 6 | 5 - | 5\ 4\ 4\ 4 | 4\ 3\ 3\ 3 | \\ \text{上,}\quad \text{窗 台}\quad \text{上,}\quad \text{咕咕 咕咕}\ \text{它 呼 唤 我} \end{Bmatrix}$$

$$\begin{Bmatrix} \boxed{11} \\ 5\ 4\ 4\ 4 | 4\ 3\ 3\ 3 | 2\quad 2 | 1 - | 2\quad 2 | 1 - \| \\ \text{咕咕 咕咕}\ \text{它 呼 唤 我}\ \text{快 起}\ \text{床,}\quad \text{快 起 床。} \\ 2\quad 2 | 5 - | 5\ 4\ 4\ 4 | 4\ 3\ 3\ 3 | 2\quad 2 | 1 - \| \\ \text{快 起 床,}\quad \text{咕咕 咕咕}\ \text{它 呼 唤 我}\ \text{快 起 床。} \end{Bmatrix}$$

这是一首两个声部相距两小节(四拍)的轮唱,第一声部将最后两小节重复唱一遍,与第一声部同时结束,两个声部之间的音程关系十分和谐,而且节奏错落有致,你疏我密,你密我疏,形成两个十分清晰的旋律线条的交织。我们若要自己动手创作或改编轮唱曲目,这是一个很简朴的范例。

2.《月亮姐姐快下来》

陈云芳 词
丁 雅 曲
费承铿 改编

1=G 3/4

稍慢 抒情、期盼地

$$\begin{Bmatrix} 5\ 5\ 1\ 1. | 1\ 5\ 3 - | 5\ 5\ 1\ 1. | 1\ 5\ 3 - | 3\ 3\ 5\ 5. | \\ \text{月亮 姐姐}\ \text{快下 来,}\ \text{大伙 对你}\ \text{真喜 欢,}\ \text{请给 我们} \\ 0\quad 0\quad 0 | 5\ 5\ 1\ 1. | 1\ 5\ 3 - | 5\ 5\ 1\ 1. | 1\ 5\ 3 - | \\ \quad\quad\quad\quad \text{月亮 姐姐}\ \text{快下 来,}\ \text{大伙 对你}\ \text{真喜 欢,} \end{Bmatrix}$$

$$\begin{Bmatrix} \boxed{6} \\ 3\ 3\ 1 - | 1\ 1\ 5\ 5. | 1\ 5\ 3 - | 1\ 5\ 3 - | 3 - - \| \\ \text{讲故 事,}\ \text{天上 神话}\ \text{到处 传,}\ \text{到处 传。} \\ 3\ 3\ 5\ 5. | 3\ 3\ 1 - | 1\ 1\ 5\ 5. | 5\ 3\ 1 - | 1 - - \| \\ \text{请给 我们}\ \text{讲故 事,}\ \text{天上 神话}\ \text{到处 传。} \end{Bmatrix}$$

这是一首两个声部相距一小节（三拍）的轮唱，与大多数轮唱曲产生的欢乐、热烈情绪相反，这首轮唱歌曲却营造了一派安静、盼望的景象。演唱时需注意最后一句"到处传"，两个声部的音调略有不同。

3.《老爷爷赶鹅》（片段）

罗马尼亚儿童歌曲
费 承 铿 改编

1=C 2/4
中速

```
3 2  3 2 1 | 0 5 5 i 0 | 3 2  3 2 1 | 0 5 5 i 0 |
嘎 嘎 老爷爷    嘎嘎 嘎，   嘎 嘎 老爷爷    嘎嘎 嘎，
0    3 2 | 3 2 1  0 5 5 | i 0  3 2 | 3 2 1  0 5 5 |
     嘎 嘎  老爷爷  嘎嘎 嘎，  嘎 嘎  老爷爷  嘎嘎
```

[5]
```
3 2  3 2 1 | 0 5 5 i 0 | 3 2  3 2 1 | 0 5 5 i 0 ‖
嘎 嘎 老爷爷    嘎嘎 嘎，   嘎 嘎 老爷爷    嘎嘎 嘎。
i 0  3 2 | 3 2 1  0 5 5 | i 0  3 2 | 3 2 1  1 0 ‖
嘎， 嘎 嘎  老爷爷  嘎嘎 嘎，  嘎 嘎  老爷爷   嘎。
```

在这段轮唱中，两个声部只相距一拍，"嘎嘎"的声响不绝于耳，形成了十分风趣、热闹的效果。

这段轮唱也可以用两个声部相距两拍（一小节）的形式来演唱，如下谱：

```
3 2  3 2 1 | 0 5 5 i 0 | 3 2  3 2 1 | 0 5 5 i 0 |
嘎 嘎 老爷爷    嘎嘎 嘎，   嘎 嘎 老爷爷    嘎嘎 嘎，
0           0           | 3 2  3 2 1 | 0 5 5 i 0 | 3 2  3 2 1 |
                          嘎 嘎 老爷爷    嘎嘎 嘎，  嘎 嘎 老爷爷
```

[5]
```
3 2  3 2 1 | 0 5 5 i 0 | 3 2  3 2 1 | 0 5 5 i 0 ‖
嘎 嘎 老爷爷    嘎嘎 嘎，   嘎 嘎 老爷爷    嘎嘎 嘎。
0 5 5 i 0 | 3 2  3 2 1 | 0 5 5 i 0 | 0 5 5 i 0 ‖
嘎嘎 嘎，   嘎 嘎 老爷爷    嘎嘎 嘎，   嘎嘎 嘎。
```

请比较这两种演唱方式各自不同的特点。

合唱的邀请

4.《美丽的黄昏》

1=F 3/4

中速稍快

欧美歌曲
费承铿 改编

| 1 - 2 | 3 - 1 | 4 - 3 | 3 2 1 | 4 - 3 |
啊，那 黄 昏 美 丽的 黄 昏， 美 丽的

[6]
| 3 2 1 | 3 - 4 | 5 - 3 | 6 - 5 | 5 4 3 |
黄 昏， 听 那 钟 声 美 妙的 钟 声，
| 0 0 0 | 1 - 2 | 3 - 1 | 4 - 3 | 3 2 1 |
　　　　　啊， 那 黄 昏 美 丽的 黄 昏，

[11]
| 6 - 5 | 5 4 3 | 1 - - | 1 - - | 1 - - |
美 妙的 钟 声， 叮　　　咚　　　叮
| 4 - 3 | 3 2 1 | 3 - 4 | 5 - 3 | 6 - 5 |
美 丽的 黄 昏， 听 那 钟 声 美 妙的

[16]
| 1 - - | 1 - - | 1 - - ‖ ① 1 - 2 | 3 - 1 |
咚　　　叮　　　咚。　　　啊， 那 黄 昏
　　　　　　　　　　　　　② 1 - - | 1 - - |
　　　　　　　　　　　　　　叮　　　咚
| 5 4 3 | 6 - 5 | 5 4 3 | 1 - - | 1 - - |
钟 声， 美 妙的 钟 声， 叮　　　咚

[21]
| 4 - 3 | 3 2 1 | 4 - 3 | 3 2 1 ‖
美 丽的 黄 昏， 美 丽的 黄 昏。
| 1 - - | 1 - - | 1 - - | 1 - - ‖
叮　　　咚　　　叮　　　咚。
| 1 - - | 1 - - | 1 - - | 1 - - ‖
叮　　　咚　　　叮　　　咚。

附录
费承铿《中小学合唱教学进阶》文本

　　这首轮唱歌曲的音乐情绪是平静优美的，长音"do"的衬托，更增添了宁静、虔诚的气氛。轮唱中出现了大量平行三度的和声，教学中一定要让学生注意倾听。所以，这首歌曲也是从轮唱过渡到其他多声部合唱形式的"脚手架"之一。最后六个小节如唱②可以结束，如唱①则可以继续循环唱下去。

　　这首歌曲还可以三部轮唱，三个声部的间隔仍为一个乐句的长度（6小节，18拍），如下谱：

1=F 3/4

欧美歌曲
费承铿 改编

中速稍快

```
| 1 - 2 | 3 - 1 | 4 - 3 | 3  2  1 | 4 - 3 |
  啊,   那 黄 昏 美  丽的 黄  昏, 美  丽的
```

6
```
| 3  2  1 | 3 - 4 | 5 - 3 | 6 - 5 | 5  4  3 |
  黄  昏, 听那 钟   声 美  妙的 钟   声,
| 0  0  0 | 1 - 2 | 3 - 1 | 4 - 3 | 3  2  1 |
           啊,  那 黄 昏 美  丽的 黄  昏,
```

11
```
| 6 - 5 | 5  4  3 | 1 - - | 1 - - | 1 - - |
  美  妙的 钟   声, 叮     咚     叮
| 4 - 3 | 3  2  1 | 3 - 4 | 5 - 3 | 6 - 5 |
  美  丽的 黄  昏, 听 那 钟   声 美  妙的
| 0  0  0 | 0  0  0 | 1 - 2 | 3 - 1 | 4 - 3 |
                     啊,  那 黄 昏 美  丽的
```

16
```
| 1 - - | 1 - - | 1 - - | 1 - 2 | 3 - 1 |
  咚     叮     咚。    啊,  那 黄  昏
| 5  4  3 | 6 - 5 | 5  4  3 | 1 - - | 1 - - |
  钟   声, 美  妙的 钟   声, 叮     咚
| 3  2  1 | 4 - 3 | 3  2  1 | 3 - 4 | 5 - 3 |
  黄  昏, 美  丽的 黄  昏, 听 那 钟   声
```

合唱的邀请

```
[21] | 4 - 3 | 3 2 1 | 4 - 3 | 3 2 1 |……
      美   丽的 黄 昏， 美  丽的 黄 昏。

      | 1 - - | 1 - - | 1 - - | 1 - - |……
        叮    咚       叮    咚。

      | 6 - 5 | 5 4 3 | 6 - 5 | 5 4 3 |……
       美  妙的 钟 声， 美  妙的 钟 声。
```

5.《水牛儿》

北京童谣
费承铿 改编

1=F 2/4

中速 天真地

```
| 0 2 | 3. 2 | 3 0 | 3 32 | 5 32 | 12 32 |
   水 牛儿， 水 牛儿，  先 出 犄 角 后 出

| 0 | 0 | 0 2 | 3. 2 | 3 0 | 3 32 | 5 32 |
              水 牛儿， 水 牛儿， 先 出 犄 角
```

```
[6] | 1. 6 | 1 0 2 | 3. 2 | 3 0 | 3 32 | 1 2 |
     头儿   哇。 你 爹  你 妈   给 你 买 的

    | 1 2 32 | 1. 6 | 1 0 2 | 3. 2 | 3 0 | 3 32 |
     后 出 头儿   哇。 你 爹  你 妈   给 你
```

```
[12]| 3 32 | 5 32 | 12 32 | 1. 6 | 1 0 | 12 32 |
     烧 羊 脖子 烧 羊 肉   哇。   你 要 不

    | 1 2 | 3 32 | 5 32 | 12 32 | 1. 6 | 1 0 |
     买 的 烧 羊 脖 子 烧 羊 肉   哇。
```

这首歌曲的难点在于前两个乐句均开始于第二拍的后半拍，初学时学生会感到困难，教唱时最好不要单纯采取让学生模唱的方式，应注入一些理性的成分。最理想的方法是让学生跟随教师的指挥动作准确地起唱。在音乐教学中，教师准确、明晰的指挥动作往往胜过累赘的语言数十倍，所以，音乐教师们都需要努力学好指挥。

这是一首风趣的儿歌，两个声部轮唱营造的不应是热烈的气氛而是平静、风趣的叙述，所以，节拍重音不必过于突出，歌声中要充满天真的童趣。

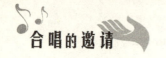

6.《小号手之歌》

黎汝清 词
金复载 曲
费承铿 改编

1=G 2/4
进行曲速度

(曲谱)

这是一首神气十足的进行曲,两个声部的轮唱犹如支支队伍从四面八方会合,终于汇成一股无坚不摧的洪流,奋勇向前,演唱时要注意突出节拍重音。第二声部的"嘀嘀嘀嗒"的旋律与第一声部的略有不同,教学时需予以注意。

7.《在阿维翁大桥上》

法 国 歌 曲
李蕾蕾译配
费承铿 改编

1=F 2/4

愉快活泼地

| 1 1 1 1 | 2 2 2 | 3 4 5 1 | 7 1 2 5 | 1 1 1 1 | 2 2 2 |

在阿维翁 大桥上， 围起 圈子 跳舞 唱歌， 在阿维翁 大桥上，

⑨
| 3 4 5 1 | 2 7 1 |
我们 跳得 多欢 畅。

| 1 1 1 1 | 2 5 | 1 1 1 1 | 2 5 |
先这样 跳吧， 先 生， 然后再变 花 样，
| 0 0 | 5 5 5 5 | 1 1 | 5 5 5 5 |
先这样跳吧， 先 生， 然后再变

⑮
| 1 1 1 1 | 2 5 | 1 1 1 1 | 5 1 | 5 — | 1 0 ‖
先这样跳吧， 先 生， 然后再变 花 样， 花 样。
| 1 1 | 5 5 5 5 | 1 1 | 5 5 5 5 | 3 — | 1 0 ‖
花 样， 先这样跳吧， 先 生， 然后再变 花 样。

这首歌曲的后半部分(9—17小节)是轮唱，虽节奏相同而音调不同，但在不同中也仍有相同之处，如第一声部的"先这样跳吧"和"然后再变"处都是同音进行，第二声部也是同音进行，只是移低了四度，这种轮唱难度虽然稍高些，但更显其"向其他多声部合唱形式"的过渡作用。

8.《踏浪》

庄　奴词
古　月曲
费承铿 改编

1=D 4/4

中速 轻快地

| 6 6 1 2 3 4 3. 2 2 | 6 6 1 2 3 4 3 — | 6 6 1 2 3 4 3. 2 2 |
小小的一片 云 呀， 慢慢地走过 来， 请你么歇歇 脚 呀，
| 0 0 6 6 1 2 3 4 | 3. 2 2 6 6 1 2 3 4 | 3 — 6 6 1 2 3 4 |
小小的一片 云 呀，慢慢地走过 来， 请你么歇歇

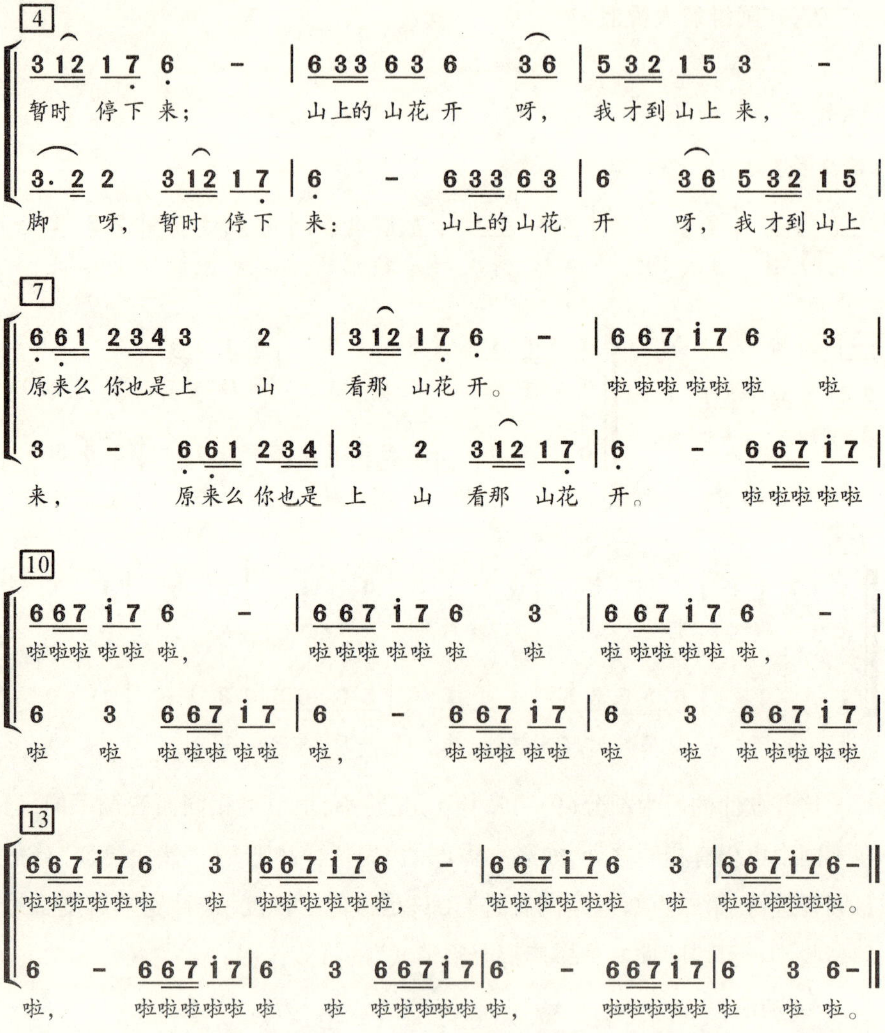

合唱的邀请

[sheet music omitted]

这是一首充满生活情趣的流行歌曲,深受青少年的喜爱,两个声部的轮唱表现了登山赏花的游人络绎不绝的情景。演唱时节拍重音不必过于突出,声音要甜美、亲切些,"啦啦啦"处要唱得热情奔放,但仍要注意有所控制,不能喊叫,要用轻盈的头声唱出富有弹性的声音。

附录
费承铿《中小学合唱教学进阶》文本

9.《两只小猫》

河北童谣
邱刚强 曲
费承铿 改编

1=F 2/4
中速稍快 风趣地

(合唱谱略)

合唱的邀请

[乐谱部分]

　　这也是一首极具风趣的童谣,第一乐段是二声部轮唱,第二乐段是三声部轮唱。三声部轮唱的效果颇为热闹,但也容易引起混乱,只要其中有一个声部节奏稍稍出错,整体效果就会受损。教学时一定要用指挥动作来提示,练习过程中可暂不用钢琴伴奏,让各个声部清晰地听到自己声部和别的声部是如何交织在一起的。

　　轮唱之所以成为"过渡到其他多声部合唱形式"的首选,是因为在轮唱中学生开始有了声部的概念(在齐唱中是没有声部的),有了不同的声部,就有相互倾听、相互配合的必要,而这正是合唱最基本的要求。

　　在轮唱中两个声部的旋律完全相同(或大致相同),第二声部无须学唱新的旋律,这就使得轮唱非常容易上手,也很容易获得学生的喜爱。

　　在轮唱教学中一定要引导学生倾听轮唱整体的音响,而不能只顾沿着自己声部的旋律前进而毫不顾及另一声部,更不能与另一声部拼力度和速度。要让学生习惯于依据教师的指挥动作来控制自己演唱的力度、速度和各个乐句进入的"点",当学生能够全部看懂并执行教师的指挥"语言"时,合唱的水平必然也会与日俱增。

二、复调织体的合唱

二声部的复调织体合唱看似困难,实际上比主调织体的合唱反而容易些,因为复调织体中的两个声部各有其独立性,不若主调织体中的非主旋律声部比较难唱,很多教师的教学实践都证实学生们很喜欢这类合唱,课堂教学的效果很好。

复调织体的合唱大致有支声式复调、模仿性的复调和对比性的复调等,现分述于下。

(一)支声式的合唱

支声式的合唱介于合唱与齐唱之间,两个声部基本上沿着同一条道路前进,只有少许分离,分离后又随即会合。这是民间合唱常见的形式,它的特点是易学易唱,虽合唱的特点体现稍为逊色,但这正好成为从齐唱过渡到合唱的形式之一。

支声式的合唱比较适合民族风格浓郁的歌曲,下面这些练习,民族风格鲜明,很适合三至六年级学段的学生练习。

1.《儿童团》

河北民歌
费承铿 改编

1=G 2/4
中速稍快

| 1 1 | 3 5 | 6̇ 1 | 2 — | 3 3 3 5 | 3 2 1 6̇ | 2 — |
| 春 天 里(呀)春 风 吹, 花儿 头上 蝴 蝶 飞, |

| 1 1 | 3 5 | 6̇ 1 | 2 — | 3 2 1 2 | 3 2 1 6̇ | 5 — |

| 3 1 3 | 2 — | 3 3 5 | 6 — | 6 6 3 2 | 1 2 | 1 — ‖
| 大 街 上 哨 子 吹, 儿童团要 开 大 会。|

| 1 1 3 | 2 — | 1 1 5 | 6 — | 6 6 5 6 | 1 2 | 1 — ‖

合唱的邀请

2.《彩龙船》

1=G 2/4

湖北民歌
费承铿 改编

中速 稍有力地

彩龙船呀么 呀喂哟, 来得忙哟 哟呵嗨, 来到这里边 呀喂子哟,

来拜年哟, 划着, 呀呵嗨嗨 哟呵嗨, 来拜年哟, 划着。

3.《箫》

1=C 2/4

汉族民歌
费承铿 改编

中速 幽静地

一根 紫竹 直苗苗, 送给宝宝 做管箫, 箫儿对准口, 口儿对准 箫, 箫中吹出新时调。 箫中吹出新时调。 小宝

附录
费承铿《中小学合唱教学进阶》文本

```
17
 0  0  | 6 1 6 1 | 2̇ 6 | 5 -  | 0 0 | 5 6 5 |
       吁底 吁底   学  会   了。         小 宝 宝

 2  -  | 6 5 6 1 | 6 3  | 5 -  | 1 3 2 - |
 宝,    吁底 吁底   学 会   了。    小 宝 宝

23
 6 1 6 1 | 2̇ 6 | 5. 6 | 2 3 5 6 | 5 - | 5 0 ‖
 吁底 吁底   学 会   了。              

 6 5 6 1 | 6 3 | 5 - | 6 1 | 5 - | 5 0 ‖
 吁底 吁底   学 会   了,    学 会  了。
```

4.《久不唱歌忘记歌》

贵州布依族民歌
费承铿 改编

1=♭B 2/4
中速

```
 1 1 6 1 5 5 5 6 | 1̇ 2 2 2 | 1̇ 2 3 2 2 | 1 1 6 1 5 5 5 6 |
1.久不(啊是 嘎拉拉子) 唱 歌(尖噜噜) 忘 记 歌 呀, 永不(啊是 嘎拉拉子)
2.好久(啊是 嘎拉拉子) 不 走(尖噜噜) 这 方 来 呀, 这方(啊是 嘎拉拉子)
3.拨开(啊是 嘎拉拉子) 青 苔(尖噜噜) 喝 凉 水 呀, 一朵(啊是 嘎拉拉子)

 1 1 6 1 5 5 5 6 | 5 6 1 1 6 | 1̇ 2̇ 1 6 6 | 1 1 6 1 5 5 5 6 |
```

```
5                                         结束句
 1̇ 2 2 2 | 6 6 1 1 1 6 | 5.  0 ‖ 6 6 1 1 1 6 | 5. 0 ‖
 钓 鱼(尖噜噜) 忘 记(咕噜噜子) 河。          出 水(咕噜噜子) 来。
 冰 水(尖噜噜) 起 青(咕噜噜子) 苔。
 鲜 花(尖噜噜) 出 水(咕噜噜子) 来。

 5 6 1 1 6 | 1 6 6 6 6 6 3 | 5.  0 ‖ 1 6 6 6 6 6 3 | 5. 0 ‖
```

197

合唱的邀请

5.《唱山歌》

汉族民歌
雷振邦 编曲
费承铿 改编

1=G 2/4 3/4

中速 优美地

以上五首支声式的合唱歌曲音域都不宽，很适宜三至六年级的学生练习，两个声部的节奏几乎完全相同，音调也大致相同。演唱时可采用男女声二部的形式，也可按座位分声部，形成混声二部合唱的形式。

(二)模仿性复调(二声部)

两个声部节奏相同或不同,相互穿插,形成你密我疏、你疏我密的形态,两个声部的音调相似,其中有一个声部模仿另一个声部的音调(严格模仿或自由模仿),这就使得两个声部有着密切的内在联系。

下面是几个简单的练习和歌曲的片段。

1.《月亮出来亮汪汪》(练声曲)

云 南 民 歌
费承铿 改编

中速 优美地

第一声部音调悠长秀丽,第二声部音调轻盈跳跃,是第一声部的紧缩。练习时应及时调换声部,让每位学生都能学会两个不同的声部。

2.《这样的猫儿真神气》(片段)

美国动画片《圣诞老人的故事》插曲
费承铿 改编

稍快 神气地

合唱的邀请

[乐谱部分]

第二声部"2 1 | 7 -"和"5 4 | 3 - | 3 - | 3 0"的音调均来自第一声部的第2、3小节"7 6 5 | 5 -",是它的高三度及低三度的移位模仿。

3.《童谣》

北京童谣
费承铿 改编

1=G 4/4

中速 叙述地

[乐谱部分]
东山一群羊，西山一群羊，
东山一群羊，西山一群
狼来要吃羊，羊儿要提防。
羊，狼来要吃羊，羊儿要提
哎呀哎呀咿儿哟，羊儿要提防。
防。 哎呀哎呀咿儿哟，羊儿要提防。

第二声部并不是严格模仿，主要是在节奏相同的背景下旋律进行方向的模仿，如第2、3小节"$\dot{6}\ \dot{6}\ \underline{7\dot{2}}\ \underline{7\dot{6}}\ |\ 5\cdot\ \underline{6}5\ -$"。如按严格模仿应是"$\dot{6}\ \dot{6}\ \underline{7\dot{2}}\ \underline{7\dot{6}}\ |\ \widehat{5\cdot\ \dot{7}6}\ -$"（移低纯四度），这里做了少许调整。其他各句也都有或多或少的调整，以保持纵向和声的清晰。

4.《红军"瓦瓦柯"》（片段）

王玉田 词
费承铿 改编

（乐谱）

第二声部的模仿稍为自由，如第2、3小节的"$0\ 3\ \underline{5\ 3}\ |\ 5$"就与第一声部的"$3\ \underline{5\ 3}\ |\ 5$"有着节奏上的差别，第二声部第6~8小节的"$1\cdot\ \underline{\dot{5}}\ |\ 1\ 3\ |\ 5\ -$"与第一声部的"$3\cdot\ 1\ |\ 3\ 5\ |\ 5\ -$"相比，旋律进行的方向也有差别，这大多是为适应纵向方面和声需要而做出的微调，练习时需加注意。

合唱的邀请

5.《枫桥夜泊》

张　继 词
黄国群 曲
费承铿 改编

1=♭E 2/4

中速稍慢　幽静地

3 2̲1̲ | 2̲3̲ 1 | 2̲1̲ 6̲5̲ | 1 - | 1̲ 1̲6̲5̲ | 3 2̲1̲ |
月落　乌啼　霜满　天，　　江枫渔火　对愁

[7]
2 - | 2 0 | 5̲5̲ 3̲6̲ | 5 - | 2̲3̲ 2̲1̲ | 3 - |
眠。　　　姑苏城外　寒山　寺，

[13]
5̲3̲ 2̲3̲ | 2 6̲5̲ | 1 - | 1 5̲6̲ | 7̲6̲ 7̲6̲ |
夜半钟声　到客　船。　　　啊，月落

[18]
{ 5̲3̲ 1 | 0̲3̲ 2̲1̲ | 2 - | 2̲3̲ 5̲3̲ | 2̲6̲ 3 |
   乌啼　霜满　天，　　江枫渔火　对愁眠。

  3̲2̲ 3̲2̲ | 1̲6̲ 5 | 0̲7̲ 6̲5̲ | 6 - | 6̲1̲ 3̲1̲ |
  月落　乌啼　霜满　天，　　江枫渔火

[23]
{ 3 - | 1̲7̲ 6̲5̲ | 3̲5̲ 6 | 0̲3̲ 2̲1̲ | 2 - |
     姑苏城外　寒山　寺，

  2̲ 6̲ | 3 - | 6̲5̲ 3̲2̲ | 3̲5̲ 6 | 0̲4̲ 3̲2̲ |
  对愁眠。　　姑苏城外　寒山

[28]
{ 2̲3̲ 5̲3̲ | 2̲ 6̲ | 1 - | 1 - | 1 0 ‖
  夜半钟声　到客　船。

  5 - | 5̲6̲ 1̲6̲ | 3 2̲6̲ | 1 - | 1 0 ‖
  寺，　夜半钟声　到客　船。

这首歌曲的第二声部也是很自由的模仿,有低五度、四度、三度的模仿,也有高二度的模仿,风格保持了一致,展现了淡淡的水墨画似的意境。演唱时要注意保持幽静的意境,用位置较高的头声歌唱,两个声部不能形成"竞争"的关系,而应互相配合,把歌声融入深秋的夜色之中。

(三)对比性复调(二声部)

对比性复调的两个声部的节奏和音调都有着极大的差异,它们所表现的音乐情绪和所塑造的音乐形象也各不相同,两者形成较大的对比。如果说模仿性复调是在一个平面上展开的话,对比性复调就是在二维空间展开的。

这一合唱织体看似唱起来困难而实际上并不难,由于两个声部的音乐形象各不相同,学生常会感到极大的兴趣,而且它们所产生的合唱效果也会非常鲜明并具有立体感,在三至六年级的合唱教学中,可以放手使用这一形式。

下举数例,供教师们选用。

1.《嗯嘿呀》

朝鲜族民歌
费承铿 改编

1=A 2/4
欢快 风趣地

合唱的邀请

```
9
6 - | 6 3 2 1 | 3 6 6 | 6 - | 6 0 0 ‖
      哈 哈 哈   嗯 嘿 呀。

6 6 5 6 0 | 3 - | 3    6 5 | 3 0 6 6 | 6 0 0 ‖
嗯 嘿 呀，  哎          嗯 嘿  呀， 嗯 嘿 呀。
```

这是一首风趣的劳动歌曲，第二声部突出强调了欢快的劳动节奏，与第一声部产生一定的对比，更增添了全歌欢乐热闹的情绪。

演唱时需注意适当强调节奏重音(尤其是第二声部)，吐字要清晰而结实，两个声部的力度配合要恰当，第一声部应稍突出些。

2.《蜗牛与黄鹂鸟》

陈 弘 文 词
林 建 昌 曲
费 承 铿 改编

1=F 2/4
中速 坚毅地

```
5 5 5 5 3 5 | 1 6 5 | 5 5 5 5 3 2 | 1 3 2 |
(阿)门(阿)前一颗 葡萄树，  (阿)嫩(阿)嫩绿它 刚发芽，
(阿)树(阿)上两只 黄鹂鸟，  (阿)嘻(阿)嘻哈哈 在笑它，

1 0 5 0 | 1 3 2 0 | 1 0 5 0 | 6 1 5 0 |
门   前   葡萄树，  嫩   绿   刚发芽，
两   只   黄鹂鸟，  阿   嘻   在笑它，

5
2.3 5 5 | 3 3 2 1 1 | 2.3 1 6 | 5 6 5 :‖
蜗 牛背着那 重重的壳呀， 一步一步地 往上爬。
葡 萄成熟还 早得很哪，   现在上来 干什么？

2.    3    5    3    | 2.3 1 6 | 5 6 5 :‖
蜗    牛    蜗    牛    一步一步地  往上爬。
蜗    牛    蜗    牛    现在上来  干什么？
```

附录
费承铿《中小学合唱教学进阶》文本

[9]
```
| 5 5 5 5 3 2 | 1 6 5ᵛ 5 6 | 1 2 1 2 | 3 2 | 1 - ||
(阿)黄(阿)黄鹂儿 不要笑,等我 爬上它就 成 熟 了。

| 3 0 5 0 | 1 3 2 0 | 6 1 6 | 5 6 | 1 - ||
黄 鹂 不要笑, 爬 上就 成 熟 了。
```

第一声部以叙述者的口吻演唱,第二声部则主要表现了蜗牛的形象,步履虽缓慢但坚毅,尤其是"2 3 | 5 3"处更是把这一特点表现得十分生动,演唱时可考虑由男声唱第二声部,女声唱第一声部,当然,也可对调,并倾听两者不同的效果。

3.《布娃娃》(片段)

陈 汉 元 词
范 伟 强 曲
费承铿 改编

1 = E 4/4

中速稍慢

```
| 6 6 5 5 - | 7 6 5 6 - | 2 2 1 2 5 6 | 5 3 2 3 - |
  天 上的雪     悄 悄地下,      路边有一个 布娃娃,

| 3 - - 3 2 | 3 - - 1 7 | 6 - 6 5 | 1 - 1 7 1 2 |
  啊,    天上雪     悄悄下,  啊,  布    娃
```

[5]
```
| 6. 5 6 - | 3 2 1 2 - | 7 7 7 3 2 5 | 6 6 5 6 - |
  布 娃娃,   布 娃 娃,    你为什么不回 家,不回家?

| 3 - - 3 2 | 1 6 5 6 | 5 5 5 6 7 5 | 6 6 5 6 - |
  娃,    布    娃 娃,   你为什么不 回 家,不回家?
```

第二声部多次运用三拍的长音,表现了雪花悄然飘落的景象和布娃娃在路边挨冻的可怜形象,与第一声部叙述性的音调形成了一定的对比。值得注意的是第二声部中"天上雪""悄悄下""布娃娃"等音调都是在第一声部的长音处出现的,这使得复调的特点十分鲜明,而且使这些音调的进入更加清晰。演唱时教师应用指挥手势重点提示第二声部的准确进入。

合唱的邀请

4.《卖汤圆》

台湾民歌
费承铿 改编

$1=\flat E$ 2/4

轻快地

卖汤圆的师傅挑着担悠悠晃晃地哼着小调做买卖，第二声部则描绘了师傅的吆喝声"卖—汤—圆—"，两者相映成趣，展现了一幅卖汤圆的风情图，唱来饶有趣味。

5.《小步舞曲》

[德]巴　赫曲
吴国均词
杨鸿年改编

$1=D$ $\frac{3}{4}$

中速 典雅地

| 5 | 1 2 3 4 | 5 1 1 | 6 4 5 6 7 | i 1 1 |
哎，我们大家 唱起 歌， 来，我们大家 跳起 舞，
| 1 — 2 | 3 — | 4 — | 3 — |
哎！　　唱　歌，　　跳　　　舞，

[5]
| 4 5 4 3 2 | 3 4 3 2 1 | 7 1 2 3 1 | $\overset{3}{2}$ — — |
有 优美的音乐 伴着我们 跳，跳得真愉 快，
| 2 — — | 1 — — | 5 3 1 | 5 5 4 3 2 |
有　　音　　　乐，跳起　舞，跳得真愉

[9]
| 5 1 2 3 4 | 5 1 1 | 6 4 5 6 7 | i 1 1 |
哎，我们大家 唱起 歌， 来，我们大家 跳起 舞，
| 1 — 2 | 1 3 1 | 4 — 3 | 4 3 2 1 |
快，　　唱 起 歌， 来！　　　我们 大家

[13]
| 4 5 4 3 2 | 3 4 3 2 1 | 2 3 2 1 7 | 1 — — |
有 优美的音乐 伴着我们 跳，跳得真愉 快。
| 2 — 7 | 1 — 3 | 4 5 5 5 | 1 — — |
跳　起　来，　　　　跳　得　真愉　快。

合唱的邀请

　　这是根据巴赫的名曲《小步舞曲》填词的对比性复调二部合唱，两个声部的节奏一疏一密、一静一动，像是两支各具特色的舞蹈队交会在一起，令人心旷神怡。

　　第二声部有很多三拍的长音，要精心设计换气点，演唱时应注意"气口"不能太大，以保持旋律的连贯。

　　6.《刮地风》（片段）

甘肃民歌
张　裛改编
费承铿改编

1=E 2/4
中速稍慢

（乐谱略）

　　这是一幅美丽的秋收图。两个充满民族风格的音调此起彼伏，听来使人感到十分亲切。演唱时不要过于突出节拍重音，第二声部要轻柔地进入并立即与第一声部融合。为此，需在声音的控制上下一定的功夫。

附录
费承铿《中小学合唱教学进阶》文本

7.《捉泥鳅》

1=D 4/4

侯德建 词曲
费承铿 改编

中速 天真地

6 6.5 6 5 3 | 5 3 3 2 3 — | 2 2.1 2 2 5 |
池 塘 里 水 满 了， 雨 也 停 了， 田 边 的 稀 泥 里

6. 3 6 — | 5. 2 5 — | 7. 6 5 2 |
水 满 了， 雨 停 了， 到 处

4
5 3 3 2 3 — | 6 6.5 6 5 3 | 4 4 4 3 2 3 — |
到 处 是 泥 鳅。 天 天 等 着 你， 等 着 你 捉 泥 鳅，

3 0 1 2 3 — | 1. 7 6. 3 | 6 0 3 0 5 |
是 泥 鳅。 天 天 等 着 你，

7
5 5.5 5 5 7 | 6 6 6 6 5 6 — | 1 1 1 7 5 |
大 哥 哥 好 不 好 咱 们 去 捉 泥 鳅。 小 牛 的 哥 哥

5. 6 7. 5 | 6 0 3 5 6 V 1 7 | 6 — — 5 2 |
咱 们 去 捉 泥 鳅。 捉 泥 鳅， 捉 泥

10
6 6 6 6 5 6.5 3 | 5 5.5 5 5 7 | 6 6 6 6 5 6 — ‖
带 着 他 捉 泥 鳅， 大 哥 哥 好 不 好 咱 们 去 捉 泥 鳅。

3 — — V 5 3 | 7 — — 5 3 | 6. 5 6 — ‖
鳅， 捉 泥 鳅， 捉 泥 鳅。

　　这是一首很风趣的儿童歌曲，第一声部的节奏较密，第二声部的节奏较疏，两者形成鲜明的对比。第二声部虽然不是主旋律，但它有其自身独特的风格，前8小节充满了"X. X"的节奏，表现了悠然自得的童趣，后4小节"XX│X - -"的声响连续出现了四次，表现了主人公急切期盼的心情。

　　由于第二声部很多旋律音都比第一声部高，很容易掩盖了第一声部的旋律，因此要让学生控制好力度，用轻盈的声音歌唱。

三、主调织体的合唱

在小学三至六年级的课堂合唱教学中,主调织体的二部合唱是十分常见的,主旋律一般在第一声部,但有时也会全部或局部出现在第二声部。

在主调织体的合唱中,两个声部往往节奏相同或大多相同,但有时也会有与主旋律节奏完全不同的声部,如用长音衬托或用节奏型衬托的声部等。

两个声部节奏完全相同的合唱是最常见的合唱织体形式,第二声部的节奏与第一声部的完全相同(或只有少许差异),表面上似乎是降低了一些难度,但第二声部的旋律往往要比第一声部难唱些,有些变化音(如"#fa""#sol"等)常常出现在第二声部,由于第二声部不是主旋律,唱来总感到不如主旋律那样顺畅和好听,所以学生在合唱练习时很容易被第一声部"拉"过去,有的学生就用手掩耳,力求避免第一声部的"干扰",但教师应知道这恰恰违背了合唱的本意,合唱最重要的技能就是能口唱一个声部,耳听另外一个不同的声部,并与它做密切配合。为此,教师可带领学生做些准备练习,如教师唱一个音(如"do"),学生唱另一个音(如"mi"),学生唱第二声部的旋律时教师在琴上奏第一声部的旋律(或相反),使学生逐步培养在演唱时倾听另一不同旋律的能力。

很多教师在教此类织体的合唱时都把主要精力放在第二声部上,这似乎也无可非议,因为第二声部确实比较难唱准,但第一声部是主旋律,虽然比较易唱易记,但要真正唱好,唱出它的"精、气、神"却也是颇不容易的。所以教师在教唱这类合唱时,不可只把注意力放在音准上,而应注意整体的音乐表现,才能使合唱的效果更加鲜明动人。

两个声部的划分以混声为好,如用男女声二部的形式,两个声部的声响不易较好地融合(男女声二部的合唱在写作技法上与混声二部的写法是不同的),加上现阶段大多学校男生的音准都稍逊于女生,由男生来担任第一声部显然不是首选。所以最好还是采用混声二部的形式为好。教师需精心设计、调整学生在音乐教室的座位,以便合唱教学的开展。

下面的练习大多选自人民教育出版社音乐室编写的小学三至六年级的音乐课本,如都能准确生动地予以展现,学生的合唱水平也就相当可观了。

1.《练声曲》

刘德昌词曲
费承铿改编

$1=B$ $\frac{3}{4}$

中速 安静地

[乐谱：二声部练声曲，歌词"山间的迷雾，林中的小路，猎人的小屋，鲜花开无数。"]

这是一首二声部的练声曲,可作移调演唱,两个声部的节奏完全相同,音高距离多为三度,歌词每句均押"Wu"韵,这对训练学生气息的平稳通畅和声音的控制都很有好处。两个声部节奏完全相同的合唱,第二声部往往比较难唱些,上例"4 4.4 1 | 4 - -"处就比较难唱,教师应多鼓励,让学生知道第二声部虽然难唱,但有了它的配合,整体的合唱效果就优美多了(可对比齐唱与合唱的区别)。在练习过程中,两个声部亦可作调换,让每位学生都能唱会第二声部。

2.《让我们荡起双桨》(片段)

乔 羽词
刘 炽曲

$1={}^{\flat}E$ $\frac{2}{4}$

中速 优美地

[乐谱：歌词"小船儿轻轻飘荡在水中,"]

合唱的邀请

```
7
{ 0 1 2 | 3 5.5 | 6 i | 7 6 5 3 | 6 - | 6 - ‖
     迎面 吹  来了凉     爽       的 风。
  0 6 7 | 1 3.3 | 4 - | 2.  3 | 6 - | 6 - ‖ }
```

这是经典性的儿童歌曲《让我们荡起双桨》中的副歌部分，十分生动形象，第一乐句中两个分句和第二乐句的旋律线都呈"彩虹型"，犹如湖面上微波起伏。两个声部的音程关系大多是三度及其转位六度，具有比较柔和的效果。

教唱时需注意第二声部第 2 小节、第 9 小节中的"fa"和第 4 小节中的"si"的音准。第一、二声部都要按旋律线的走向唱出渐强和渐弱的力度变化，使歌声更加动人。

3.《美丽的家乡》

丁　毅、田　川词
王云之、刘易民曲

1=C 2/4

欢乐 喜悦地

```
5 5 5 5 6 | 2 2 3 5. i | 3 3 2 3 2 | 1 1 2 0 | 3 5 3 2 3 2 |
1.精奇里河水 滚滚的浪，   甘泉流向   黑龙江， 田野好像
2.紫貂 野鹿 满山窜，    稷子燕麦   处处长， 棒打獐子
```

```
6
1 1 2.5 | 3 3 2 3 2 | 1 1 0 | 1 1 3.5 | 1 1 2.5 |
绒毛毡， 青松白桦   满山岗。 呐咿呲， 呐咿呲，
瓢舀鱼， 锦鸡飞到   锅台上。 呐咿呲， 呐咿呲，
```

```
11
3 3 2 3 2 | 1 1 2 0 | 1 1 3.5 | 1 1 2.5 | 3 3 2 3 2 | 1 1 0 |
呐呀呐呀啦 呐咿呲， 呐咿呲， 呐咿呲， 呐呀呐呀啦 呐咿呲！
呐呀呐呀啦 呐咿呲， 呐咿呲， 呐咿呲， 呐呀呐呀啦 呐咿呲！
```

```
17
{ 5 3 3 5 i | i - | 2 i i 6 5 | 5 - |
  花翎的喜   鹊     不停地歌   唱，
  3 1 1 2 3 | 3 - | 4 3 3 2 1 | 7 - | }
```

附录
费承铿《中小学合唱教学进阶》文本

```
21
1 1 1 6. 6 6.  1  | 5 3 3 2 1 | 1 - ‖
赞 美 我 达 翰 尔    美 丽 的 家    乡。
1 1 1 4. 4 4    | 3 1 1 2 1 | 1 - ‖
```

合唱部分的第3、4小节两个声部的音高距离大多是六度音程,很多专家都认为,对于儿童来说,唱较大的六度音程反而比唱较小的三度音程容易些,这是因为三度具有两声部相融的特点,而六度则有两声部相离的特点。但也有人认为六度比三度要难唱准些,教师们可以通过反复的实践来做一番探索。

为了保持旋律的连贯,合唱部分应要求四小节后换气,但学生会很自然地每两小节换口气,所以要多次强调、反复练习才能做到。

4.《送别》

1=C 4/4
　　　　　　　　　　　　　　　　　　　[美]奥德威 曲
中速 深情地　　　　　　　　　　　　　李叔同 词

```
  5 3 5 1 - | 6 1 5 - | 5 1 2 3 2 1 | 2 - - - |
1.长 亭 外,  古 道 边,  芳 草 碧 连 天,
2.长 亭 外,  古 道 边,  芳 草 碧 连 天,

5
  5 3 5 1. 7 | 6 1 5 - | 5 2 3 4. 7 | 1 - - - |
晚 风 拂 柳 笛 声 残,   夕 阳 山 外 山。
问 君 此 去 几 时 来?   来 时 莫 徘 徊。

9
  6 1 1 - | 7 6 7 1 - | 6 7 1 6 6 5 3 1 | 2 - - - |
天 之 涯,  地 之 角,    知 交 半 零 落,
天 之 涯,  地 之 角,    知 交 半 零 落,
  4 6 6 - | 5 4 5 6 - | 4 5 6 4 4 3 1 | 7 - - - |
```

213

合唱的邀请

```
13
5 3̂5 1. 7 | 6 1 5 - | 5 2̂3 4. 7 | 1 - - ‖
一 舨 浊 酒 尽 余 欢，    今 宵 别 梦 寒。
人 生 难 得 是 欢 聚，    唯 有 别 离 多。
3 1̂3 5. 5 | 4 6 3 - | 2 7̂1 2. 2 | 1 - - ‖
```

这首歌曲几乎是家喻户晓，但真正要唱好却颇为不易，小学生很难体会友人惜别时依依不舍的感情，在歌声中也难以表达出此种深情。因此最好要通过讲故事、多媒体演示等种种教学手段设置友人离别的情景，使学生能投入感情地演唱。在分析歌词时应指出歌词中的"古道边""晚风""笛声残""夕阳""零落""浊酒""余欢""别梦寒"等词语已经勾勒出这首歌词的基本情绪，提醒学生在演唱时加以注意。

第二声部的"知交半零落"处是难点，需多加练习方能唱准。

5.《红蜻蜓》

[日]三木露风 词
[日]山田耕作 曲
费承铿 改编

1=♭E 3/4
中速稍慢 深情地

```
5 1 1. 2 | 3̂5 1̂6 5 | 6̂1 1 2 | 3 - 0 |
1.晚 霞 中  的 红 蜻 蜓， 请 你 告 诉 我，
2.提 起 小  篮 来 到 山 上， 桑 树 绿 如 荫，
3.晚 霞 中  的 红 蜻 蜓 呀， 你 在 哪 里 哟？
5 1 1. 7 | 1 3 4 3 | 1̂6 6 7 | 1 - 0 |

5
3̂6 5. 6 | 1̂6 5̂6 5̂3 | 5̂3 1̂3 2̂1 | 1 - 0 ‖
童 年 时  代 遇 到 你， 那 是 哪 一 天？
采 到 桑  果 放 进 小 篮， 难 道 是 梦 影？
停 歇 在  那 竹 竿 尖 上， 是 那 红 蜻 蜓。
1 1 3. 1 | 1 4 3 | 3̂1 3 1 1 | 7̂1 | 1 - 0 ‖
```

这是一首在各个版本的日本小学音乐课本中都会选用的"文部省指定"歌曲，是日本的经典儿童歌曲之一，比较适合四年级学生演唱。

此歌在声音要求上比较高,每个分句均有渐强渐弱的要求,第1、2小节从全歌的最低音"$\underline{5}$"一直上升到最高音"$\dot{1}$",要求声音统一颇为不易,应做细致的练习。第2、6小节第二声部的音准不易掌握(尤其是在唱歌词时),也应多加练习。

6.《可爱的家》

[美]佩　恩词
[英]毕肖普曲
费承铿 改编

1=C 4/4

中速 亲切地

| 1 2 | 3. 4 4 5 | 5 - 3 5 | 4. 3 4 2 | 3 - 0 1 2 |
我的 家 庭真可 爱， 美丽 清洁 又安 详， 姐妹

5
| 3. 4 4 5 | 5 - 3 5 | 4. 3 4 2 | 1 - 0 5 5 |
兄 弟都和 气， 父亲 母亲 都健 康。 虽然
| 0　0　0　0 | 0　0　0　0 | 0　0　0　0 | 0　0　3 3 |

9
| $\dot{1}$. 7 6 5 | 5 - 3 5 | 5. 3 4 2 | 3 - 0 5 5 |
没 有好花 园， 月季 凤仙 常飘 香， 虽然
| 3. 5 4 3 | 3 - 1 3 | 2. 1 2 7 | 1 - 0 3 3 |

13
| $\dot{1}$. 7 6 5 | 5 - 3 5 | 4. 3 4 2 | 1 - - 0 |
没 有大厅 堂， 冬天 温暖 夏天 凉，
| 3. 5 4 3 | 3 - 1 3 | 2. 1 2 7 | 1 - - 0 |

17
| 5 - - - | 4 - 2 - | 1 - - - | 2 - - - |
可　　　 爱 的 家 庭
| 3 - - - | 2 - 7 - | 1 - - - | 7 - - - |

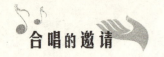
合唱的邀请

[21]
```
3 - 0 5 | 1. 7 6 5 | 5 - 3 5 | 4. 3 4 2 | 1 - - ‖
啊，  我 不 能 离 开 你，一 切 恩 惠 比 天 长。
1 - 0 3 | 3. 5 4 3 | 3 - 1 3 | 2. 1 2 7 | 1 - - ‖
```

这是一首非常温馨的歌曲，音调淳朴简约，犹如一支民谣。第一段四个乐句均为弱起，后半句相同或只有一音之差，合唱部分的第一、二乐句和第四乐句的前半句都相同。

两个声部相距大多为三度，非常安详谐和，音域亦不宽。教学时重点应放在声音的训练上，要求用平静、安详、连贯的声音演唱，音量不可过大，但应有层次变化，师生可共同设计力度标记(可用 *p*、*mp*、*mf* 及渐强、渐弱)。

7.《念故乡》

[捷]德沃夏克 曲
李叔同 词
费承铿 改编

1=C 4/4

中速稍慢

```
3. 5 5  3. 2 1 | 2. 3 5. 3 2 - | 3. 5 5  3. 2 1 |
念 故 乡 念 故 乡，故 乡 真 可 爱，  天 甚 青，风 甚 凉，
```

[4]
```
2. 3 2. 1 1 - | 6. 1 1  7 5 6 | 6 1 7 5 6 - |
乡 愁 阵 阵 来。 故 乡 人 今 如 何，常 念 念 不 忘，
0  0  0  0  | 4. 6 6  5 3 4 | 4 6 5 3 4 - |
```

[7]
```
6. 1 1  7 5 6 | 6 1 7 5 6 - | 3. 5 5  3. 2 1 |
在 他 乡 一 孤 客，寂 寞 又 凄 凉。  我 愿 意 回 故 乡，
4. 6 6  5 3 4 | 4 6 5 3 4 - | 1. 3 3  1. 7 1 |
```

附录
费承铿《中小学合唱教学进阶》文本

```
10
| 2.3 5.3 2  -  | 3.5 5  1.2 3 | 2.1 2 6 1 - ||
  重返旧家园，     众亲友 聚一堂，共度好时光。
| 7.7 7.7    -  | 1.3 3  6.7 1 | 5.6 5 4 3 - ||
```

这也是一首世界名曲，李叔同的填词与旋律非常贴切，与曲作者的晚年心情相似，"X·X X X·X X"的节奏型，表现了思念的深切和执着，但需注意第5、7小节中第一拍有附点，第三拍没有附点。

如不及时提醒，学生们通常会在一个乐句中多次换气（如第一句在两个"念故乡"后均换气），这就会使语气断断续续，难以表达绵绵思乡之情，教师应强调每两小节换一次气。

两个声部的音程距离大多为三度，第二声部稍难唱些，应多加练习，但不要每次练习都用琴声带领，有时甚至可以采用教师弹（唱）第一声部的旋律、学生唱第二声部旋律的形式，这对培养学生的和声听觉是很有益处的。

8.《牧童》

斯洛伐克民歌
费承铿 改编

1=C 2/4
活跃地

```
| 1 1 2 | 3 5 4 | 3 2 | 1 0 | 5 5 6 | 7 2 1 |
1.朝霞里  牧童在  吹小  笛，    露珠儿  洒满了
2.我解开  自己的  小黄  牛，    把清水  给羊儿
3.中午的  太阳(啊)烤得  慌，    你为我  把歌儿

| 1 1 2 | 3 5 4 | 3 2 | 1 0 | 5 5 6 | 5 4 3 |
```

```
7
| 7 6 | 5.  0 | 1 3 2 1 7 | 6 6 5 | 4 3 |
  菁草   地。   我跟着朝霞    一块儿 起来，
  喝个   足。   赶出了牧口    坐在小 河旁，
  唱一   唱。   明朗的晚上    我们来 相聚，

| 2 #4 | 5.  0 | 1 1 7 6 5 | 4 4 3 | 2 1 |
```

217

合唱的邀请

[乐谱略]

这首歌的合唱部分并不多,第一、四乐句两个声部完全相同,只有一处难点,即第 7 小节第二声部中的"#4"音。为了让学生唱准这个变音,首先要让学生知道"#4"是处在"4"和"5"中间的音,比"4"高,比"5"低(可对照键盘),其次要做一定的比较练习(如"3 4 5 — ""3 #4 5 — ""2 4 5 — ""2 #4 5 — "等)。在演唱时教师还可用手势做提示,提醒学生将"#4"音向"5"靠拢些。

9.《樱花》

日本民歌
[日]清水修 编曲
费承铿 改编

$1=♭E$ $\frac{4}{4}$
中速

[乐谱略]

```
[7]
6 7 1̇ 7 | 6 7̂6 4 - | 3 1 3 4 | 3 3̂1 7 - |
万 里 长 空  白 云 起,  美 丽 芬 芳  任 风 飘。

4̇3 2̇3 6 4 | 3̂4 3̂1 2 - | 1 6 7̂1 2̂7 | 1 6̂7 - |

[11]
6 6 7 - | 6 6 7 - | 3 4 7̂6 4 | 3 - - 0 :||
去 看 花!   去 看 花!   看 花 要 趁  早。

3̂4 3̂1 7 3 | 3̂4 3̂1 7 - | 1̂7 1̂2 3̂4 7̂2 | 3 - - 0 :||
```

《樱花》的二部合唱有多种版本,其中有不少缺乏典型的日本风格,现选编的是日本清水修先生编曲的版本,第二声部也有浓郁的日本风格。

这首歌的调式是日本"都节调式"(**3 4 6 7 1 3**)。这一调式音调中有两个小二度、一个大二度和两个大三度,却没有小三度。这首歌的主旋律大多是相邻音级的进行,这种音调对于我国的小学生来说是十分陌生而新鲜的,他们定会饶有兴趣地专心练习,但较多的"**7**"和"**4**"音会造成音准上的困难,练习时需加注意。

10.《欢乐颂》

[德]席　勒词
[德]贝多芬曲
费承铿 改编

1=G 2/4
中速 雄伟地

```
3 3 4 5 | 5 4 3 2 | 1 1 2 3 | 3. 2̂2 - |
欢 乐 女 神  圣 洁 美 丽, 灿 烂 光 芒  照 大 地,

1 1 2 3 | 3 2 1 5 | 1 1 5 1 | 1. 7̂7 - |

[5]
3 3 4 5 | 5 4 3 2 | 1 1 2 3 | 2. 1̂1 - |
我 们 怀 着  火 样 的 热 情 来 到 你 的 圣 殿 里。

1 1 2 3 | 3 2 1 5 | 1 1 1 7 | 5. 1̂1 - |
```

合唱的邀请

[乐谱：第9-16小节二声部合唱]

歌词：你的力量 能把人类 重新 团结 在一起,在
你光辉 照耀 下 面,人们 团结 成 兄弟。

这首歌曲的主旋律已是家喻户晓,但真正要唱出饱满、雄伟的气势却亦非易事,这要求在气息的运用和咬字吐字方面多下功夫。

第二声部中出现了"#5",这是本曲的难点所在,与前面介绍的练习"#4"的方法一样,首先要让学生知道"#5"的位置(在"5"以上、"6"以下),其次要做对比练习,才能使学生在感性上和理性上真正知晓和掌握"#5"的音准。

11.《卢沟桥》

李 明 圣 词
鄂　　　矛 曲
费 承 铿 改编

$1=\flat E$　$\frac{4}{4}$
中速

[乐谱]

歌词：永定河 出西山, 碧水环绕北京湾,
卢沟渡 摆渡船, 渡走春秋渡秦汉。

附录
费承铿《中小学合唱教学进阶》文本

金中都烟云散,留下石桥写江山,
元明清七百年,卢沟晓月照大川。
(渐慢)
晚清衰民国乱,列强践踏毁家园,
卢沟桥狮子吼,宛平城头浴血战。
中国人意志坚,重整河山换新天。
水清清,月圆圆,万古卢沟佑安澜。
水清清,月圆圆,万古卢沟佑安

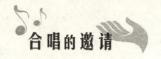
合唱的邀请

[乐谱]

这是一首新的创作歌曲,入选 2011 年"唱响中国——群众最喜爱的新创作歌曲"之前十,歌词高度概括且优美。曲调写得虽简洁但内涵很丰富,是一首非常优秀的少儿歌曲。其合唱部分并不多,两个声部多为三度关系,第二声部的难点在于"4 4 6 7 1 1 | 7 - - -"的音准,需多加练习。本歌原调为 1=F,课堂教学时应改为 1=♭E。

12.《我的家园》

阎 肃 词
张千一 曲
费承铿 改编

1=F 4/4

慢板 清纯、恬静但充满历史感和对家园的思念

[乐谱]

1.(齐)山弯弯, 水弯弯, 田垄望无边;
2.(领)山弯弯, 水弯弯, 田垄望无边;

笑甜甜, 泪甜甜, 一年又一年,
笑甜甜, 泪甜甜, 一年又一

年。 燕子飞,

附录
费承铿《中小学合唱教学进阶》文本

```
17
| 6 6 5 - | 6 5 1 35 | 3 - - - | 5. 3 2 - |
  蜜蜂唱，   坡前柳如烟；    风   暖  暖，
| 1 2 3 - | 1 1 6 16 | 7 - - - | 3. 6 5 - |

21
| 3. 6 6 - | 5 5 2 3 | 1 - - - | 5. 3 5 - |
  梦 暖 暖，  这是我家园。         最 难 忘
| 7. 5 6 - | 5 5 5 6 | 1 - - - | 3. 1 3 - |

25
| 6. 3 5 - | 6 6 3 6 | 5 53 2 1 | 2 - - - |
  最 难 忘，  妈妈脸上  又见皱纹添，
| 1. 6 3 - | 3 3 1 3 | 2 21 7 6 | 7 - - - |

29
|: 5. 3 5 - | 6. 5 3 - | 2 2 5 6 | 1 - - - |
   啊，       啊，        这是我家园。
|: 3. 1 3 - | 3. 2 1 - | 7 6 5 6 | 1 - - - |

33
|: 2 - 2 - | 2 - 3 - | 1 - - - | 1 0 0 0 :||
   这 是  我 家   园。
|: 7 - 6 - | 5 - 5 - | 1 - - - | 1 0 0 0 :||
```

　　这是大型音乐舞蹈史诗《复兴之路》的选曲，是近年来不可多得的优秀少儿歌曲之一，正如歌曲提示的那样"清纯、恬静但充满历史感和对家园的思念"，曲调朴实无华，犹如一首纯真的童谣，非常适合少年儿童歌唱。教学

合唱的邀请

时要强调两小节缓一口气,以保持乐句的连贯流畅。合唱部分可采用混声二部,如采用男女声二声部,也可尝试让男声唱第一声部,女声唱第二声部,也会具有十分新鲜的效果。

曲谱中没有力度记号,但演唱时应有丰富的力度变化,教师应精心设计(也可与学生们一起设计),把歌曲演唱得更生动。

四、具有节奏化衬托性声部的二部合唱

在这类织体的二部合唱中,主旋律常在第一声部,第二声部则采用较为固定的节奏音型予以衬托,这种衬托常常具有象声的意义,如《田野在召唤》中的脚步声、《小小驼铃响叮当》中的驼铃声、《打秋千》中的秋千晃动的叮当声等。

1.《田野在召唤》

意大利民歌
盛　茵 译配
费承铿 改编

$1={}^{\flat}E \quad \frac{4}{4}$

欢快 富有朝气地

```
┌ 1 2 ‖: 3 3 3 3 3 3 3 3 | 3 0 5 -  4 3 | 2 0 3 0 4 0 5 0 |
│ 1.当那 春天 来到 大地 充满  阳 光,    绿树 发芽 万 物
│    玫瑰 花上 露珠 闪闪  发 光,    百灵 鸟儿 展 翅
│
└ 0   ‖: 1 0 5 0  1 0 5 0 | 1 0 5 0  1 0 5 0 | 7 0 5 0  7 0 5 0 |
         梯 里 通 巴,  梯 里 通 巴,  梯 里 通 巴,

┌4
│ 3 0 1 -  1 2 | 3 3 3 3 3 3 3 3 | 3 0 5 -  4 3 |
│ 生 长。  当那 小河 清清 流水 正在 欢 唱,    我将
│ 飞 翔。  当我 肩上 扛起 小小 背包 行 装,    我将
│
└ 1 0 5 0  1 0 5 0 | 1 0 5 0  1 0 5 0 | 1 0 5 0  1 0 5 0 |
  梯 里 通 巴,  梯 里 通 巴,  梯 里 通 巴,
```

附录
费承铿《中小学合唱教学进阶》文本

（乐谱部分省略）

这是一首充满朝气的少儿歌曲，描绘了少年在郊游途中神采飞扬的精神风貌，第二声部利用"X0 X0 X0 X0"的固定节奏型，表现了主人公整齐的脚步声，两者相映成趣，构成了一幅立体的行进图。

演唱时第二声部需稍稍突出节拍重音，并要十分注意"7̣0 5̣0 7̣0 5̣0"的音准。本歌可采用男女声二部的形式演唱，但演唱

合唱的邀请

第二段歌词时可以交换,以取得一种新鲜的效果。

2.《打秋千》

仡佬族民歌
费承铿 改编

1=♭E 4/4
稍快 欢乐地

（乐谱略）

第一声部描绘了秋千忽高忽低的晃动状态和少年朋友们欢乐的心情,第二声部用"1 0 5 5 6 0 5 0"的固定节奏型表现了秋千晃荡的叮当声。此歌可采用男女声二部形式演唱。

3.《春天的童话》(片段)

柳志平 词
马 倬 曲
费承铿 改编

1=G 3/4
中速稍快 优美地

（乐谱略）

226

附录
费承铿《中小学合唱教学进阶》文本

```
 5
| 6  5.  3 | 5  -  - | 3 3 2  3 | 5  3.  2 |
  醉  红  脸   颊,           柳枝听了 发  出  新

| 0  0  0 | 2 2 2  2 | 0  0  0 | 0  0  0 |
               醉红脸 颊,

| 0  0  0 | 7 7 7  7 | 0  0  0 | 0  0  0 |
```

```
 9
| 3  -  - | 3 3 2 3 | 2  1.  6 | 1  -  - |
  芽,       燕子听了  筑  起  新   家,

| 3 3 3 3 | 0 0 0 | 0 0 0 | 2 2 2 2 |
  发出新芽,                          筑起新家,

| 1 1 1 1 | 0 0 0 | 0 0 0 | 7 7 7 7 |
```

在这一片段中,主旋律声部可由教师担任,学生用混声二部的形式予以伴唱,如全部由学生演唱则演变为三声部合唱,如觉得困难,也可仍维持二声部合唱,但第3、6、9、12小节需分别变更为"3 1 3 1""2 7 2 7""7 5 7 5"和"5 3 5 3"。

4.《小小驼铃响叮当》(片段)

胡天麟 词
许春源 曲
费承铿 改编

1=♭B 4/4
稍快 健步行进

```
| 2  -  -  6 6 | 3 0 6 0  1 0 6 0 | 2  -  -  6 6 |
  哎       哟哟  叮当 叮当,    哎       哟哟

| 6 0 6 0 5 0 | 4 4 4 4 3 0 1 0 | 6 0 6 0 5 0 |
  叮当叮当,    叮当叮当叮当,    叮当叮当,
```

```
 4
| 3 0 6 0  1 0 6 0 | 6  3 5 6  2 | 1  -  -  2 |
  叮当 叮当,        跋 涉在 成  长        的

| 4 4 4 4 3 0 1 0 | 3 0 0 0 | 6  3 5 6  2 |
  叮当叮当叮 当,   叮             跋 涉在成
```

227

```
 7
⎧ 3  23 20 17 | 6  0  50 50 | 6 - - 0 ‖
⎨ 道  路    上。   叮  叮  当。
⎩ 1 - 3  5    | 6  0  30 30 | 6 - - 0 ‖
  长  道 路  上。   叮  叮  当。
```

第二声部用"X 0 X 0 X 0 X 0 | X X X X X 0 X 0"的驼铃声
　　　　　叮 当 叮 当，　叮当叮当叮 当，

响衬托着第一声部悠长的音调，构成了一幅辽阔无垠的沙漠之舟行进图。第6小节开始转为模仿性复调，最后七拍两个声部节奏趋于一致。

五、具有衬托性长音声部的合唱

非主旋律声部用较长的音，使自身处于"静"的位置，因而衬托出主旋律的流动性，使其清晰可闻。这些衬托性的长音通常用哼鸣（闭口音）演唱，或用"啊""呜""迂"等衬词演唱，有时也可截取歌词中某些片段演唱。由于一个声部作长音衬托在和声上常常会显得单薄，因此通常将长音声部一分为二，这样，连同主旋律声部就形成了三声部合唱，但这类三声部合唱一般并不难唱。

1.《雪绒花》

美国电影《音乐之声》插曲
费承铿 改编

1=C 3/4

中速稍慢 深情地

```
 3 - 5 | 2 - - | 1 - 5 | 4 - - | 3 - 3 |
 雪   绒 花，  雪   绒 花，  每   天

 6
 3 4 5 | 6 - - | 5 - - | 3 - 5 | 2 - - |
 清 晨 欢 迎   我，       小   而 白，

 11
 1 - 5 | 4 - - | 3 - 5 | 5 6 7 | 1 - - | 1 - - |
 纯 又 美，     总 很  高 兴 遇  见     我。
```

228

```
17
⎡ 2̇ 0 5 5 | 7 6 5 | 3 - 5 | 1̇ - - | 6 - 1̇ |
⎢ 雪   似 的   花 朵   深 情   开 放，        愿 永
⎣ 5 - - | 5 - - | 1̇ - - | 3 - - | 4 - - |
  hm              hm              hm

22
⎡ 2̇ - 1̇ | 7 - 7 | 5 - - | 3 - 5 | 2̇ - - |
⎢ 远     鲜 艳   芬 芳。      雪     绒 花，
⎣ 4 - - | 2 - - | 5 - - | 1̇ - - | 7 - - |
              hm              hm

27
⎡ 1̇ - 5 | 4 - - | 3 - 5 | 5 6 7 | 1̇ - - | 1̇ - - ‖
⎢ 雪     绒 花，    为 我   祖 国   祝 福      吧！
⎣ 6 - 5 | 6 - - | 5 - - | 4 - - | 3 - - | 3 - - ‖
  hm      hm              hm
```

第二声部大多演唱长音，且用 hm（闭口唱）哼唱，犹如给主旋律披上了一层薄薄的轻雾，绝不会掩盖主旋律，反而使主旋律更突出、更美。演唱时第二声部最好四小节换一口气，即使是两小节换一口气，"气口"也要非常小，以防止产生割裂感。

2.《我们是春天的鲜花》（片段）

袁　水　拍词
瞿　希　贤曲
费承铿 改编

1=F 2/4
稍快 抒情地

```
⎡ 6 - | 6 - | 6 - | 4 4 4 | 5 4 | 3 - |
⎢ 啊！            春 天 的   鲜 花，
⎣ 1 - | 6. 1 | 2.3 4 3 | 2 - | 1 - | 1 - |
  我   们 是   春 天 的 鲜   花，
```

合唱的邀请

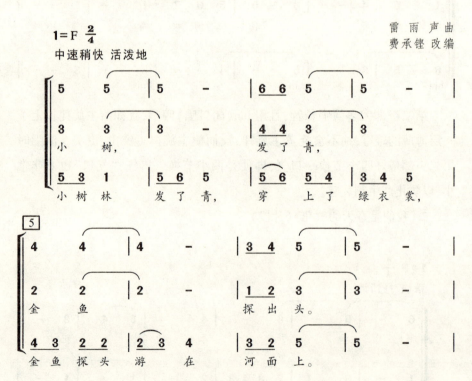

这一合唱片段共有两个乐句,第一乐句主旋律在第二声部,第二乐句主旋律移到第一声部,非主旋律的声部有部分小节采用长音衬托,如第1—3小节第一声部的"啊"和7—8小节第二声部的"开"。值得注意的是在主旋律中的长音处,非主旋律声部不再使用长音衬托,而改用模仿性的复调,这就避免了两个声部同时陷入"静"的境地,使音乐始终流动向前。

3.《我们是春天的早晨》(片段)

雷雨声 曲
费承铿 改编

这一合唱片段的主旋律在第三声部,第二声部是第一声部"分"出来的,为的是使和声更加丰满,如无条件,也可将第二声部略去,但整体效果会单薄些。所以教师应鼓励学生努力把第二声部加进去,这也可以为今后演唱三部合唱做好铺垫。

4.《月光光》(片段)

广 州 童 谣
费承铿 改编

$1={^\flat}G$ $\frac{4}{4}$

中速稍快 活泼地

[乐谱略]

这段合唱的主旋律在第三声部,第一、第二声部均为长音,轻轻唱来犹如皎洁的月光洒在大地,呈现出一派宁静安详的气氛。

与上例一样,第二声部也可以略去,但效果总会逊色些,教师可先把第一、第二声部作为二部合唱来教唱,然后再把主旋律声部加进去,当然,如由教师来演唱主旋律声部,效果将会很好。

初中（七至九年级）

进入初中的学生年龄大多在 12 岁左右，不少学生开始进入变声期，嗓音状况极不稳定，处于变声期的学生对自己日益发育变化的喉器官常会感到不适应，不少学生在此时的嗓音都表现为粗糙、嘶哑，个别学生甚至难以发声。

学生在变声期前，男女生声带的长度近似，大约 12mm，变声期过后，男生的增长到 18mm 左右，而女生的只增长到 13mm 左右，因此在变声期前男女儿童的发声并无太大的区别，而变声期后差别就很大，男的低了一个八度，而女的只是声带变得较为松弛，声音稍变宽变大，所以，女生的变声期相比男生较为不明显。

变声期是学生的发声器官从稚嫩向成熟飞跃发展的变化过程，但变声反应较强烈的学生其嗓音的发育程度大多优于变声反应较弱的学生。

凡是在变声期之前就已经受过初步的歌唱训练的学生，将有利于变声期的嗓音发育，有助于安全度过变声期。为了让学生在变声期中能不断调整和适应自己嗓音的变化，也为了能使他们在变声期后能顺利地歌唱发声，在变声期内进行适当的发声训练仍是很有必要的，要训练学生运用通畅的气息来支撑歌唱，通过有节制的歌唱发声，不断调整和适应新的嗓音状态并促进发声器官的正常发育。

变声期中的学生发声不稳定，难持久，音质粗，对声音的控制较难，他们在听觉记忆、视觉记忆方面与在小学高年级时相比也没有明显的发展，但他们对音乐的理解力却有了极大的增强，对音乐的兴趣有了更广泛的发展，但仍具有不稳定性的特点。所以在初中的合唱教学中要注意唱歌的时间不要太长，音量不可过强，音域不可太宽，不要唱过高、过低、过长、过强的音。少数变声期反应很强烈的学生可将他们编入第二声部，并要求他们轻声歌唱。

根据初中生嗓音发展和心理发展的特点，这一时期的合唱教学是最艰难却又是最重要、最关键的时期,也是通向高中阶段合唱教学的桥梁。需要用科学的态度,小心谨慎地施教,并要有良好的教法,以引起学生的兴趣,顺利地度过变声期。

初中生的音域一般在 $c—d^2$(男生低八度),有时可稍向下扩展一两度,但向上扩展很难(尤其是男生),因此不少歌曲在演唱时都要降调。

初中阶段所选合唱歌曲的题材可以比小学阶段广泛得多,过分儿童化的词句已不受初中生的欢迎。他们已经懂得注视并关心周围发生的一切,关注国家乃至世界的大事,但他们毕竟还是"小大人",生动活泼具有新意的词句最能打动他们,而标语口号式的歌词最遭他们的排斥。所以我们应精心选材,要把思想性、艺术性融成一体的佳作呈现给他们,同时要训练、启发他们用美妙的歌声表现出歌曲的丰富内涵。

适合初中生演唱的合唱歌曲应题材多样、歌词形象生动并富有文采(拒绝"大白话"式的歌词),曲调优美动听、风格多样、音域较窄,但节奏可以丰富多样,也可以出现若干变化音,除了演唱中学生歌曲外(可惜专门为中学生写的歌曲少而又少,而这中间词曲俱佳者就更是难得了),音域较窄的民歌或适合中学生演唱的成人歌曲(包括流行歌曲)都可以作为教材,但必要时可做少许调整。例如《让世界充满爱》虽是一首成人唱的流行歌曲,但由于歌词生动形象、充满深情,曲调平易近人,因而也非常适合初中生演唱,但整首歌曲太长,有些部分也不太适合中学生演唱,所以我们可选取其中的第二部分,再略加调整,就非常适合中学生演唱。

在小学阶段,由于男女生的声音区别不太明显,故可以混合划分声部,但到了初中后,由于大多数学生进入变声期,男女声的声音差别拉大,故一般应按男女声划分声部,通常是男女声二部,但有时也可以采用混声二部合唱的方式(即男女声各分为第一声部和第二声部),其音响比较浑厚丰满。

在现阶段,由于种种原因(生理、心理、社会诸因素),初中男生的歌唱能力和水平普遍略逊于女生,因此,在进行男女声二部的合唱教学时会遇到一些困难,因为主旋律声部通常在女声部,男声部常常会被女声部"拉走",除

合唱的邀请

了在练习中应多多"照顾"男声部外,有时也可采用男女声部对调的形式练习,即让男声唱女声部的旋律,女声唱男声部的旋律,这虽然会多花一些时间,却可得益不少,而且也会产生新鲜的合唱效果,教师们可以一试。

混声二部的形式是初中合唱教学中经常采用的,由于两个声部各有女声带领,女声比较容易掌握音准、节奏,而且整体音响要比男女声二部合唱丰满,故主调织体的合唱大多可采用这一形式演唱。

由于初中生每周只有一节音乐课,音乐课的内容又十分丰富,因此用于合唱练习的时间是很有限的,所以一般都选用有部分合唱的歌曲,整首歌都是合唱的只能供课外合唱团选用。

以下介绍一些适合初中生演唱的合唱歌曲(包括片段)。

一、男女声二部合唱

1.《让世界充满爱》　陈哲、小林、王健、郭峰、孙铭词　郭峰曲

这首歌曲诞生于20世纪80年代,是为非洲赈灾义演的合唱歌曲,由百名歌手齐聚北京演唱,可谓是流行歌曲中的精品,近30年来久唱不衰,曾多次被入选各个版本的中学音乐课本之中。歌词深情真挚、亲切动人,曲调优美流畅,易唱易记,音域只有七度,很适合中学生演唱。

演唱的难点是每句歌词后面的四拍长音,如没有良好的气息支持,则不易唱满,教学时需多加注意。合唱中的第二声部虽然音域只有四度,但音准较难掌握,可把这8个小节作为视唱材料进行强化练习,使学生对小二度的进行有一个强烈的感知,必要时,女声部可随着一起练习。

第三乐段的第二声部与第一声部形成轮唱的关系,是不难唱准的,但需注意每个乐句起始的精确度,教师可用指挥手势提示。

在练习过程中一定要强调倾听其他声部的音响并与之相配合,要重视歌谱的利用,提醒学生学会同时看两个声部的歌谱,从理性上了解自己声部与其他声部的关系,这也是初中生合唱教学的重点之一。

2.《好大一棵树》 邹友开词 伍嘉冀曲

这是一首优秀的流行歌曲,歌词把伟大的祖国比拟为一棵大树,其中"风雨中昂起头,冰雪压不服",唱来使人精神振奋。曲调流畅通顺,节奏虽然稍显复杂,但因与歌词配合自然,十分口语化,学生也是不难掌握的。歌曲的音域也不宽,只有九度,十分适合初中生演唱。

合唱部分的主旋律在第二声部,由男声演唱,要唱得坚定挺拔,音量可适当加强些,而女声部与男声部形成支声复调的关系,要唱得委婉深情,与男声部形成一定的对比,使歌曲的内涵得以充分展现。

3.《永远是朋友》 任卫新词 刘青曲

这首歌的合唱部分是综合性的,前4小节是复调织体(对比和模仿),后8小节为主调织体,最后6小节主旋律在男声部。

这首歌的音域不宽,均在初中生最合适的音域以内,要引导学生用亲切深情但结实饱满的声音来歌唱,音量中等,不可过强也不可过虚。女声部最后3小节在音准上可能会遇到困难,要注意及时解决。

4.《游子吟》 [唐]孟郊诗 谢正恭曲

初中生对这首唐诗的理解要比小学生深刻得多,虽然他们的嗓音要略逊于小学高年级,但他们歌声的表现力会比小学生更强些。

这首歌要演唱得细致些,每一个乐句都要随旋律的走向唱出细微的渐强渐弱的力度变化,要坚持两小节换一口气,中学生的肺活量比小学生大,只要通过科学的练习,他们完全有可能唱出绵长的乐句。

歌曲的前8小节主旋律由女声唱出,要表现出慈母的深情,男声先用哼鸣伴唱,再用模仿式复调伴随,形成情意绵绵的意境。后10小节主旋律由男声唱出,犹如发自肺腑的感叹,旋律进行到最高点 e^2 时,男生会感到比较困难,可用假声演唱,音量勿太强。

5.《心愿》(片段) 任志萍词 伍嘉冀曲

《心愿》是一首非常优秀的独唱歌曲,诉说了纯朴的人们"前仆后继,探索明天,翘首期盼祖国富强"的心愿,"我们的向往、追求不会改变,而千年的

贫穷和我们的生活总会改变"。

合唱部分是全歌最精华的部分,四个乐句的前两小节完全相同,表现了心愿的执着与坚定,"6 6 3 3"的旋律进行十分形象地表现了仰天发誓的姿态。

演唱时咬字要稍紧些,使字字饱满结实、铿锵有力,每个四分音符都要唱得似乎带有保持音记号。

主旋律全部在女声部,故教学的重点可放在男声部,可以全班共同学习第二声部(尤其是第 4 小节"3 - #5"的进行,应让全班学生都能掌握),有时甚至可以采用男女声部交换的形式演唱。

6.《剪羊毛》 澳大利亚民歌 杨忠杰译配 赖广益编合唱

合唱部分采用模仿复调,表现了工人们开展劳动竞赛的热烈场面,曲中的附点八分音符很重要,教学时应予以强调。男声中的"3 5 3 5 | 1 0"
　　　　　　　　　　　　　　　　　　　　　　　　　　像 丝 棉

与"3 5 3 5"处的顿音是歌唱中的难点,要引导学生用腹部的力量控制
　咔嚓 咔嚓

而不能用喉头来控制。

7.《精忠报国》 陈涛词 张宏光曲 费承铿编合唱

精忠报国

陈　涛词
张宏光曲
费承铿改编

1=D 4/4

中速稍快 富有气势地

附录
费承铿《中小学合唱教学进阶》文本

心似黄河水茫茫，二十年纵横间谁能相抗。

恨欲狂，长刀所向，多少手足忠魂埋骨他乡，

何惜百死报家国，忽叹惜更无语血泪满眶。

马蹄南去人北望，

人北望草青黄尘飞扬，我愿守土复开

我愿守土复开疆，

疆，堂堂中国要让四方来贺。

堂堂中国要让四方来贺。

237

合唱的邀请

这是一首优秀的流行歌曲,音调古朴苍劲,富有气势,深受初中生的欢迎,改编成男女声二部合唱后更增加了旋律的"厚度"和立体感。为了使男女声都有演唱主旋律的机会,第 5—12 小节主旋律由男声演唱,第 13—20 小节主旋律由女声演唱;为降低难度,第 5—12 小节的副旋律(女声演唱)原封不动地移到第 13—20 小节(由男声演唱),这必将引起学生的注意和兴趣。最后一个"贺"字,第一遍唱 4 拍,反复后唱 7 拍。

该合唱的大部分都是主调织体,最后 6 小节改为轮唱,但男声部" 6 1 6 5 3 - "的音调到了女声部改成了" 6 1 6 5 4 - ",教学时要提醒学生注意。

8.《卡农歌》 黄自词曲

八度轮唱是"卡农"(Canon)最常见的形式,黄自的这首轮唱曲能使学生生动形象地了解轮唱的意义。歌曲的前半是女声先唱,男声随后,后半是男声先唱,女声随后,趣味无穷。

但这首歌的难点颇多,首先是各个乐句均起始于后半拍,尤其是" 0 2 1 "" 0 4 3 "处是比较难唱的,教师可设计一些辅助练习,如 0 2 1 ‖: 7 1 2 3 | 2 0 2 1 :‖ 、 0 4 3 ‖: 1 7 6#5 | 6 0 4 3 :‖ 等,使学生尽早攻克难关,教学中可用指挥手势提示学生准确地进入。

其次是歌曲中出现了"#4"和"#5"两个变化音,尤其是"#4"进行到还原的"4"时很不易唱准,应随琴声做多次练习方能唱准,还可以辅以图示、手势等,使学生在理性上知道" 5#4 ♭4 3 "是半音进行。

再次是这首歌曲的力度变化较多,并有" *p* "" *mp* "" *mf* "" *f* "四个音响层次,还有两处渐强记号,练习时应特别注意。

二、混声二部合唱

1.《牧歌》(片段) 内蒙古民歌 海默填词 瞿希贤编合唱

这是女作曲家瞿希贤民歌改编合唱曲中最精彩的一首,原为四声部无伴奏合唱,现在抽取其中两个声部作为合唱练习,虽然简化了很多,但仍然保持着悠长宁静的草原气息。合唱以主调织体为主,间以一些复调的因素,两个声部的音程距离不大,和声效果显得十分谐和平静。

此曲虽只有短短 16 小节,但演唱要求较高,首先气息要十分悠长,声音要清纯,要努力用"直声"演唱,避免产生任何颤动的声音,以表现辽阔宁静的意境。为此,要在声音上多加训练,并设计好换气之处。整体的力度都不能太强,在 *p*、*mp* 间浮动。可以说,这是提高学生合唱修养的一个极好的练习曲目。

2.《难忘今宵》 乔羽词 王酩曲

这首歌曲连续 20 多年在春节联欢晚会上出现,学生都已十分熟悉,但那是靠"听来的",只能略知一个大概的轮廓,待到正式学习时,便会知道有许多细微之处未能掌握,如"2 6 5645 6 —"(同怀抱,)和"5 4 3432 1 —"(祖国好,)等处,音准不容易控制,声音位置也不容易统一,需细心练习。

此曲合唱部分虽然不多,但第二声部的旋律,学生既不熟悉又不太好唱,音准容易出偏差,教学时需多加注意。

3.《大海啊,故乡》 王立平词曲

这首歌也是学生十分熟悉的,但听会的和通过课堂音乐教学学会的有很大差别,前者在音准、节奏和吐字等方面可能会有不少误差,因此在教学时需特别注意。

由于歌曲并不很难唱,因此要在声音上"苛求"一些,要让学生知道"唱会"和"唱好"之间是有很大距离的。比如最后一个"**5**"音要唱满七拍,并要做出渐强、渐弱的变化,对于初中生来讲是相当不容易的,但在一位懂得声乐的音乐教师的训练下是可以做到的。所以,音乐教师一定要努力提高自身的声乐素养和技能,方能带领学生唱出优美的声音。

4.《茉莉花》 河北民歌 云厚编合唱

《茉莉花》的曲调早已家喻户晓,中学生也早有所闻,但是要把它作为一首合唱曲来唱好,却是不容易的。第一句就不太好唱,音区较高且要唱出渐

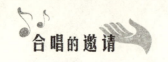

合唱的邀请

强渐弱的力度变化,这不是随便哼哼就能唱好的,建议可将第一句作为练声曲来练,在声音的连贯统一上要多下功夫,首句唱好了,后面的旋律也就容易唱好了。

合唱部分是主调织体,第二声部中出现了"4",需注意把握好音准,在教学时最好把"6 4 5 -"和"6 #4 5 -"做对比,使学生在理性、感性上认识到"#4"是靠近"5"的。

5.《好月亮,你走得这样静悄悄》 奥地利民歌 吴国钧填词

这是一首抒情优美的合唱曲,旋律大多是级进,音域较窄,格调宁静,对声音的训练极有好处。全歌共有四个乐句,其中有三个是相同的,因此全歌易学易记,建议可把此歌作为练声曲来练唱(1＝D → ♭G)。

演唱的难点是要用均匀、平稳的气息唱出连贯的乐句,而且要始终保持 p 的力度(第三乐句可用 mp),但要弱而不虚,这对中学生来说是颇为不易的。由于受流行歌曲演唱的影响,他们往往习惯于大声"喊"歌,现在要他们把声音收拢起来,估计一下子难以适应,应通过多次练习并穿插倾听录音、观摩录像等使学生认识到能唱弱声是合唱修养提高的重要标志之一。

6.《森林水车》 [日]清水实词 [日]米山正夫曲

歌曲用森林里磨坊水车昼夜不息转动的形象告诫人们不能虚度光阴,要用勤奋的劳动去迎接春天的来临。全曲活泼动人,尤其是副歌部分模仿水车的咕噜声和"发米来哆西哆来米发"的唱名声,表现了乐观向上、青春阳光的青少年形象。

全歌音域并不宽,在"5 5 5 5 1 5"和"4 4 4 4 2 7"处要启发学生用头声歌唱,以追求清澈明亮、轻盈而具有弹性的声音效果。

7.《七年六班》 杨启舫词 柳亦敏曲

这是一首充满初中生生活气息的校园歌曲。表现了进入中学门槛的中学生却还留恋小学的时光,故自称为"七年六班"。八六拍子平稳的节奏和大多在低音区流淌的旋律,如在娓娓诉说,略带一些流行歌曲的风格。

合唱部分是主调织体与复调织体的综合,主旋律先在第一声部,后转入

第二声部,又回到第一声部。演唱时要注意凡唱到不是主旋律的声部时就要适当避让,使主旋律声部稍稍突出。这首歌曲大多是一字对一音,"字多腔少",因此对咬字吐字的正确与清晰的要求更高些,演唱时务求每字每音都清晰圆润,使听者不看谱也能听清歌词,要达到这样的要求,是需要下一番功夫的。

8.《月之故乡》 彭邦桢词 刘庄、延生曲

这是台湾诗人彭邦桢的名作,以"天上的月亮在水里,水里的月亮在天上"这样生动形象而富有哲理的词句,表现了诗人坚持"一个中国"的坚定信念。"低头看水里,抬头看天上"颇有些"举头望明月,低头思故乡"的意境。

旋律为七声羽调式(雅乐),"#4"是调式中的音,而偶尔出现的"4"乃非调式中的音,由于"#4"的出现,增添了古朴的韵味。听来犹如夜深人静明月当空时,远处传来的吹箫声,充满了思乡之深情。

全曲的高潮在"看月亮思故乡"这两小节,此时采用主调织体,可用 mf 的力度,其余各处的力度大致控制在 p、mp,当然还需要有细致的渐强渐弱的力度变化。总之,这首歌是很难唱好的,在声音的控制上要求较高,但通过认真的练习,学生的合唱水平将会得到一个较大的提升。

三、三部合唱

三部合唱比二部合唱的和声更加丰满,一个三和弦的三个音都可以出齐,七和弦可以出根音、七音和三音(或五音),学生如在初中阶段就能接触到三部合唱,倾听它美妙的和声音响,对其音乐素养的提高具有极大的意义。实践证明,只要从小学起就受到良好的音乐教育(包括合唱练习),初中生是完全有可能唱好三部合唱的。

翻开当前我国各种版本的初中音乐课本,其中不乏三部合唱的身影,如人民教育出版社音乐室编写的初中音乐课本中就有李叔同的三部合唱《春游》。在世界各国初中音乐课本中的合唱练习中,也都有三部合唱的踪迹。

三部合唱的组织形式可有多样,大致有女声三部合唱、男声三部合唱、

合唱的邀请

女声二部加男声一部、女声一部加男声二部、男女声各一部加混声一部、混声部等,在当前初中乃至高中的音乐课堂里,最常见的是女声二部加男声一部,但当同一班级中男女生人数相同时,男声部就会显得过强,除了让男声部控制音量外,也可抽取部分男生到女声的第二声部中去,这样也能取得较好的效果。无论采取何种组织形式,都应使三个声部音响平衡和谐,避免出现过强或过弱的声部,这就要求学生在力度的控制上要多加注意。

在音乐课堂教学中,三部合唱的机会虽然不会很多,但也会有(如在男女声二部合唱中少数地方一个声部再一分为二),这就形成了三部乃至四部合唱。例如人民教育出版社音乐室编写的初一音乐课本中李叔同的三部合唱《春游》,演唱时可采用女声分两部、男声唱一部的形式,也可根据实际情况做出巧妙的组织。

下面推荐两首适合初中生演唱的三部合唱。

1.《春游》 李叔同词曲

这是李叔同专门为中学生创作的一首三部合唱曲,也是一首学堂乐歌,歌词富有文采,情景很美,曲调柔美,和声简朴,基本上只用了主属两个和弦。

演唱时第一、第二声部可由女声担任;男声均唱第三声部,需注意声音的控制,不要唱出过强的声音。曲中的力度记号特别多,且每一乐句都有渐强渐弱的力度变化,演唱时要十分细心,三个声部在音量上应取得平衡,使合唱的效果犹如一幅淡淡的水墨画。

2.《我的村庄》 [越]文高曲 雍均译配

这是一首20世纪50年代初就传入我国的越南名歌,音调优美舒展,宁静从容,饱含热爱祖国、热爱家乡的深情。合唱是主调织体,主旋律在第一声部。全歌16小节中,分成三部合唱的只有8小节(其余4小节齐唱、4小节二部合唱)。值得注意的是在三声部合唱中出现的和弦形态都是转位和弦,如第1、2、4乐句分别结束于V_6、I_6、I_6,由于不出现原位和弦,故整个和声效果没有庄重稳健感,而更多的是舒展、飘逸之感。

演唱时要注意旋律的连贯及强弱的起伏,如第二乐句从"1"一直到全曲的最高音"3"再婉转下行,力度应随旋律线的走向有所变化。第三乐句要用 p 的力度演唱,第四乐句通过渐强到达 f。

这首歌在音准和节奏方面不会遇到多大困难,教学的重点应放在声音的柔美和力度的控制上。

高 中

进入高中阶段的学生年龄在 15 岁左右,他们多数已经历了变声期或处于变声后期(男生的变声期有的可长达 6 年),声音虽然还略显稚嫩,但已接近成人的音色了,到高三时,声音就进一步成熟。优美的女声和坚毅的男声音色凸现,歌唱的能力也比之前有了很大提高,如果他们在小学和初中阶段已经受过良好的合唱训练,那么此时的合唱教学就进入了一个崭新的天地。

但是,在高中阶段已经没有综合性的音乐课了,"歌唱"只是选修课,而且只有短短的一个学期(18 学时),在这 18 学时中当然也需要排练一些合唱曲目,但那已是十分有限的了(最多三四首)。因此,当前高中阶段的合唱教学大多是在课外活动中进行的,但那只是对少数学生的教学,大多数学生在高中阶段已难以身临其境地享受合唱那美妙的音响。但如果通过音乐教师们的努力坚持与奉献,将一支支课余合唱团训练好、建设好,并经常活跃于校园内,仍然可以使合唱艺术走进大多数高中生的心灵,为他们终身热爱音乐、享受音乐打下良好的基础。

一、"歌唱"选修课

"歌唱"选修课的内容,有歌唱知识、发声训练、齐唱、独唱、重唱、合唱等,在 18 课时内真正能进行合唱训练的时间非常之少。有的高中"歌唱"课本要求学生完成五首合唱作品,其中还有些是难度相当高的,这是很难完成的任务,因此在教学中可将原合唱谱简化,或只唱片段,也可删去某些曲目

合唱的邀请

等,总之,要使"歌唱"课上的合唱教学达到既定的目标,就要采取"宁可少些,但要好些"的原则,使学生能在合唱能力上有所发展,真正在合唱美妙的声音中享受合唱的乐趣,切不可为了赶进度而造成大量的"次品"和"半成品",这反而破坏了合唱的美。

在高中的"歌唱"选修课上,如有条件最好男、女教师共同上课,分声部练习时两位教师各带领男女生进行练习,合成时由一位教师指挥,另一位教师弹伴奏,这可以大大加快教学的进度,也可极大地提升质量,如只有一位教师执教,进度就要相对慢些,但也可以采用课前培养学生骨干,课内由各个声部的"小先生"(声部长)带领各声部进行练习,这既可以锻炼学生的能力,又可以加快教学进度,提高教学效率。

高中的"歌唱"选修课,由于学生都是自愿选择来学习的,不像课余合唱团可以按男女生的比例招收,因此就难免产生男女声部的比例不协调的现象(通常的情况是女生多于男生),再加上在高中阶段真正的女中音和男中音还是比较少的,因此不能完全按照正规的混声四部合唱的编制来进行合唱教学,需视选修学生的情况灵活地配置声部。

例如:

1. 女生多于男生

(1) 二部合唱

　　① 第一声部　　　　大多数女生
　　　 第二声部　　　　少量音色较浑厚的女生和男生
　　② 第一声部　　　　男女生各一半
　　　 第二声部　　　　男女生各一半

(2) 三部合唱

　　第一、第二声部　　女生
　　第三声部　　　　　男生

2. 男生多于女生

二部合唱

①第一声部　　　　女生和少量音色较明亮的男生

　　　第二声部　　　　男生

　　②第一声部　　　　男女生各一半

　　　第二声部　　　　男女生各一半

3.男女生人数相当

（1）二部合唱

　　①第一声部　　　　女生

　　　第二声部　　　　男生

　　②第一声部　　　　男女生各一半

　　　第二声部　　　　男女生各一半

（2）三部合唱

　　①第一、第二声部　女生

　　　第三声部　　　　男生

　　②第一声部　　　　女生

　　　第二声部　　　　女生加少量男生

　　　第三声部　　　　男生

（3）四部合唱

　　　第一、第二声部　女生

　　　第三、第四声部　男生

　　之所以要精心调配声部的组成，是为了使各个声部在音量、音色诸方面获得平衡、协调的音响效果，这是获得良好的合唱效果的先决条件。教师们应在课前精心测试每位参加选修的学生，对他们各自的声音特点有一个大致的了解，再据此分配、组合各个声部，以保证合唱教学的顺利进行。

　　要精心选择供教学用的合唱曲目，不能过难，以免挫伤学生的学习积极性，同时过难的曲目排练时间也难以保证。当然，也不能选过于简单或编配粗糙、效果不佳的作品。

　　合唱的形式最好以二部、三部为主，四部合唱可偶一为之，或只排练其

合唱的邀请

一个片段。在声部的分配、组合上可以常常出新。比如同样是二部合唱,可先用男女声二部,再用混声二部来演唱,使学生具有新鲜感,也可启发学生对合唱音响的不断探索。

到了高中阶段,学生的生活视野更加宽阔了,因此在题材方面几乎可以不受任何限制,在小学、初中阶段受到限制的爱情、宗教等题材,也可偶一为之。如入选人民音乐出版社高中《歌唱》教材的《半个月亮爬上来》就是爱情题材,教学效果很好。当然,高中的合唱选材与社会上的成人合唱团的选材还是应有一定的区别,一些适合青年人唱的校园歌曲和格调健康的流行歌曲更应进入我们选材的视野。

以下推荐几首适合高中生演唱的合唱歌曲,有的经过简化,有的经过改编,目的都是为了让高中生更加亲近合唱,初步掌握合唱技能。

二、课余合唱团

课余合唱团的合唱教学要比课内的合唱教学宽泛得多,首先是团员都经过选拔,都具有一定的歌唱技能和经验,而且男女声的比例恰当;其次是排练时间要比课内多得多,通常是每周一次(约一到一个半小时),节假日还可以抽点时间进行集中排练;再者课余合唱团的指导教师都是该校最有合唱教学经验的教师,因此课余合唱团必然成为该校合唱教学的样板,对全校各个班级合唱水平的提升具有极大的推动作用,其中少数课余合唱团的演唱水平甚至可以跻身于省一流乃至全国一流的水平。可以这么说,只要有了一流的指挥和声乐指导,又有重视艺术教育的校长,还有充裕的时间进行排练,高中生课余合唱团是可以创造奇迹的。

虽说现在的高中生大多热衷于流行歌曲、通俗唱法,但那是铺天盖地的传媒环境所造成的,并非是高中生只能接受流行音乐而不愿接受高雅的合唱艺术;相反,一旦他们接触和投身于合唱艺术时,就会产生由衷的热爱之情。所以,我们要努力营造比较良好的小环境,至少在学校内的音乐环境要与学校外的有所不同。比如,学校的广播站就应控制流行歌曲的播放量而大力介绍我国的民族民间音乐和包括合唱在内的高雅音乐艺术,音乐课要严格按照音乐课程标准和教材进行教学,课外的包括合唱社团在内的各类音乐艺术社团活动要正常,高中生是完全可以接受并热爱包括合唱在内的高雅音乐艺术的。

  课余合唱团的演唱曲目要比"歌唱"选修课上得更加丰富,有些难度较大的合唱歌曲,如条件允许也可尝试进行排练,这对提高学生的合唱水平和提升他们的兴趣都是十分有益的。

三、合唱曲目

1.《越来越好》

越来越好
（男女声二声部合唱）

车　行 词
李　　昕 曲
费承铿 改编

$1={}^bE \quad \frac{2}{4}$

稍快 喜悦地

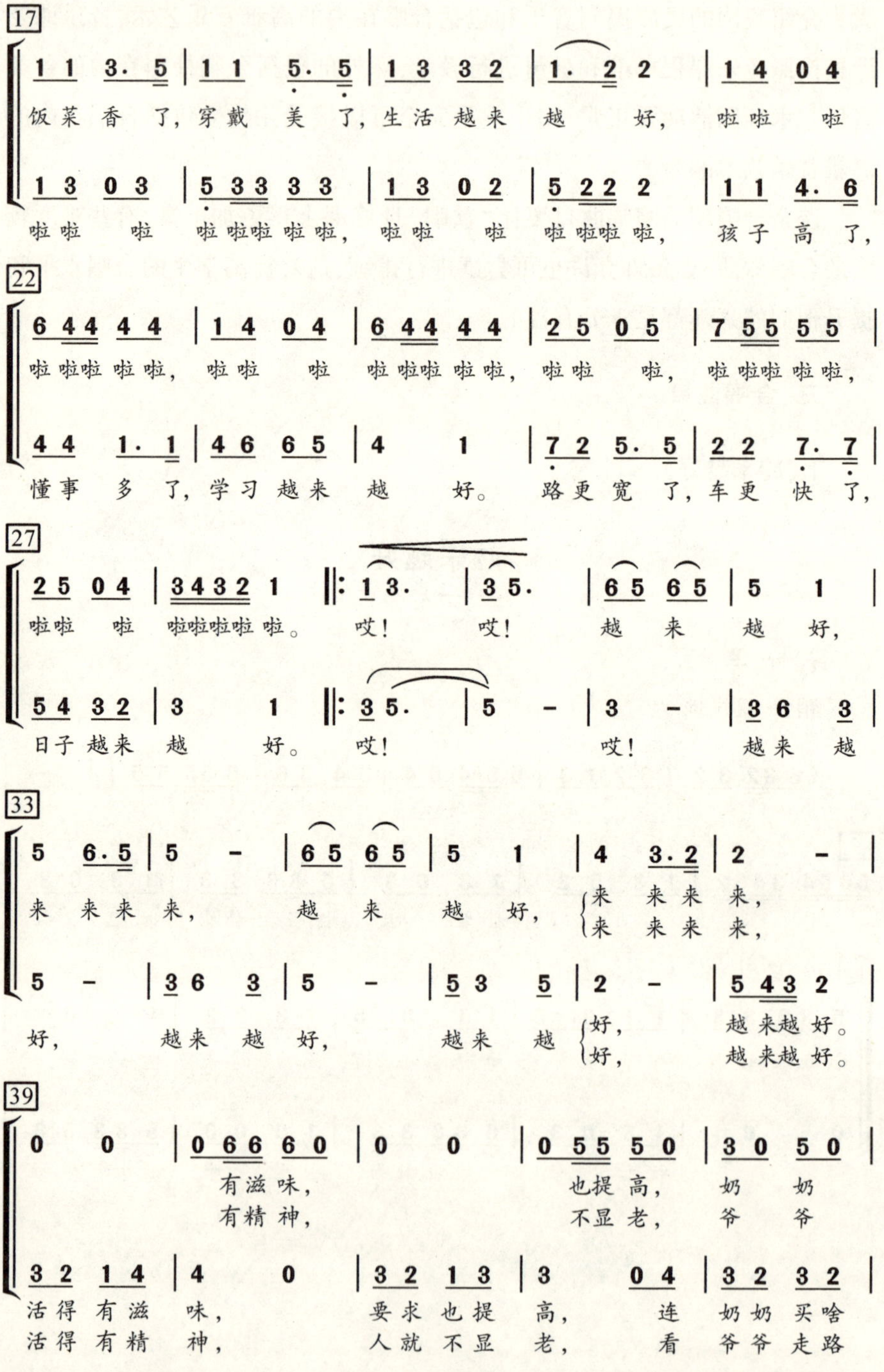
17
饭菜香了，穿戴美了，生活越来越好，啦啦啦
啦啦啦啦啦啦啦啦，啦啦啦啦啦啦啦，孩子高了，
22
啦啦啦啦啦，啦啦啦啦啦啦啦啦，啦啦啦，啦啦啦啦啦，
懂事多了，学习越来越好。路更宽了，车更快了，
27
啦啦啦啦啦啦啦啦。哎！哎！越来越好，
日子越来越好。哎！哎！越来越
33
来来来来，越来越好，来来来来，来来来来，
好，越来越好，越来越好，越来越好。好，越来越好。
39
有滋味，也提高，奶奶
有精神，不显老，爷爷
活得有滋味，要求也提高，连奶奶买啥
活得有精神，人就不显老，看爷爷走路

附录
费承铿《中小学合唱教学进阶》文本

[44]
| 3 0 5 0 | 3 2 1 3 | 5 — | 6.5 6 5 | 5 1 | 5 6.5 |
买 啥 都捡好的 挑。} 越 来 越 好, 来 来 来
走 路 总是挺着 腰。}

| 3 2 1 3 | 5 — | ♭7 — | 1 — | 3 6 3 | 5 — |
都捡好的 挑。} 哎! 越 来 越 好,
总是挺着 腰。}

[50]
| 5 — | 6 5 6 5 | 5 1 | 4 3.2 | 2 — | 6 5 6 5 |
来, 越 来 越 好, 来 来 来 来, 越 来

| 3 6 3 | 5 — | 5 3 5 | 2 — | 5 4 3 2 | 6 5 6 5 |
越来越好, 越来越好, 越来越好, 越 来

[56]
| 5 1 | 4 5.4 | 4 — | 3 0 2 0 | 3 0 2 0 | 3 2 1 3 |
越 好, 来 来 来 来, 幸 福 笑 容 天天 挂眉
心 里 话 儿 句句 是歌

| 5 1 | 4 5.4 | 4 — | 3 3 2 3 2 | 3 2 1 3 | 5 — |
越 好, 来 来 来 来, 幸福的笑容 天天 挂眉 梢,
心里的话儿 句句 是歌 谣,

[62]
| 6 — | 5 4 3 2 | 1 0 (| 3 3 2 3 2 | 3 2 1 3 | 0 5 5 #4 |
梢,} 越 来 越 好。
谣,}

| 1 — | 5 4 3 2 | 1 0 | 0 0 | 0 0 | 0 0 |
越 来 越 好。
越 来 越 好。

[68]
| 5 4 3 6 | 5 5 5 5 5 | $\overset{tr}{1}$ — | 5 6 5 4 3 4 3 2 | 1 0) | 1 1 3.5 |
(女)婆媳和了,

249

合唱的邀请

[74]
| 1 1 5.5 | 1 3 3 2 | 1 5 | 1 1 3.5 | 1 1 5.5 | 1 3 3 2 |
家庭暖了，心情越来 越 好。朋友多了，感情厚了，工作越来

[80]
| 1..2 2 | 1 1 4.6 | 4 4 1.1 | 4 6 6 5 | 4 1 | 7 2 2.5 |
越 好。商品精了，价格灵了，市场越来 越 好。社会稳了，

[86]
| 2 2 7.7 | 5 4 3 2 | 3 1 :‖ 5 — | 5 — | 5 1 7 1 0 ‖
民族强了，国家越来 越 好。

| 0 0 | 0 0 | 0 0 :‖ 5 — | 5 — | 5 6 4 3 0 ‖
　　　　　　　　　　哎！　　　　　越来越 好！

| 0 0 | 0 0 | 0 0 :‖ 1 — | 1 — | 5 1 7 1 0 ‖

| 0 0 | 0 0 | 0 0 :‖ 3 — | 3 — | 5 #4 5 1 0 ‖

这是一首欢快活泼的合唱歌曲，很适合高中生演唱。歌词生动形象，从"房子大了、电话小了、饭菜香了、穿戴美了、路更宽了、车更快了"等老百姓切切实实感受到的变化切入，展示了生活越来越好这一主题。

X X. X 这一节奏型贯穿在第一乐段，这一具有跳荡性格的节奏型，表现了兴奋、喜悦、略带诙谐的音乐情绪。第二乐段与第一乐段相比，比较舒展，是纵情地歌唱，演唱时要随着旋律的起伏唱出强弱的变化。

这首歌基本上是二部合唱，由女声唱第一声部、男声唱第二声部。第一乐段中主旋律先由女声演唱，再由男声演唱，要特别注意其中的附点节奏，由于这一节奏屡次出现在第二拍，使得第二拍 X. X 似乎也变成了强拍，演唱时需加以注意。在这一乐段中男声的"啦啦 0 啦 | 啦啦啦 啦啦"作为一个活泼的节奏型为女声作伴唱，要唱得虽轻但充满热情而富有弹性，这需要多次练习才能很好地掌握；同样，在女声唱"啦啦 0 啦 | 啦啦啦 啦啦"时也应作同样要求。

第二乐段中男声出现了"$\underline{X\ X}\quad X\ |\ X\ -$"的切分节奏型,强调了"越来越好"这一主题,演唱时需予以适当强调。

结尾的四个小节虽是四部合唱,但还是比较容易掌握的,要注意此时力度较强,音区也较高,声音较难控制,容易产生喊叫现象,应耐心地多加训练,使声音嘹亮而不失稳健。

2.《国家》

国 家

王平久 词
金培达 曲
费承铿 改编

$1=\flat E$ $\frac{4}{4}$

中速 真挚地

(1 2 3 5 | 6 - 6 5 3 2 1 | 5 - 5 3 2 1 6 | 3 2 1 6 2 1 6 5 |

[4] 6 - 0 5 6 1 | 2. 1 2 6 | 1 - - - | 1 - - -)

[8] 5 5 6 1 2 2 - | 6 1 1 2 3 3 - | 2 0 1 2 1 6 6 - |
(男齐)一玉口中国, 一瓦顶成家, 都说国很大,

[11] 2 0 3 2 6 5 5 - ‖: 5 5 6 1 2 2 - | 6 1 1 2 3 3 - |
其实一个家, (女齐)一心装满国, 一手撑起家,

[14] 2. 1 2 6 6 - | 2. 3 2 6 1 | 1 - - 0 | 3 5 5 3 3 5 |
家是最小国, 国 是千万 家。 (男齐)在世界的国,

[18] 6 5 5 3 3 3 - | 2 2 2 1 6 6 6 1 | 2 - - 3 6 5 | 5 - - - |
在天地 的家,(女齐)有了强的国, 才有 富 的 家。

合唱的邀请

附录
费承铿《中小学合唱教学进阶》文本

这是一首近年来家喻户晓的流行歌曲，歌词通俗亲切，没有半句标语口号式的词句，却把国与家的关系阐述得十分贴切和富有人情味。曲调是歌谣式的，非常口语化，娓娓道来，十分沁人心扉，很容易为老百姓所接受。

合唱的邀请

全歌由三个乐段组成,后两个乐段都由第一乐段连绵发展而成,可标为 A、A¹、A²,第三乐段具有总结性,最后9个小节是一个结尾,从二部合唱扩大到四部合唱,在柔和神圣的副格终止的丰满和声中结束全歌。

从第二乐段的第三乐句开始(即"国的家住在心里"处)进入了男女声二部合唱,主旋律先在男声、后在女声,最后一句汇成齐唱。这一部分节奏比较复杂,出现了各种切分节奏,充分体现了流行歌曲的节奏特点。例如,"5 3 3 3 3""6 5 6 6 1""2 3 5 5 3 2"等,这类节奏在唱谱时会感到困难,但在唱歌词时反会感到顺畅,这是因为词曲的结合比较口语化的原因,但在合唱中,所有节奏都要十分精确,所以像此类节奏还需多加注意。

第三乐段中"3 5 5 3 3 5 5 -""6 5 5 6 1 1 -"等处,也是难点,学生很容易误唱成"3 5 5 3 3 5 -""6 5 5 6 1 -",这就比较平淡了。

最后6小节进入四部合唱,虽然在音准、节奏上并无难处,但在气息的控制、声音的位置、强弱的细致变化诸方面仍需精心练习。谱上并未标明力度记号,这就给教师留出了创造性处理的余地。比如,最后两个字"国家"可以处理为强,也可以处理为渐弱,意境各不相同,但同样表达了深深的爱国之情。

3.《同一首歌》

《同一首歌》是一首家喻户晓的歌曲,由于流传广、影响大,中央电视台心连心艺术团到各省、各地区慰问演出就取名为"同一首歌"。

该歌曲十分深情动人,用诗一样的语言和婉转动人的旋律表达了朋友们相聚时的欢乐心情,而歌曲的含义甚至要比歌词表面的语汇更加丰富而深刻,它既通俗又高雅,容易上口却又深情万种不易完全表达。所以,这是一首表面看似很好唱的歌曲,而实际上却是一首很难唱好的歌曲。

这首歌的合唱版本有多种,其中最简易且最富有效果的就是李炳富编的版本,这可能是因为他使用了复调的手法,两个声部的穿插进行使歌曲的表现力提高了不少,比两个声部用同一节奏的合唱层次感、立体感鲜明得多。

对于高中生来说，这类两声部合唱是接触较少的，通过认真练习，将极大地提高他们的合唱能力，同时也能促使他们更加热爱合唱。

全歌分为两个乐段，第二乐段的第三乐句再现第一乐段的首句，加强了两个乐段的内在联系。

第一乐段可分别用女、男声齐唱，也可用领唱，具体可由师生共同探讨后定夺。演唱时需注意乐段要坚持唱完一个乐句(4小节)才能换气，中间切勿换气，以免破坏乐句的连贯和感情的深情吐露。其次，这4个乐句的旋律线都呈彩虹型⌒，其中第三乐句是最高点，演唱时需随旋律线的起伏唱出力度的变化，使歌声更加亲切动人。

第二乐段的开始掀起了一个感情的高潮，旋律从最高点开始陈述，至第三、第四乐句，感情逐步回落。需要注意的是，在第二、第四乐句中各有八度甚至九度的大跳，此时声音位置极不容易统一，要坚持低音不要压、高音不要喊的原则，尽量把唱高音时的感觉和状态带到低声区去，而不能把胸声区向上移到较高声区去。

例如：

$$\dot{1}\ -\ 6\ -\ |\ 4.\ \underline{5}\ 6\ -\ |\ \underline{6}\ \underline{6\ 6}\ 6\ \#\underline{4\ 3}\ |\ 2\ -\ -\ -\ |$$

风　　雨　　走　遍　了　　世　间 的 角　　落，

这一句，首先要坚持"了"字后不要换气，还要注意把唱"了"字时的声音位置感觉带到下面的"世间的"三个字中去，接着再自然地、准确地、直接地(而不是带有滑音的)唱出与"了"字同高度的"角"字。总之，要保持声音位置大致保持一致，防止大起大落。

男声要注意第一、第二乐句的弱起和准确起唱，要坚持一口气唱一个乐句，还需注意"#4"的音准。第三、第四乐句唱"啊"时要用较弱的音量，以免掩盖女声部的主旋律。

4.《复兴之路》

《复兴之路》是赵季平的作品,被费先生简化为二声部。这是音乐舞蹈史诗《复兴之路》中的选曲,是一首非常精彩的合唱歌曲。全歌曲由两个调性各不相同、性格各异、对比极强的乐段组成。

A段的第一段歌词凝重而富有历史感,仿佛一幅沉重的历史画卷展现在我们面前。曲调采用小调式,一字对一音,急速进行,充满沧桑感。第二段歌词浪漫而温馨,形象鲜明,原本有些深沉的旋律在此时变得明朗奔放起来。

B段是徵调式,它的宫音(do)正是A段的主音"la",虽然两者的调号相差三个降号,但两者却连接顺畅,当B段旋律首先由女生唱出时,我们会感到一股清新的空气扑面而来。这一段徵调式的旋律具有海南民歌的气质,歌词后的衬词"哟",增添了民族风格和亲切喜悦的感情,同时也使乐句保持与第一乐段同样的整体性,唱来使人倍感亲切。歌词中巧妙地运用了香港的深水湾、浅水湾和澳门的东望洋、西望汪两两相对的地名,正如第一乐段中出现的"紫荆花""白莲花"一样,点明了"五星红旗升起,永世不忘"的地点。这一巧妙而简洁的手法,取得了出奇制胜的效果。

B段反复时调高了一个大二度,使人精神为之一振,似乎又到了一个新的境界,预示着香港、澳门的明天会更加美好。最后4个小节成为混声四部合唱,辉煌地结束在徵调式的主和弦上,强化了"永世不忘"这一深刻的主题。

男声在演唱A段第一段歌词时,要用硬起首的发声方法,似乎在每个音上都加上一个保持音记号 $\overline{3\ 5\ 6\ 7}\ |\ \overline{\dot{1}\ \dot{1}\ 7\ 6}$,声音要浑厚、凝重,富有历史沧桑感,不可唱得太轻飘。"祖先的梦、心中的痛"中间的附点八分音符要强调些,最后4个字"永世不忘"也要加以强调,咬字可稍紧些。要注意这一乐段的速度是相当快的,万不可唱得拖沓松懈。当齐唱A段第二段歌词时,同样的旋律应唱出与第一段歌词不同的表现力来,要唱得热情奔放而又亲切舒展,"母亲的爱,儿女的情"要唱得十分深情,"永世不忘"仍应予以

强调。

　　女声首唱 B 段时应唱出清纯甜美的音色,"五星红旗"四个字可加上保持音记号。进入混声二部合唱时声音要更加开阔明朗,"五星红旗"仍应加以强调。当 B 段旋律移高一个调再现时,力度要增强,但仍保持原速,不必加快。最后 4 个小节,速度放慢,力度达到全曲的最高点,"永世不忘"四个字,字字要强调,在激动人心的音响中结束全曲。

　　5.《走向复兴》

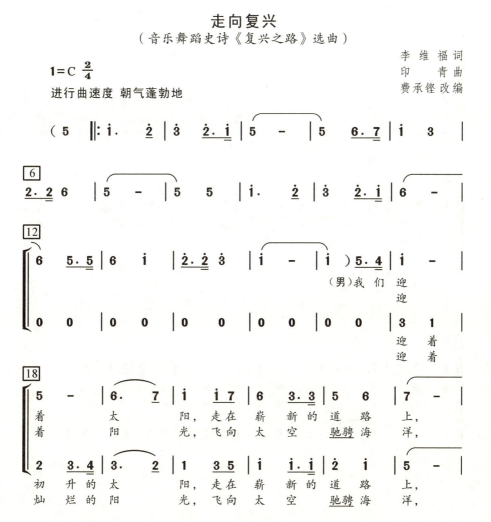

合唱的邀请

[24]
```
7  0  | 5 -  | 6 -  | 7. 6 | 5 32 | 1  2  |
       中    华     儿    女   谱写  新
       中    华     儿    女   焕发  新

5  6.7 | 1 2̇ | 1. 6 | 5.5 6 | 3 12 | 3 6.6 |
我们是 优秀 的中 华儿  女，谱写 时代的
我们是 英雄 的中 华儿  女，古老 文明
```

[30]
```
3  4  | 5 -  | 5 5.4 | 3 1  | 2 34 | 3. 2 |
篇    章。   我们迎  着风  雨向   前
光    芒。   我们沿  着胜  利向   远

5  4 3 | 2 -  | 2 0  | 3 0 10 | 4 0 20 | 5. 4 |
新篇   章。           迎着风   雨向     前
焕发新 光芒。         沿着胜   利向     远
```

[36]
```
1  35 | 1 1 | 1. 12 | 6 -  | 6 6.7 | 1. 1 |
方，万众 一心  挽起臂  膀，   我们要   把
方，振兴 中华 是我们理 想，   我们迈  着

3  0  | 3 0 50 | 6 0 70 | 1. 1 20 | 6 0 | 1 - |
方，   万众一   心挽起   臂膀，   要
方，   振兴中   华我们   理想，   坚
```

[42]
```
7 6.6 | 5 -  | 3 1.2 | 3 6 | 5.2 32 | 1 - |
亲爱的 祖     国，变得 更加  美丽富   强。
坚定的 步     伐，中国 屹立  世界东   方。

3 -   | 7. 6 | 5 0  | 1 0 20 | 3 0 60 | 5.2 32 |
把     祖     国，   变得更   加美丽   富
定     步     伐，   中国屹   立世界   东
```

258

附录
费承铿《中小学合唱教学进阶》文本

[48]
| 1ˇ 5 | 1̇. 2̇ | 3̇ 2̇.1̇ | 5 — | 5 6.7 | 1̇ 3̇ |
　　　　前　　进　　前　进　向前进，　　　　挺起胸膛
　　　　前　　进　　前　进　向前进，　　　　排山倒海

| 1ˇ 5 | 3. 5 | 1̇ 6.3 | 5 5.5 | 5 4.5 | 6 1̇ |
强。前　进　　前　进　向前进，向前进，挺起胸膛
方。前　进　　前　进　向前进，向前进，排山倒海

[54]
| 2.2 6 | 5 — | 5ˇ 5 | 1̇. 2̇ | 3̇ 2̇.1̇ | 6 — |
何惧风　浪，　　　　前　进　前　进　向前进，
不可阻　挡，　　　　前　进　前　进　向前进，

| 7.7 6 | 5 5.5 | 5ˇ 5 | 3. 5 | 7 #5.5 | 6 6.6 |
何惧风　浪，向前进，前　进　前　进　向前进，向前
不可阻　挡，向前进，前　进　前　进　向前进，向前

[60]
| 6 5.5 | 6 1̇.1̇ | 2̇ 3̇ | 1̇ — | 1̇ (5 :‖ 1̇ — |
　肩负民　族的希　望。　　　　
　走向复　兴　创造辉　煌　　　　　　前进

| 6 5.5 | 4 6.6 | 5 — | 1̇.1̇ 1̇ 0 :‖ 1̇ 1̇.1̇ |
进，肩负民　族的希　望。向前进，
进，走向复　兴　创造辉　煌。创造辉　煌。向前

[66]
| 1̇ 5 | 1̇. 2̇ | 3̇ 2̇.1̇ | 5 — | 5 6.7 | 1̇ 3̇ |
　　　前　进　前　进　向前进，　　　　排山倒海

| 1̇ˇ 5 | 3. 5 | 1̇ 6.3 | 5 5.5 | 5 4.5 | 6 1̇ |
进前　进　前　进　向前进，向前进，排山倒海

[72]
| 2.2 6 | 5 — | 5 5 | 1̇. 2̇ | 3̇ 2̇.1̇ | 6 — |
不可阻　挡，　　　　前　进　前　进　向前进，

| 7.7 6 | 5 5.5 | 5 5 | 3. 5 | 7 #5.5 | 6 6.6 |
不可阻　挡，向前进，前　进　前　进　向前进，向前

合唱的邀请

这是音乐舞蹈史诗《复兴之路》中最重要也是流传最广的一首歌曲,是一首新时代的人民进行曲。有人将其称为新世纪的《我们走在大路上》(确实在音调和气质上两者有很多相似之处)。目前,在大多数演出场合,这首歌均以齐唱的面貌出现,这是为了使广大群众更易于接受和演唱,但若编成合唱,气势必将更加宏伟,可惜作曲家自己并未写出权威性的合唱版本来,现在这首歌的合唱版本都是其他作曲家编配的,在网上已有七八个版本,且各有千秋,但大多是四部合唱,有的难度还很高,难以在高中使用。为了适应高中生的需求,本书将其改编为男女声二部合唱,控制了难度,但仍有良好的合唱效果。

这首歌由两个乐段组成,A段为收拢性乐段,由四个乐句构成(每乐句长度为8小节),其结构图式为:a b a¹ b¹;B段由两个乐句构成(c c¹),具有副歌的性质,其音调仍与A段保持着一定的联系,但由于音区的提高和长音的使用,显得比A段更加开阔,更加气势浩荡,在演唱时需注意唱出其不同的层次感。

A段前两个乐句主旋律由男声演唱,女声演唱其对位声部,其中使用了很多两拍的长音,显得飘逸宽广;后两个乐句主旋律由女声演唱,男生则用 X 0 X 0 | X 0 X 0 的节奏型描绘了坚定的步伐声。

B段的织体与A段不同,两个声部的节奏相同,表现了人民力量的汇聚,男声在女声的三拍长音处唱出 1. 1 加以衬托,增强了气势。
　　　　　　　　　　　　　　　向　前　进

最后12小节,各个声部先汇合成齐唱,接着由两部合唱扩展为四部合唱,全歌到达了最高潮。

演唱时需注意全歌每个乐句都是弱起,要注意适当强调节拍重音,例如:

第一句中的"迎"字应比"我们"要强些,一些业余歌咏队往往将其唱反,教学时需特别注意。

唱第二乐段歌词时,最好要有不同的处理。例如,第二遍要比第一遍强一些或略快些,层层递进,以取得推向高潮的效果。

6.《中国军魂》

中国军魂
(《亮剑》主题歌)

李海鹰 词曲
费承铿 改编

$1 = {^\flat}E$ $\frac{4}{4}$

稍快 坚定豪迈、一往无前地

(6. 7 | 1 - - 1.2 | 3 - - 1.2 | 3 3.♯4 ♯5 5.6 |

合唱的邀请

```
[4]
7 - 7.3 6.7 | 1 - 7 - | 6 6 6 6) | 6. 7 1 6 |
                                  (男齐)如  果 祖 国

[8]
2 1.7 1 6 | 2. 3 4 2 | 5 4 3.(3 4.5)|
遭 受 到 侵 犯，热 血 男 儿 当 自 强。

[11]
T  6. 6 6 6 | 5 4.3 2 1.2 | 3. 3 3 3 |
   喝 干 这 碗 家 乡 的 酒，壮 士 一 去 不 复
B  4. 4 3 2 | 3 2.1 7 1.2 | 3. 2 1 7 |

[14]
6 - - 5.5 | 0 5.5 3 1 | 4.4 5 6 2 - |
返。     滚 滚     滚 滚 黄 河 滔 滔 长 江，
6 - - 5.5 | 1. 3 5.5 5 | 2 - - 6.6 |
         黄 河 滔 滔 长 江，        给 我

[17]
2 6.6 4 2 | 5 4 3 2.3 | 4 4.4 4 - |
给 我 生 命 和 力 量，就 让 鲜 血 染 红
2. 4 6.6 5 | 3 - - 7.1 | 2 2.2 2 - |
生 命 给 我 力 量，      就 让

[20]
5 5.5 5 4.5 | 6. 6 6 #5.6 | 7 - 7.3 6.7 |
最 美 的 花，洒 在 我 的 胸 膛 上，    红 旗 飘
3 3.3 3 2.3 | 4. 4 4 3.2 | 3 #5 - 0 |
```

262

这是30集电视剧《亮剑》的主题歌。亮剑的精神是"面对强大的对手，明知不敌，也要毅然亮剑，即使倒下也要成为一座山、一道岭"。"亮剑"精神体现了一种勇气、一种魄力，这种精神正是我们中国军队的军魂，剑锋所指，所向披靡！

随着电视剧的热播，这首主题歌也广为流传，受到了广大人民群众尤其是青少年的欢迎。我们可以在网上看到不少中学生自己拍摄演唱的《中国军魂》的视频，可见这首歌已经深入中学生的心中！

这首歌由三个乐段组成，第一乐段是收拢性的乐段，自然小调（c小调），由两个乐句构成，坚定、沉稳，带有一些悲壮的情绪。第二乐段是一个开放性的乐段，乐句由强起转为弱起，"滚滚黄河滔滔长江，给我生命和力量"道出了英雄力量的源泉，所以作者将音调转到其关系大调（♭E大调），接着音调

合唱的邀请

逐级上升,到达 d^2,调式也转为 c 和声小调,表现了一种壮烈的精神。第三乐段从"红旗飘飘"开始,音调继续上升,一直到达 f^2,表现了"剑已出鞘雷鸣电闪"的情景,反复后在"向前进,向前进"的呼声中推向了全歌的最高潮——"中国军魂",这是精彩的点题之句,道出了亮剑精神即中国军魂!

第一乐段由男声演唱,要注意歌曲左上方的表情提示"坚定豪迈、一往无前地",速度勿过快,注意适当强调节拍重音,咬字吐字要稍紧一些。第二乐段开始时主旋律在男声,要唱得具有开阔感,注意"长江"的"江"字和"力量"的"量"字一定要唱满三拍,不可松懈;女声的副旋律要唱得具有流动感,"长江"的"江"字也一定要唱满三拍。接着主旋律转入女声,男声与女声节奏相同,要注意在"鲜血染红"后绝不可换气,要用逐渐增强的气势唱出"酒在我的胸膛上",此时男声唱出" 3 #5 – ",要特别注意"#5"的音准。

第三乐段开始处,两个声部作轮唱,歌曲已经进入高潮,要注意"红旗飘飘军号响"是一个整句,中间不可换气。男声的第二句"剑已出鞘雷鸣电闪"中有一个从"#5到4"的增二度,要多加练习才能将其唱得很有把握。

乐段的最后部分出现了旋律小调的片段" 3. #4 | #5 ",此处的音准也应多加练习才能准确掌握。

歌曲的结尾处出现了全歌的最高音 g^2,学生可能一时难以唱好,但经过耐心的、科学的训练,高中生是可以唱好的。当然也可采取降调的办法,即将本歌的调高降为 1=D,但全歌的明亮度将会受到一定影响,教师可根据班级的情况做出恰当的选择。

附录
费承铿《中小学合唱教学进阶》文本

7.《春江花月夜》

春江花月夜
（男女声二部合唱）

古国古曲
王　健填词
费承铿改编

1=♭B　4/4

中速稍慢 优美地

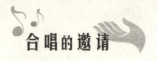

《春江花月夜》是一首中国老百姓耳熟能详的古曲，20世纪50年代由彭修文改编为民乐合奏曲后，更使这一优美的音调走进千家万户。诗人王健根据这一古曲的分段标题进行了精彩的填词，有声有色，有景有情，生动形象地描绘了春江花月夜的美好景色。

笔者曾为这首填词歌曲编配了混声四部合唱，现简化为男女声二部合唱，以适应高中歌唱选修课的需求。

全歌可分为三个段落。第一段从"江楼上独凭栏"到"薄雾轻烟"，犹如一幅清淡秀丽的春江夜色水墨画，女声进入时要控制好音量，并随旋律线的高低起伏唱出恰当的力度变化；男声进入时也应用 *mp* 的音量，不可太突然，女声应答的"悄无人"三个字要唱得轻柔而短促，描绘静悄悄的意境，随后的"啊"字要唱得很轻但有起伏，犹如轻雾飘来。

从"看"字开始，进入第二段落，此时的"月上东山，云开雾散，光辉照山川"，声音要明亮起来，需注意" 云·开 雾·散 云·开 雾散 "的节奏，附点八分音符要强调一些，最后"雾散"两个字没有附点，可作跳音处理。到"千点万点"处，音量突然转弱，男女声交替用十分短促的声音演唱，表现江面"银鳞闪闪"的景象。随后的惊起宿雁飞过杨柳岸的情景于寂静中增添了一丝动感，静止的画面似乎微微跃动起来，此时主旋律在男声，要唱得有生气和情趣，但音量仍应控制在 *mf* 以下。

经过一个诗情画意的过门，歌曲进入第三个段落，一个渐强的"听"字与第二段落的"看"字遥相呼应，清风的微微声响、竹枝摇动的声响和随后而起的箫声、笛声、渔歌声及桨声，寂静的江面似乎热闹起来，但这"热闹"仍然是十分悠然清淡的，歌声在"自在悠然"处到达了高潮，随后迅速回落，"桨声韵远"要用比较"虚"的声音演唱。随着最后一叶归舟"飘入水云深处"，江面恢复了宁静，"唯有渔火点点，伴着人儿安眠"，演唱时要把这一意境生动地表现出来。最后一句是全歌的总结，两个声部先是汇成齐唱以强调主题，然后女声在较高的音区中唱出"怎不叫人流连"，男声在较低的音区中做出回应，全曲在渐渐消失的"商"音上留恋不舍地结束。

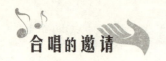

8.《摇篮曲》

《摇篮曲》是德国作曲家勃拉姆斯于1868年创作的"歌曲五首"中的第四首,后被众多作曲家改编为钢琴、小提琴等器乐独奏曲及合唱曲,流行于世界各国,成为世界著名摇篮曲之一。

全曲风格恬静、温柔而朴实。第一乐段由两个弱起的乐句构成,旋律中虽然有不少跳进但均不超过四度,因此整个旋律呈平静状态,表现了母亲对婴儿慈祥的关爱。第二乐段同样由两个弱起的乐句构成,这是两个平行的乐句,乐句的前半部分完全相同,由于开始于八度跳进,给旋律带来了开阔感,同时也由于大调下属和弦的首次使用,也给旋律带来了新意,表现了母亲对孩子健康成长的期盼。

钟维国编配的合唱在众多合唱版本中是比较简易的一个,比较适合高中生演唱。这是一首无伴奏合唱,在合唱艺术中,无伴奏合唱的要求是最高的,让高中生适当接触一些无伴奏合唱很有好处(当然在练习过程中还可以适当用琴声作提示)。这首合唱曲虽然简易但要唱好亦非易事,首先是对声音的要求较高,要唱得旋律线条连贯,声音柔而不虚,这就一定要调整好气息,控制好声音,尽量用轻柔的头声区歌唱。为此在教学前可先做一些相关的发声练习,使学生初步掌握在良好的气息支持的前提下,在较高的音区唱出柔和的声音。

三个声部的划分在大多数情况下(即女声多于男声)可由女声演唱第一、第二声部,男声演唱第三声部;当男女声人数相当时,也可考虑在大多数男声唱第三声部的前提下部分男声唱第二声部;有时甚至可以做一些男声三部合唱、女声三部合唱的练习,让学生听到不同的合唱效果亦是十分有益的。

第三声部较难唱,音区亦较低,教学时需注意宁可让男声唱得稍轻些、虚些,也不能唱得过"强"过"实",以取得三个声部在音色上的谐调,同时也是为了能更准确地表达歌曲的意境。

后记

凝聚文化力量　奏响合唱品牌

《乐记》曰:"凡音之起,由人心生也。""声音之道,与政通矣。"音乐艺术是社会文明和人类智慧、情感的完美体现,合唱艺术作为音乐艺术的一个分类,因其丰富的感染力和表现力而具有极高的审美价值,是具有较高层次美学内涵的艺术形式。一首震撼人心的合唱,总能让我们在喧嚣浮躁中寻觅一丝纯净与和谐。

合唱艺术的发展是社会文明进步的标志。近年来,铜山区大力推行合唱文化,践行费承铿合唱教育思想,力图打响合唱品牌。合唱的艺术效果与社会效应也在逐步显现,参与的人越来越多。我国合唱活动已从最初的自娱自乐歌咏形式,快步地走进剧院、音乐厅,逐渐向优美的、空灵的高雅艺术发展。

铜山区没有把合唱停留在"欣赏"的表层,没有把合唱局限于学校范围,而是让其渗透到城市肌理里,通过学校的引领,把一个个散落在民间的地域文化基因串联起来,凝聚成一股积极向上的精神力量。合唱在这里应时而生,应需而长,已逐步成为铜山区一个亮丽的文化品牌。独具魅力的合唱文化,激发、凝聚着铜山区人民的热情、智慧和力量,营造出优越的人文底蕴和人文环境,以更好地扩大铜山的影响力,提升铜山的美誉度,营造铜山的新和谐,推动铜山的新发展。

一路荆棘一路歌,我们的合唱试验从开始的艰难推进,到现在的繁花满

合唱的邀请

园,其影响力远远超出笔者的预想,这得益于费承铿合唱教育思想的领航,得益于各级领导的高度重视,得益于同事们的艰苦付出,得益于吴跃华老师的悉心指导。最后,感谢戴海云老师百忙中拨冗题序。

思考永远没有终点,实践一次次把我们带到新的起点。合唱最美的风景永远在路上,让我们一起去追寻。青青子衿,悠悠我心,匆就此书,若能有一二可启发同行者,幸甚幸甚!

谨以此书献给爱我的家人!

刘 洁

2018 年 7 月